오피스카이젠

월리엄 라로우 지음 | 홍소식·한철환·안정원 옮김
송경근 감수

HANEON.COM

오피스 카이젠

펴 냄	2007년 08월 10일 1판 1쇄 박음 | 2010년 4월 10일 1판 2쇄 펴냄
지은이	윌리엄 라로우
옮긴이	홍소식·한철환·안정원
감 수	송경근
펴낸이	김철종
펴낸곳	(주)한언
	등록번호 제1-128호 / 등록일자 1983. 9. 30
주 소	서울시 마포구 신수동 63-14 구 프라자 6층 (우 121-854)
	TEL. 02-701-6616(대) / FAX. 02-701-4449
책임편집	한언 출판기획팀
디자인	임동광 dklim@haneon.com
홈페이지	**www.haneon.com**
e-mail	**haneon@haneon.com**

이 책의 무단전재 및 복제를 금합니다.
잘못 만들어진 책은 구입하신 서점에서 바꾸어 드립니다.

ISBN 978-89-5596-434-9   03320

오피스카이젠

오피스카이젠으로
당신의 조직과 기업이
전략적 경쟁우위를
지속하길 바랍니다.

오피스카이젠,
쉽게 따라올 수 없는 경쟁우위 만들기

오늘날 기업의 생산·제조현장과 R&D부문은 통계수치로 생산성을 측정할 수 있는 많은 개선과 혁신활동이 이루어져 왔다. 경쟁우위를 통해 1등 기업이 되고자 했던 많은 회사들은 수많은 프로젝트를 수행하는 동안 유행을 따르는 경영혁신 기법들을 도입하여 적용했다. 그 결과, 그러한 경영기법들을 활용한 기능부서에서 어느 정도의 생산성 향상과 개선의 효과를 누리고 있다. 하지만 모든 기업 경영 활동의 기본이 되는 경영 지원, 관리, 서비스 업무와 같은 사무기능 부서는 그러한 개선·혁신의 능력에서 배제되곤 했었다. 경영자들은 사무업무에서 발생하는 많은 낭비의 요소와 높은 처리 비용에 대해 알고 있지만, 정작 그것들을 근본적으로 개선해주는 체계적인 접근법과 툴은 제공받은 적이 없기 때문이다. 사람을 주요 자원으로 운영하는 사무업무의 생산성 향상을 위해서는 업무 프로세스의 개선 이상의 것이 필요하다. 업무를 수행하는 인간의 행동이 변화해야 하고, 그 상태가 지속되어야 하기 때문에 기존의 혁신 기법들로는 한계가 있다. 이와 같이 사무업무를 개선·혁신하여 생산성을 향상시키고자 하는 기업의 중간 관리자나 경영자들에게 오피스카이젠은 낭비를 획기적으로 줄일 수 있는 해법을 제시한다. 오피스카이젠에서 소개하는 SLIM-IT 방법론이 그것이다. 또 현장의 모든 직원이 쉽게 이해할 수 있고 실행에 옮길 수 있는 툴들을 제공해준다.

오피스카이젠은 사무업무에서 빈번히 발생하는 다양한 형태의 눈에 보이는 낭비를 26가지로 규명한다. 그리고 이것들은 관리자 계층의 리더십 결여에 따른 낭비에서 비롯한다는 시각에서 출발한다. 이를 해결하기 위해 오피스카이젠에서 제시하는 SLIM-IT은 사람에 의해 운영되는 모든 개선활동과 시스템에 포커스, 구조, 조직규율, 주인의식이라는 리더십을 부여함으로써 눈에 보이는 다양한 낭비들을 지속적으로 줄여나갈 수 있는 기반을 마련해준다. SLIM-IT의 주요 도구인 린 일일 경영관리 시스템(LDMS), 일일 워크그룹 회의(DWGM), 주요 게시판(PVD), 카이젠 액션 시트(KAS), KCG 20 Keys, 멘토링, 메트릭스 등은 현장에서 사무업무를 수행하는 직원들이 손쉽게 적용할 수 있다. 주로 현장 직원들이 이미 알고 있는 개선의 방법들을 활용하여 작은 프로세스의 개선을 꾸준히 만들어내는 데 중점을 둠으로써 가시적인 성과 향상과 인간행동의 변화 및 변화의 지속성을 만들어낸다. 또한 다양한 경영혁신 기법들과의 통합적 접근법을 제시함으로써 기존의 경영방식과의 상충을 최소화하도록 도와준다.

결론적으로 조직에서 오피스카이젠을 실행하여 장기적인 개선활동를 지
속한다면 바람직한 사무개선·혁신 문화를 조성하여 경쟁자들이 손쉽게
모방할 수 없는 차원 높은 전략적 경쟁우위를 창출할 수 있을 것이다.

－옮긴이

추천사

경영진의 전략적 의사결정이 성공하려면 전 계층에서 이뤄지는 일상 업무의 실행력이 필수적이다. 작지만 지속적인 개선활동을 사무개선 혁신문화로 스며들게 하여 전략적 경쟁 우위로 이끌어주는 오피스카이젠의 철학과 방법론, 툴을 활용해보기 바란다.

–하이닉스반도체 부사장 최진석

기업 경영자나 관리자들은 사무업무에서 흔히 발생하는 낭비 요소와 높은 처리 비용에 대해 알고 있으면서도 그 동안 손을 쓸 수 없었다. 문제의 현상이 아닌 원인을 근본적으로 개선할 수 있는 방법을 알지 못했기 때문이다. 그러한 점에서 오피스카이젠은 기업 경영활동의 기본인 경영지원, 관리, 서비스 같은 사무직 업무의 비효율을 근본적으로 개선하여 생산성을 향상시키는 총체적이고 실천적인 지침서가 될 것이다.

–현대택배 사장 김병훈

혁신과 개선활동의 성패는 조직 상부의 리더십과 직결되는 경우가 많다. 오피스카이젠은 일상적 사무업무의 비효율과 낭비의 근본원인이 조직 수준의 리더십 부족에 있다고 설명하며 그에 대한 해법으로 SLIM-IT 모델과 LDMS툴을 소개한다. 사무직 업무의 개선과 혁신을 위한 체계적인 접근법에 목말라하는 기업의 모든 관리자들에게 권한다.

-국민대학교 경영대학 교수 백기복

사무직 업무의 낭비와 비효율을 개선하여 생산성을 향상시킬 수 있는 좋은 방법론과 툴을 이 책에서 찾았다. 모든 사무업무에서 일상적으로 일어나지만 간과하기 쉬운 26가지 낭비현상을 인지하는 것만으로도 상당한 도움이 될 것이다. 기업의 중간관리자와 경영자, 혁신 및 개선 추진자들의 일독을 권한다.

-하이닉스반도체 인사담당 상무 송관배

기업이 적정이익을 꾸준히 내려면 매출액을 끌어올려야 한다. 그러나 매출액을 끌어올리기는 점점 힘들어지고 있다. 그럼 어떻게 해야 할까? 모든 기업들은 '밑 빠진 독에 물 붓기'를 멈춰야 한다. 이 책은 기업의 사무실에서 일어나는 모든 낭비를 발견하고 없애는 탁월한 방법을 알려준다. 오피스카이젠은 어떤 기업의 사무현장에서도 적용이 가능하다.

-하나컨설팅그룹 대표 송경근

CONTENTS

프롤로그

"우리는 뭔가 다른 것을 해야 합니다." 빅인슬로우 *Biginslow* 사의 CEO인 조지가 회의 테이블에 앉아 있는 임원들에게 단호하게 말했다. 그들은 조지의 말에 집중하는 척했지만 당황하는 기색이 역력했다. "관리와 사업 운영 비용이 세일즈보다 더 빠르게 증가하고 있습니다. 제품의 결함은 당장 드러나지 않다가 소비자들이 사용하는 시점에서야 비로소 발견됩니다. 문제가 생기면 바로 해결하긴 하지만 해결상태가 지속되진 않아요.

ISO와 QS 노력은 운영상 효과가 입증되었지만 여전히 믿을 수 없고 업무 프로세스는 표준화되지 못하고 있어요. 또한, 새로운 기업 정보 시스템 수정과 보완에 드는 모든 비용이 시스템 자체의 비용보다 더 높습니다. 여전히 우리는 보고할 때 실수하고 숫자를 잘못 기입합니다. 가장 큰 문제는 직원들이 포커스와 조직규율의 부족으로 우리가 시행하는 모든 프로젝트에서 의미 있는 결과를 얻어내지 못한다는 것입니다."

"글쎄, 누가 그들을 비난할 수 있을까요?" 재무담당 본부장인 메디슨이 약간 화가 난 말투로 반박했다. "워크그룹에서는 아무도 주인의식을 갖고 있지 않아요. 우리에게는 바쁘게 움직이는 식스 시그마 블랙벨트(Six Sigma Blackbelts)와 품질관리팀(Qquality Team), ISO위원회, 벤치마킹팀(Benchmarking team), 지속적 개선팀(Continuous Improvement Team), BSC위원회, 커뮤니케이션팀, 리엔지니어링팀 등이 있습니다. 이렇게 회사가 주창한 이니셔티브(initiative)들에 대한 서류를 서로 공유하고 비교하기 위해 작년 한 해만 출장비로 수백만 달러의 비용을 지출했어요. 포커스의 부족에 대해 얘기해보죠. 우리는 너무 많은 종류의 경영개선과 품질 이니셔티브를 수행한 결과, 직원들은 서로에 대해 책임은 묻지만 주인의식이 없어요. 나는 커피를 마실 때마다 누군가 내게 다가와 새로 출범한 '뜨거운 음료 팀'에게 확인을 받지 않았다고 말할까봐 걱정됩니다. 심지어 지난 달 개선노력인 커피 머그 컵을 사용하여 생각하지도 않게 대단한 성과를 달성하게 되었다면 더욱 더 두려워집니다. 내가 성과에 대해 신경을 써야 하는 관리진이 아닌 일반직원이라면 그냥 앉아서 기다릴 겁니다. 내가 무슨 일을 하든 유니폼을 입고 인증을 허가해주는 '커피 머그 컵 팀'과 옥신각신했을 테니까요."

모두 웃음을 터트렸다. 하지만 그것은 불편한 웃음이었다. 그 자리에 있던 모든 이들이 비슷한 생각을 했을 것이다. 법무담당인 모니카가 입을 열었다. "전사 차원에서 프로세스를 리엔지니어링하고 동시에 팀과 이니셔티브들을 조금씩 줄여나가는 것은 어떨까요?"

조지는 소파에 걸터앉으며 그들을 바라보았다. "유행을 따르는 또 다른 리엔지니어링이나 품질 이니셔티브는 더 이상 필요치 않습니다. 내 책장에는 훈련기관을 만들기 위한 3단 링바인더가 충분히 있습니다. 더 많은 부가가치를 창출할 수 있는 일이 아니라면 현재 진행중인 것들을 중단할 수 없습니다. 그럴 경우 모든 것이 틀어질 것입니다. 지금까지 우리가 해온 일이 처음의 계획대로 완벽하게 이뤄지지 않았을 수는 있지만, 그렇다고 직원들의 사기를 꺾는 것은 말도 안 됩니다."

그가 벌떡 일어나 창가를 서성거렸다. "아니, 아니, 이건 훨씬 더 근본적인 문제입니다. 우리 직원들은 열심히 일하고 있지만 비즈니스 단위와 지사는 우리가 원하는 것을 달성하지 못하고 있습니다. 비즈니스 단위, 부서, 직원들은 달성가능한 목표를 가지고 있지만 항상 어려운 방법으로 일하는 것 같습니다. 언제나 마지막 순간이 되어서야 문제를 원상태로 복구하거나 바로잡죠. 이따금씩 밑 빠진 독에 물을 붓는 것 같습니다."

"그런 문제에도 불구하고 매년 우리는 목표를 달성하고 있죠. 그렇죠?" 운영담당 본부장인 잭이 말했다. "우리가 속한 모든 업계에서 우리는 1등 아니면 2등이에요. 이것을 유지하려면 배송이나 사이클 타임의 개선을 위해 전방 업무에 더 주의를 기울여야 할지도 모르겠네요."

"물론입니다." 인사담당 본부장인 엠마가 용감히 말했다. "모든 업무의 프로세스에는 개선의 여지가 있습니다. 하지만 회사운영의 기초인 사무업무에 있어서 언제나 편차는 발생합니다. 그것이 회사 경영의 실체인지도 모르죠."

조지는 창문에서 돌아서 사람들을 응시했다. "그건 인정할 수 없어요. 인정하지 않을 것입니다. 정말 말도 안 돼요. 바깥에는 사무처리 업무가 전부인 서비스 회사들이 있습니다. 그들은 해를 거듭할수록 서비스, 세일즈, 고객응답 시간, 평판, 수익 등의 면에서 경쟁자들을 완전히 앞서고 있습니다. 그들에게는 사무처리 업무 자체가 상품이며 경쟁에서의 강점입니다. 나는 신속하게 비용을 5% 절감하거나 곤란한 문제점을 몇 가지 제거하는 방법을 말하는 것이 아닙니다. 그런 것은 우리 고객에게도 별로 도움이 되지 않고 주주들의 눈에는 띄지도 않을 것입니다. 더 심하게 말하자면 그런 방법은 그리 오래 가지 않을 것입니다."

"증권가 애널리스트에게 좋게 보이도록 관리지원 부서의 인원을 10% 정도 대대적으로 줄이는 것은 어떨까요? 축소할 계획이라는 뉴스만으로도 주가에 자극을 줄 수 있을 겁니다." 세일즈담당 본부장인 이반이 제안했다.

조지가 머리를 흔들었다. "결과를 위태롭게 만들 정도로 심한 인위적인 주가 충격은 필요하지 않습니다. 게다가 과거에 시도했던 결과를 보면 상황은 언제나 더 악화되곤 했습니다. 또 최고의 고객들과도 멀어질 겁니다. 좋은 사람들은 떠날 것이고, 직원 수는 18개월 안에 슬그머니 원상복귀될 것입니다. 아마 필요 이상의 직원을 두게 될지도 모르죠. 사실, 나는 우리가 많은 문제를 품고 있다고 확신합니다. 하지만 연차나 적성을 이유로 전사차원의 감원을 단행하는 것이 해결책은 아닙니다.

나는 우리의 사무와 지원 기능 부서들이 세계적 수준의 서비스 회사들처럼 일해주길 바랍니다. 소극적으로 대처하는 것이 아니라 우리가 제조에서 창출한 경쟁 우위에 가치를 더해주길 바랍니다. 모든 임원진과 직원들이 전체적인 사무관리와 지원 기능을 우리가 성공하는 데 있어 중요하고 장기적이며 가시적이고 극적인 요소로 인식하기를 원합니다. 나는 모든 사무기능이 우리의 전략적 경쟁 우위가 되어서, 경쟁자들이 두려워하고 소비자들은 동경하며, 회사의 모든 직원도 즐겁게 일할 수 있기를 원합니다."

조지가 계속해서 말했다. "제가 보기에는 여기 있는 모든 사람들이 우리에게 만성적이고 고질적인 문제가 있다는 사실에 어느 정도 동의하는 것 같군요. 그리고 그 문제들이 새로운 것이 아니라고 솔직하게 지적해주신 점 감사합니다. 이 테이블 위에 놓인 다양한 머그 컵의 종류만큼이나 지난 몇 해 동안 우리는 문제를 해결하기 위해 다양하고 새로운 방법들을 차례로 적용하려고 했습니다. 하지만 진짜 문제나 해결 방법의 규명은 말할 것도 없고, 우리는 포커스조차도 제대로 유지할 수 없었던 것 같아요. 나는 우리 미래의 성공을 확신하고 위상을 강화할 수 있길 바랍니다!" 조지는 방안의 사람들에게 주의를 기울이며 말했다. "자, 이제 우리가 어떻게 하면 현재의 일하는 광식에서 벗어나 경쟁 우위를 창출하는 회사가 될 수 있는지 얘기해봅시다. 매일 같이 발등에 떨어진 불을 끄는 식의 대응은 더이상 안 됩니다. 고객들이 기대하는 것보다 우리가 일상의 업무를 더 잘 운영할 만큼 스스로 무거운 짐에서 벗어나려면 과연 무엇을 할 수 있을까요?"

임원들은 서로 쳐다보았다. 그들은 조지가 무슨 말을 하고 있는지 정확하게 이해하고 있었다. 동시에 그들 대부분은 비교적 훌륭한 사무기능을 조직 내에 가질 수는 있지만 그것을 전략적 경쟁 우위 단계까지 끌어올리는 것은 거의 불가능할 것이라고 생각했다. 설령 그것이 가능하더라도 어떻게 해야 하는 것인지에 대해서는 모두 속수무책이었다.

이때 갑자기 회의장의 문이 활짝 열리고 조지의 비서인 메리가 점심 시간임을 알렸다. 평소보다 기운이 빠진 임원들이 주문한 음식을 나눠 가지는 동안 메리가 조지에게 책 한 권을 조용히 내밀었다. "이게 뭐죠?" 조지가 물었다.

"조사연구팀에서 오늘 보내온 거예요." 메리가 대답했다. 조지는 30분 간 휴식을 알리고 자신의 사무실로 향했다. 회의장 문을 빠져나가며 조지는 잠시 멈춰 임원들에게 말했다. "점심식사 후에 몇 가지 아이디어를 내면서 논의해봅시다."

조지는 자신의 테이블에 앉으면서 책의 제목에 관심이 쏠렸다. 《오피스 카이젠》. 조지는 미트볼 샌드위치를 먹으며 책장을 넘기기 시작했다. '포커스', '구조' 라는 단어가 보였다. "흠, 아무래도 전화기를 10분 정도 꺼놓고 한두 장 읽어봐야겠군."

거의 모든 경영진들이 조지와 비슷한 생각을 하고 있었다. 조지가 세운 도전의 첫 단계-사무, 관리, 지원기능 부문의 극적인 개선을 지속하는 것, 부가가치를 창출하고 더 이상의 문제를 발생시키지 않는 믿을 만한 방법을 찾는 것-가 곧 시작될 것이라고 관리팀들은 생각했다. 문제는 거의 모든 관리팀들이 사무와 관리기능을 전략적 경쟁 무기로 전환하기는커녕 극적인 개선활동을 통해 우수한 수준으로 향상시켜본 적도 없다는 것이다.

많은 사람들이 기업의 최종 성과 기여도에 비춰볼 때 사무와 관리기능은 나머지 경영 부서에 비해 기여도가 낮다고 생각하는 것 같다. 다음과 같은 이유들 때문이다. 우선 소비자들이 경험하는 기술은 지난 50년 간 급격하게 진보했다. 또 더 낮은 비용에 훨씬 좋은 품질을 갖춘 신제품들이 쏟아져 나오고 제품의 기능은 더 좋아지고 수명은 길어졌다. 기업과 개인에게 제공되는 서비스(보험, 대출, 운송, 온라인 항공티켓, 차량 렌트, 이메일, 휴대폰 서비스 등)는 20년 전에 제공되었던 서비스보다 훨씬 저렴하고 빠르며 사용하기 쉬워졌다. 동시에 개선과 혁신을 거듭한 제조현장은 린(lean : 탄력적, 동시적, 끌어당기는 등) 기술을 추진한 결과, 2~10개(또는 그 이상) 요소에 의해 생산 수량을 극대화하고 재고를 줄이며 리드 타임을 줄이고 있다.

그러나 책상 위에는 모든 유형의 고급 기술과 컴퓨터를 갖추고 있지만 사무와 관리 업무는 이와 같은 발전에 보조를 맞추지 못하고 있다. 제품 단위당 사무 비용은 서비스 질을 낮추지 않는 한 좀처럼 감소하지 않는다. 고도로 경쟁력 있는 회사에서도 종종 사무기능은 전화, 컴퓨터, 칸막이들과 끝없는 회의라는 벽에 가려져 오늘날 시장의 냉혹하고 가혹한 요구와는 별개로 운영되는 것 같다.

오피스카이젠은 제품이나 서비스 질의 하향조정 없이 경쟁 우위를 창출하는 사무와 관리 프로세스와 워크그룹을 만들어낸다. 경쟁 우위는 몇 가지 동시적인 활동에서 발생할 것이다. 전반적인 모든 사무와 관리기능을 통틀어 상당한 비용의 절감과 높은 성과(더 적은 에러 발생률, 더 빠른 사이클 타임)가 달성될 것이다. 확실한 데이터를 더 빠른 시일 내에 이용할 수 있게 되어 기획과 재무분석의 정확도가 높아질 것이다. 제조와 엔지니어링을 위한 사무분야가 강화됨에 따라 부가적인 경쟁 우위도 기대할 수 있다. 훌륭한 설계의 제품과 좋은 시설을 갖춘 공장은 든든한 지원-세계적 수준의 사무 기능 없이는 결코 이룰 수 없는-을 받아 훨씬 더 나아질 수 있을 것이다.

카이젠(Kaizer., 改善(개선)이라는 한자어의 일본식 발음) 이라는 말은 일본어로 된 합성어이다. '카이(Kai)'는 '만들다', '새로 고치다', '바꾸다'라는 뜻이고, '젠(Zen)'은 '더 나은 것을 위해'와 '좋은'을 뜻한다. 이것은 '카-이-젠(k-eye-zen)'으로 발음된다. 이 단어가 도요타 생산 시스템(TPS)의 일부가 되면서 그 뜻은 '각자의 부분에서 이루어지는 작고 지속적인 개선활동'을 의미하게 되었다. '카이젠'이라는 단어와 '도요타 생산 시스템'이 관련이 있긴 하지만 오피스카이젠이 도요타 생산 시스템을 그대로 옮겨서 사무와 관리기능을 혁신하는 것이 아님을 확실히 해야 한다. 그러한 단순한 적용만으로는 목표를 달성할 수 없고 실효성도 없으며 근본적인 '사무와 관리의 문제'를 해결할 수 없다.

오피스카이젠만의 특징을 정의할 필요가 없다면 '사무의 지속적인 개선, 사무혁신/변화관리, 사무기능의 생산성 향상, 사무 비용 관리, 사무 프로젝트 관리, 사무의 적정화 관리(Office Rightsizing Management)' 등 이름으로 쉽게 불릴 수 있다. 사실 오피스카이젠은 앞에서 소개한 모든 용어의 의미를 내포하고 있으므로 어느 하나만으로 오피스카이젠의 정확한 의미를 표현하기란 힘들다. 동시에 오피스카이젠은 모든 구성 요소의 이름을 약간만 변화시키면 기존의 다른 모든 프로세스 개선 방법론과 완벽하게 맞물려 그들을 지원하게 된다. 오피스카이젠은 사람에 의해 운영되는 모든 개선활동과 시스템에 포커스(focus), 구조(structure), 조직규율(discipline), 주인의식(ownership)을 제공하는 방법론이기 때문이다. 사람, 프로세스, 업무에 대한 근본적인 진리에 기초한 오피스카이젠은 모든 지속적인 개선활동을 위한 노력과 프로젝트 또는 워크그룹을 원활히 지원하면서 그 효과를 극대화할 것이다.

리더십과 관리에 대해서는 수없이 많은 이론이 있다. 그러나 대부분의 이론들은 오히려 경영진에게 두 가지 심각한 문제를 안겨준다.

첫째, 이론들은 실제 세계와 동떨어져 있다. 지적인 흥미를 불러일으킬 만한 개념을 제시하지만 실제로 조직을 운영하면서 평가, 통제, 조정하기 어려운 문제들을 많이 다룬다.

둘째, 실제 업구에 적용할 때 요구되는 개선 성과를 달성하기 위해 꼭 필요한 정확하고 구체적인 행동 방안을 알려주지 않는다.

오피스카이젠은 이 두 가지 문제에서 자유롭다. 우선, 오피스카이젠의 접근방식은 시스템을 확립하여 낭비를 장기간에 걸쳐 줄여나가기 때문이다. 이것은 전략적 경쟁 우위를 만들어낸다. 여기에는 사람, 프로세스 그리고 낭비에 대한 기본적인 현재 상황과 사실에 대한 직시 외에 연관된 이론은 없다. 둘째, 오피스카이젠은 시스템을 조직 전체 또는 일부에 적용하기 위해 해야 할 일이 무엇인지 정확하고 자서하게 알려준다.

첫 번째 단계는 오피스카이젠을 이해하고 그 타당성을 믿는 것이다. 오피스카이젠을 이해하는 것은 두 가지 이유에서 중요하다. 이러한 변화를 이끌어내려면 오피스카이젠의 진가에 대해 사람들을 코치하고 '설득' 해야 한다. 더 나아가 오피스카이젠은 각기 독특한 업무환경에 알맞게 수정되어야 한다. 즉, 이 책에서는 정확히 무엇을 해야 하는지 설명하지만, 리더는 '표준화된' 오피스카이젠을 자신의 조직에 도입할 때 맞춤수정 작업을 해야 한다. 이때 모든 부서는 신중하게 판단해야 한다(물론 신중하게 지도되어야 한다). 가장 최선의 판단은 지식에 기반을 두어야 한다. 그러므로 리더들은 오피스카이젠의 구성요소가 '무슨 이유로', '어떤 방식으로' 운영이 되어 성과를 창출하는지에 대해 포괄적으로 이해하고 있어야 한다.

조립하고, 용접하고, 기계를 가공하고, 지게차를 모는 등의 단순한 '공장' 업무와는 다르게, '사무기능'은 모든 업무의 절차와 기능을 내포한다. 그림 1.1은 오피스카이젠이 다루고 있는 직무영역을 보여준다.

그림 1.1에서 볼 수 있듯이 오피스카이젠은 거의 모든 직무와 관련

〈**그림1.1**〉 오피스카이젠이 다루는 대표적인 직무 영역

• 인사관리	• 고객서비스
• 영업	• 엔지니어링 지원
• 구매	• 연구조사
• 자재관리	• 소프트웨어 엔지니어링
• 상품 설계	• 대출업무
• 마케팅	• 주문처리
• 계약	• 품질관리
• 외상매입/매출	• 영업지원
• 기록/문서 관리	• 법률
• 공사(government affairs)	• 규제준수

이 있다. 사실 업무의 많은 부분-심지어 제조와 운영분야에서도-이 '완전한' 공장업무라고 보기 힘든 문서작업과 기획, 관리, 벤치마킹,

커뮤니케이션에 할애된다. 그러므로 오피스카이젠은 '공장'에서 일어나는 공장 외의 업무와 그 밖의 모든 업무에 적용된다.

즉, 오피스카이젠은 단계적으로 미래의 대단한 경쟁 우위를 차지하기 위한 기반을 제공한다. 오피스카이젠은 실행방침이고 경영철학이며 리더십 체계(structure)이그 일련의 툴 모음이다. 이 모든 것이 하나의 일관된 패키지 안에 포함되어 있다. 오피스카이젠이 경영진의 전략적 무기로써 전사적으로 도입되면, 경쟁자가 동시에 같은 방법을 시도하지 않는 한 감히 넘볼 수 없는 경쟁 우위를 창출해낼 것이다. 대부분 회사가 더 이상 성장하지 않는 상황에 도달했음을 깨닫지 못하는 반면, 성장을 위해 조직의 포커스를 바꾸는 등의 노력을 하는 회사는 많지 않다. 오피스카이젠을 도입하지 않는 회사들은 오피스카이젠을 도입하여 적용한 회사에게 압도당할 것이다.

다음 장에서는 오피스카이젠의 기본 구성요소들을 소개하고 오피스카이젠을 적용했을 때 얻는 유익한 점을 간략히 설명할 것이다. 기적이라도 생기는 것일까? 비슷하다고 할 수 있다. 차이가 있다면 기적은 그냥 일어나지만 성공은 보통 계획을 통해 성취되는 것이다. 오피스카이젠은 포커스, 구조, 조직규율 그리고 주인의식을 통해 성동을 보장한다.

Chapter 2

오피스카이젠이란 무엇이며 어떤 일을 하는가?

"기적이라…, 너무 좋게 들려 믿어지지 않는구만." 조지는 책의 내용에 흥미가 조금 생겼지만 여전히 확신이 서질 않았다. 모든 프로그램이 컨셉트면에서 좋아 보임에도 말이다. 그는 지난 1984년 형편없이 운영된 품질관리 서클이 부른 실패가 기억났다. 전사적 품질경영(TQM), 벤치마킹, 그리고 통계적 공정관리(SPC)의 도입은 훨씬 더 최악이었다. 결국 오피스카이젠도 마술처럼 진실을 은폐하는 정교한 기법에 지나지 않을까?

대부분의 경영진은 어떤 아이디어가 자신의 시간을 투자할 만큼 충분한 '실질적인 내용'을 담고 있는지 알고 싶어 한다. 설로인 (sirloin, 소의 허리 부위 살)에 대한 기대로 부풀었다가 결국 음식의 가운데 부분에서 콩과 톱밥이 전부임을 발견하고 싶지는 않은 것이다. 오피스카이젠은 순수 100% 곡물을 먹고 자란 최고급 소의 두터운 허리 고기(filet mignon)라고 할 수 있다. 오피스카이젠이 전사에 완전히 수용될 때 그 회사는 세계적 수준으로 도약할 것이다. 그 정도로 장담할 수는 없다 하더라도 오피스카이젠은 작은 규모에서 빠르게 도입되어 엄청난 효과를 낼 수 있는 다양한 리더십 방법론과 관리 접근법을 제공한다. 오피스카이젠을 학습하고 적용하는 데 투자한 시간의 가치는 두 달 안에 적어도 백 배의 가치로 나타날 것이다.

오피스카이젠은 리더십 철학과 관리 방법론, 일련의 툴 모음이 하나로 집결된 것이다. 오피스카이젠은 다음과 같은 특성의 업무환경을 만들어준다.

- 매우 생산적이고, 잘 정렬되며, 정보가 공유되고, 열정적인 조직…
- …요구되는 크고 작은 변화를 신속하게 실행하는 데 숙달된…
- …빠르고, 성과지향적이며, 정확하고, 반복가능하고, 고객 중심적이며, 부가가치가 있고, 조직의 목표에 부합하며, 낭비를 없애고, 정확하고 적기의 메트릭스(metrics : 측정치)에 의해 관리·운영되는…
- …전략적 경쟁 우위를 제공하기 위해…

오피스카이젠은 다음의 것들과 동격이 아니며, 이들 중 아무것도 포함하지 않고 장려하지 않는다.

- 새로운 이름으로 아이디어 재탕하기
- 학자가 문득 떠올린 별난 접근법
- 팀 빌딩을 위한 숲속 모험
- 뻔한 것을 다시 말하는 식의 충고(예를 들면 '리더십이 중요하다!')
- 막대한 비용이 드는 사설교육 훈련프로그램
- 서투르고 뻔한 조언(예를 들면 '불필요한 비용을 줄이시오!')
- 속임수
- 고대 전사들로부터 나온 리더십 교훈(예를 들면 '당신의 내면에 있는 전사 기질을 느껴라!')

오피스카이젠의 목적은 모든 문제의 해결이 아니다. '당신의 회사를 운영하라'고 기대하지도 않는다. 기획, 전략, 판매, 채용, 마케팅, 구매, 서비스와 상품의 제공 등은 회사 경영의 도전 과제가 된다. 비즈니스 세계는 공평한 경쟁의 장이다. 그리고 그 안에서 일어나는 일상의 경영 과제를 얼마나 잘 다루는지가 한 회사의 성공에 미치는 영향은 막대하다. 이전보다 나은 계획이나 채용은 비등한 경쟁으로 끊임없이 소용돌이치는 업계 내에서 한동안 우위를 점할 수 있도록 해줄지 모른다. 하지만 경쟁사는 궁극적으로 그 혁신활동을 모방하거나 다른 방면의 개선을 통해 상대의 경쟁적 강점을 무기력하게 만들 것이다.

오늘날의 치열한 비즈니스 경쟁은 단시일 내의 작은 진·퇴보에 의해 치러진다. 만일 어떤 회사가 오랜 기간 동안 대부분의 업무 영역에서 경쟁사보다 더 잘 해낼 수 있다면, 그 회사는 비등한 경쟁으로 소용돌이치는 업계에서 우위를 점하게 될 것이다. 그 결과 더 많은 수익을 내고 주주들은 더 많은 배당금을 가져갈 수 있을 것이다. 단언컨대, 오피스카이젠은 현재 경쟁하고 있는 업계 내에서 조직의 상당 부문을 지금의 위치보다 높게 격상시키고, 그 상태를 지속시켜줄 것이다.

오피스카이젠은 새로운 개념이 아니다

경쟁사 집단을 앞지르기 위해 노력하는 경영진의 문제는 모두 똑같은 일을 하고 있다는 점이다. 이코노미스트 *The Economist*, 파이낸셜 타임즈 *The Financial Times*, 비즈니스 위크 *Business Week*, 포춘 *Fortune*, 포브스 *Forbes*, 인더스트리 위크 *Industry Week*와 같은 잡지를 정기구독하는 모든 경영진은 일반적인 답이 무엇인지 알고 있다. 하지만 경쟁이 치열한 시장에서 장기간 우위를 점할 수 있는 대담하고 새로운 아이디어는 거의 없다. 만약 경쟁사를 앞지르는 새로운 아이디어나 기술을 고안하더라도 재빠르고 효율적으로 일하는 다른 누군가에 의해 빼앗길 가능성은 얼마든지 있다. 제록스사가 팔로알토 연구소(Palo Alto Research Center)에서 개발한 굉장한 아이디어를 제대로 활용하기도 전에 PC산업을 시작하려는 다른 회사들에 빼앗긴 사례는 그 중 가장 유명하다.

오피스카이젠은 고객서비스·수익·품질 향상, 사이클 타임 단축, 비용절감 등이나 회사의 모든 기능, 프로세스를 확실하고 지속적으로 실행할 수 있게 함으로써 업계의 경쟁자를 추월하도록 돕는다. 이러한 성

취는 모든 직급의 리더들이 더 많은 포커스와 구조, 조직규율, 주인의
식을 가지고 리더십을 발휘할 때 얻어진다. 오피스카이젠 리더십은 기
업 내 모든 것을 작지만 상당히 의미 있는 수준으로 향상시킨다. 세계
적인 회사가 되기 위해 하룻밤 사이에 현재보다 100% 더 나아질 필요
는 없다. 모든 세계적인 기업들에서 증명된 것처럼 탁월함으로 가는 여
정은 엄청나게 많은 분야에서 약소하더라도 연이은 개선활동이 장기
간에 걸쳐 유지됨으로써 시작된다. 오피스카이젠은 모든 일을 항상 조
금씩 개선시켜 나감으로써 다른 사람들이 전혀 생각지도 못한 경쟁력
을 제공하는 전략적인 무기가 될 것이다.

또한 오피스카이젠은 기업이 대담하고 새로운 아이디어를 더욱 성
공적으로 실행할 수 있게 해준다. 상품과 서비스의 도입은 제때에 예산
의 범위 안에서 이뤄지고, 시간에 쫓기면서 사태를 수습해야 할 일은
거의 없다. 사람과 기술 사이의 간격을 줄이기 위해 담당자를 투입하고
집중시킴으로써 기술혁신은 훨씬 수월하게 이뤄질 수 있다. 오피스카
이젠은 신속한 문제해결과 단기적 경쟁 우위를 확보하기 위해 리더십
을 발휘할 필요가 없도록 만들어주고, 모든 수준에서 형편없이 수행되
는 프로세스로 인해 나중에 발생하게 되는 문제점들을 해결하는 데에
도 굳이 리더십을 발휘할 필요가 없도록 만들어준다. 그럼으로써 경영
진은 본연의 임무 – 이끌고, 계획을 세우고, 전략을 짜고, 사고하는 것 –
를 수행할 수 있는 중요한 시간을 가질 수 있다.

오피스카이젠은 거의 모든 조직이 관심을 두지 않는 강력하고 전략
적인 경쟁 우위를 제공해준다. 거의 모든 곳에서 그 흔적을 발견할 수
있다. 하지만 상점 진열장에서 구입할 수 있거나 쉽게 모방할 수 있는

것이 아니기 때문에 체계적으로 활용하는 조직은 흔치 않다. 오피스카이젠은 열정적이고 강력한 리더십을 가진 팀에 의해 현장에서 기획되고 실행되어야 한다. 표준 구성요소가 있지만 현장에서의 적용은 항상 맞춤수정되어야 한다. 이는 오피스카이젠이 현장에 '덜컥' 던져지는 것을 막기 위해 회사의 프로세스, 문화, 직원, 지속적인 경영을 고려한 조직의 우선 순위에 대한 맞춤수정을 말한다.

전통적인 대부분의 경영진들은 대담하고 새로운 아이디어의 유혹에 수년간 길들여져 여전히 신기술, 조직개편, 비용절감 등의 경쟁력 확보를 위한 마법의 묘약을 찾는다. 효과가 있다고 알려지면 모두 모방하기 시작한다. 그 묘약들을 다루는 데 어떤 이들은 서투르고 어떤 이들은 수월할 것이다. 약간의 혼란이 있은 후 결국 이전의 경쟁상황으로 돌아가고 조직의 사기저하와 혼돈, 비효율성을 해결하기 위해 애쓰거나 또 다른 마법의 묘약을 찾기에 혈안이 된다.

기업 관리의 '사각지대'

오피스카이젠의 기본이자 최종적으로 측정가능한 목표는 낭비의 제거다. 낭비는 비용초과, 납품지연, 품질불량, 고객불만의 요인이 된다. 더 나은 업무여건(좋은 교육, 정보, 명확한 우선순위, 소프트웨어 또는 수면)을 제공함에도 불구하고 직원들이 그만큼 실행하지 못하는 것처럼 조직 내에서 '눈에 보이는 낭비'는 쉽게 찾아볼 수 있다. 눈에 보이는 낭비의 명확한 가시적 속성은 일반 기업 경영에 있어 커다란 '사각지대'를 만들어낸다. 관리자들은 이러한 눈에 보이는 낭비의 일부분만을 다루면서 자신들이 매우 심각한 문제를 해결하고 있다고 착각한다. 리더십의 결정적 임무는 특정 낭비의 발생을 예방하는 방법을 아는 것이 아니라 낭비의 근원을 캐내고 그것을 없애는 방법을 아는 것이다. '내가 이렇게 하면 아프다'라고 말하는 환자에게 의사가 '그러면 그렇게 하지 말라'고 말하는 것은 근본적인 문제를 해결하는 데 도움이 안 된다.

이를 해결하려견 경영진이 낭비를 직접 일일이 지적하거나 해결방안을 강구하는 일 없이 눈에 보이는 낭비를 끊임없이 줄이는 시스템을 구축해야 한다. 그러한 시스템 없이는 아무리 여러 번 '바로' 잡더라도 똑같은 낭비가 계속 발생할 것이다. 포괄적인 철학 없이 눈에 보이는 낭비를 제거하려는 노력은 눈에 보이는 사마귀만 절단하여 없애려는 것과 같다. 눈에 보이는 사마귀만 제거한다면 그것은 속에서 다시 자라기 때문이다.

프로세스 수준과 관리전략 : 오피스카이젠의 기본논리

오피스카이젠은 조직의 사무와 관리 부문이 경쟁사를 앞지를 수 있게 해준다. 이러한 높은 수준의 생산성이 오랜 기간 지속된다면 전략적 경쟁 우위를 차지할 수 있다. 이것을 증명하기 전에 먼저 다양한 지배구조와 프로세스 수준에서 경쟁적 강점을 향상시키기 위한 최적의 레버리지 포인트(leverage point, 효과를 극대화하는 지점)에 대해 논의해야 한다. 표 2.1은 마이크로, 매크로, 메가 프로세스의 개념을 소개하고 있다.

〈표2.1〉 프로세스 수준, 주요쟁점, 경쟁적 레버리지 포인트

프로세스 유형	특성	a. 예시1 b. 예시2	일반적인 레버리지 포인트
메가	전략, 경영진, 시장, 전략적 관계, 장기 계획	a. XYZ회사를 인수해야 하나? b. 신용카드를 발급해야 할까?	수평적 통합 : 시장점유율을 위해 인수할 것인가? 싸울 것인가? 비즈니스 합리화 : 우리가 이 사업을 해야 할까?
매크로	전술, 관리자, 다기능적 통합, 상품, 기능, 중기 계획	a. XYZ회사를 독자적으로 운영할까? 통합운영할까? b. 고객에게 어떻게 서비스를 제공할까?	가치흐름 분석 : 돈이 있는 곳은? 제작―구매 분석 : 그 일을 가장 잘 하는 사람은?
마이크로	일상의 '업무' 수행, 감독자, 직원, 프로세스, 스태프 그룹, 일일/주단위 계획	a. 주문처리비용을 어떻게 줄일까? b. 고객 서비스 사이클 타임을 어떻게 줄일 수 있을까?	프로세스 개선 : 어떻게 하면 경쟁사보다 더 잘할 수 있을까?

우선 메가 프로세스는 고위 경영진이 수행하며 전략 수립, 경영진 리더십, 시장 포커스를 포함한다. 이 수준에서의 경쟁 우위는 비즈니스 합리화에 많은 부분을 의존한다. 즉, 어떤 사업을 할 것인지 정하게 된다. 금융기관에 있어서 중대한 메가 프로세스 결정은 자체 신용카드의 발급 여부를 정하는 것이라 할 수 있다. 서비스 회사의 경우 잠재적 인수의 가능성은 '시장점유율을 위해 싸울 것인가, 인수할 것인가' 라는 메가 프로

세스의 딜레마를 나타낸다. 어떤 경우라도 올바른 결정이 이뤄지지 않는다면 동종업계의 치열한 경쟁에서 치명적인 타격을 입을 것이다.

기업운영을 맡고 있는 경영진과 중간 관리자들은 매크로 프로세스 수준에서 일을 한다. 여기서는 효과적인 제작-구매 의사결정과 기능적 접점, 가치흐름의 개선에 따라 경쟁력이 확보된다. 예를 들어 대부분의 신용카드 발급회사들은 신용카드 발급이나 청구서 발행을 외부에 맡겨 우편으로 배송하는 일이 여기에 해당된다. 또 모든 기업은 어느 선까지 수직적 통합을 할 것인지 결정해야 한다. 일단 인수 결정이 내려지면 인수 대상 기업을 해체할 것인지 통합할 것인지 또는 완전히 별개로 경영할 것인지 등과 같은 매크로 프로세스(물론 약간의 메가 프로세스 수준의 문제도 포함됨)의 의사결정이 수반되어야 한다. 이 단계에서의 잘못된 결정은 사이클 타임과 비용을 증가시키고 경쟁에서 뒤처지게 만든다.

비즈니스 성공의 크기와 존속 기간은 메가와 매크로 프로세스 수준에서의 현명한 판단과 실행력에 달려 있다. 이것은 경영진과 중간 관리자들의 연봉이 높은 이유이기도 하다. 하지만 그들이 얼마나 지혜로운 결정을 내리고 얼마나 탁월하게 실행하는지만으로는 장기간의 성공을 장담하기에 충분하지 않다. 모든 경쟁적 시장에서 선두 기업이 장기간의 경쟁력을 확보하고자 메가와 매크로 프로세스 수준에서 충격적이고 새로운 패러다임을 연이어 개발하기란 매우 힘들다. 요즘은 모두가 혁신적인 리더를 재빠르게 잘 모방하기 때문이다.

오피스카이젠은 마이크로 프로세스 수준에서 흥미진진한 새로운 경쟁력을 창출할 수 있게 해준다. 모든 관리, 엔지니어링, 서비스 산업에서의 선두 기업들은 주의 깊은 계획이나 우연히 터득한 지식을 통해 적어도 오피스카이젠의 기본을 실행하고 있다. 그들은 상품과 서비스를 생산하는 현장 직원과 관련 프로세스의 성과를 눈에 띄게 향상시켰다. 이러한 선두 기업들이 메가와 매크로 수준에서 업계의 일반 경쟁사만큼 잘 해내고 있다면 마이크로 프로세스 수준에서 그들의 우수성은 타사가 모방하기 힘든 장기적인 경쟁력을 제공할 것이다. 그들은 다른 관점에서 보면 큰 차이도 없는 경쟁사들을 마이크로 프로세스 수준의 탁월함을 활용하여 추월한다. 어떤 기업이든 기술을 도입하고 혁신적인 리더와 관리자를 고용할 수 있다. 하지만 마이크로 프로세스 수준의 개선활동은 오래되고 낡은 방식(워크그룹 수준에서 벽돌을 하나씩 쌓아 만드는)으로 실현된다. 오피스카이젠은 건축 설계도와 단계적인 작업 계획을 제공하여 아직 개발되지 않은 경쟁 우위를 개발해 활용할 수 있도록 한다.

뚜렷하고 새로운 아이디어나 기술만 가지고서는 아무도 마이크로 프로세스의 탁월함에 이를 수 없다. 사실 매크로 수준에서 해결방안을 모색한 결과로 신기술이 추가될 때마다 마이크로 프로세스의 문제는 늘 악화되곤 한다. 업무수행능력이 좋지 않은 프로젝트 팀이 있다고 하자. 만약 이 팀에게 비싸고 복잡한 프로젝트 관리 소프트웨어를 제공한다면 모든 사람들이 얼굴을 맞대고 중요한 문제를 해결하는 것은 제쳐두고 훨씬 더 많은 시간을 컴퓨터 앞에서 소프트웨어를 다루는 데 보내게 될 것이다. 그 결과 프로젝트의 일정이 더욱 미궁으로 빠질 것은 확실하다.

그림 2.1은 마이크로 프로세스의 탁월함이 기업의 성공에 얼마나 중요한 것인지를 보여준다. 대부분의 조직들은 매크로와 메가 프로세스의 뚜렷하고 새로운 아이디어를 활용해 거의 비슷한 수준의 성과를 달성한다. 유일한 차이는 그림 2.1에서처럼 뚜렷하고 새로운 아이디어를

실행하는 기반인 마이크로 프로세스의 성과라 할 수 있다. 왼쪽 그림은 마이크로 프로세스의 형편없는 실행으로 인해 매우 중대한 시도가 좌초되는 것을 보여준다. 사소한 마이크로 프로세스가 제대로 이뤄지지 않아 현대 비즈니스 관리기술의 상징인 기업정보시스템(EIS)의 실행이 지연되고 예산을 초과하고 있지 않은가? 메가와 매크로 프로세스 수준의 결정은 훌륭하지만 전 계층에서 이뤄지는 일상의 업무실행력은 제대로 발휘되지 못하고 있는 것이다. 하지만 이러한 현상은 경영진의 레이더망에서 비껴나 있다. 이러한 결점은 마이크로 프로세스 수준의 실행력을 최적으로 만드는 체계적인 접근법을 도입하는 데 집중하지 않기 때문에 발생한다. 바로 오피스카이젠 프로세스 개선 시스템이 없는 것이다.

〈그림2.1〉 모든 프로세스 성공에서 차지하는 마이크로 프로세스의 핵심적인 역할

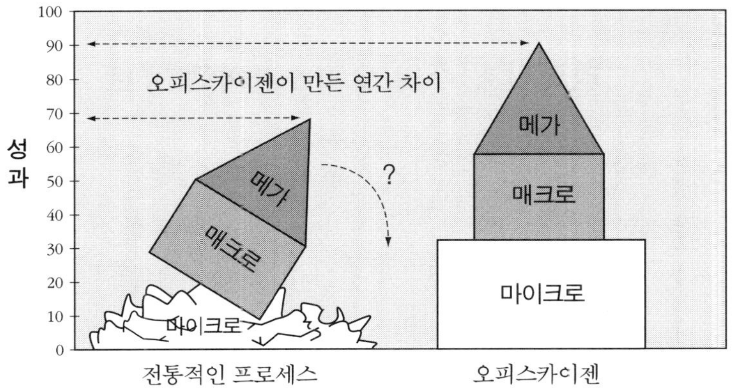

오피스카이젠은 주로 현장 직원들이 이미 알고 있는 것(매일 수행하는 프로세스에 대한 광범위한 이해)을 활용하는 노력을 통한 마이크로 프로세스의 개선에 포커스를 맞춘다. 오피스카이젠은 그림 2.1에서 오른쪽 그림의 모습을 갖춘 조직을 만들어준다. 세계적 수준의 마이크로 프로세스 기반은 매크로와 메가 프로세스, 뚜렷하고 새로운 아이디어를 실행할 때 최고의 성과를 거둘 수 있는 조건이 된다. 오피스카이젠의 환경에서 이것은 다음과 같은 의미로 받아들인다.

- 신기술을 도입하기 전에 기존 자원과 프로세스를 최적화
- 자율적 워크그룹에 의한 포괄적인 메트릭스와 측정을 유지관리
- 자동화 도입 전 수작업 최적화
- 자율적 워크그룹이 마이크로 프로세스 목표 설정과 실행계획 이행에 광범위하게 참여함
- 수백 개의 개선들을 통해 탁월성 기반 구축

리더십 변수와 오피스카이젠 큐브

눈에 보이는 낭비가 발생하는 근본 원인은 무엇일까? 대부분의 관리자들은 아래에 열거한 요소가 많거나 부족해서 발생한다고 대답할 것이다. 동기, 교육훈련, 기술, 커뮤니케이션, 대인관계 기술, 예산, 상품설계, 소프트웨어, 공급업체의 수행능력, 교육수준, 전문기술 …. 이러한 요인들이 관련은 있지만 눈에 보이는 낭비의 진정한 원인은 아니다. 일반적으로 언급되는 이러한 원인들은 주로 리더십 결여에 따른

낭비에 기인하거나 리더십 변수인 포커스, 구조, 조직규율, 주인으 식에서 발생된 낭비다.

그림 2.2는 오피스카이젠의 기본로직인 오피스카이젠 큐브를 나타낸다. 깨어 있는 리더들이 반드시 직면해야 하는 도전과제는 바로 큐브를 이해하고 적용하는 일이다. 오피스카이젠은 리더십 결여에 따른 낭비를 과감하게 줄여주고(큐브 상단), 표준화되고 보편적인 툴이 조직의 전 계층에 걸쳐 제 기능을 할 수 있는 구조를 만들어준다. 리더십 결여에 따른 낭비가 충분히 제거된다면 눈에 보이는 낭비(큐브 앞면)는 어떠한 툴과 방법, 접근법을 활용하더라도 자연적으로 감소할 것이다. 툴의 활용보다는 리더십 결여에 따른 낭비의 제거가 선행되어야 한다는 말이다.

〈그림2.2〉 오피스카이젠 큐브

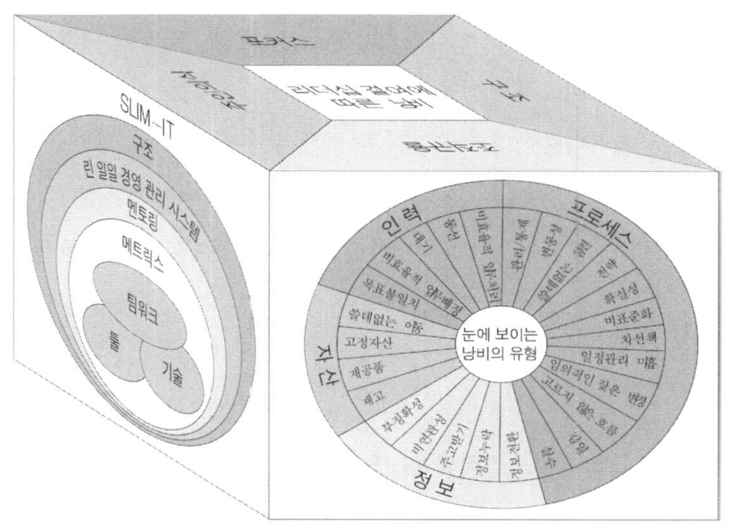

눈에 보이는 낭비가 감소하면 비용, 사이클 타임, 고객만족도, 품질 등 모든 면에서 개선될 것이다. 오피스카이젠의 목표가 장기간에 걸쳐 눈에 보이는 낭비를 지속적으로 더 많이 제거하는 것이지만 큐브는 그 목표가 전 계층에서 발생하는 리더십 결여에 따른 낭비를 대폭 줄이지 않으면 성취할 수 없다는 중요한 사실을 알려준다.

오피스카이젠과 SLIM-IT

오피스카이젠을 강력하게 만드는 메커니즘은 SLIM-IT[1] 이다. 큐브에서 좌측면은 SLIM-IT 실행 모델의 일반적인 요소들을 보여준다. SLIM-IT은 구조(Structure), 린 일일 경영관리 시스템(Lean daily management system, LDMS), 멘토링(Mentoring), 메트릭스(Metrics), 툴(Tool), 팀워크(Teamwork), 기술(Technology)의 첫 알파벳을 조합한 이니셜을 발음 그대로 표기한 것이다. 나중에 자세히 다루겠지만 SLIM-IT은 오피스카이젠을 구축하고 유지할 수 있는 리더십을 가능하게 하는 메커니즘이다.

지난 30년 동안 많은 조직의 각 부서와 파트에 적용해본 결과, SLIM-IT의 개별적인 테크닉과 방법들은 엄청난 경쟁력을 창출할 수 있다는 것이 증명됐다. 그러나 이러한 성과는 실제로 성취가능한 것의 전조일 뿐이다. SLIM-IT 은 '습득된 지식(교훈)' 중 최고를 취하여 하나의 일관된 패키지로 통합시킨다. 그것은 리더십 결여에 따른 낭비의 변수인 포커스, 구조, 조직규율, 주인의식을 목표로 삼아 손쉽게 이용할 수 있는 툴(대부분 이미 적용되었을 것임)들이 원래의 용도로 기능할 수 있도록 만들어준다. 다시 말해 매일의 생산성과 이니셔티브를 갉아먹는 눈에 보이는 낭비를 제거해준다. SLIM-IT은 전통적인 '원칙없는' 개선의 노력을 포커스, 구조, 조직규율, 주인의식으로 대체하여 지속적인 개선활동을 장려하고 유지해준다. 그 결과는 바람직한 사무와 관리 문화를 조성하여 경쟁자들보다 차원 높은 경쟁역량을 구축하는 것으로, 바로 오피스카이젠이다.

1) : SLIM-IT은 카우프만 컨설팅 그룹(The Kaufman Consulting Group, LLC)의 등록상표이다.

Chapter 3

눈에 보이는 낭비 : 사무생산성을 가로막는 현상들

조지는 의자에 기대어 앉으며, 높은 성과를 달성하기 위해 리더십 팀뿐만 아니라 자신도 지름길만 추구해왔다는 사실을 깨달았다. 그들은 이니셔티브가 연달아 추진될 때마다 수많은 '테이프 커팅' 행사에 참가해왔다. 각 행사는 거창한 성과를 제시했지만 실제로 업무가 시작되면 모두 용두사미로 끝나고 말았다. "리더십 변수라…" 조지는 중얼거렸다. "포커스와 리더십의 부족으로 우리는 낭비를 줄이기는커녕 오히려 더 많은 낭비를 만들어내기 위해 막대한 시간과 돈 그리고 에너지를 들인 꼴이 군." 그는 마음이 무거워지는 것을 느꼈지만 계속 읽어나갔다.

2장에서는 오피스카이젠을 거시적인 관점에서 살펴보았다. 나머지 장에서 오피스카이젠의 메커니즘을 깊이 있게 알아보기 전에, 눈에 보이는 낭비의 중요성을 명확히 이해하는 것이 중요하다. 경영진이라면 눈에 보이는 낭비에 대한 진지한 고민이 자신의 체면을 깎는 일처럼 보일 수 있다. 또 일반적인 경영진이라면 '특별 주문을 누가 담당하고 서명을 누가 해야 하는지에 대한 혼란을 해결하는 것보다 중요한 고민들이 있다'고 생각할지 모른다. 하지만 중요한 것은 조직이 비슷비슷한 수준의 경쟁사와 경쟁한다면 경영진은 눈에 보이는 낭비에도 주의를 기울여야 한다는 것에는 큰 이의가 없다는 점이다.

혈액샘플을 전자 현미경으로 검사하는 상황을 생각해보자. 단일 세포 크기의 100만 분의 1보다 더 작고 미세한 조각의 준생명체(quasi-life)인 바이러스가 관찰된다. 에볼라 바이러스 같은 유해한 바이러스 하나가 단순히 혈액을 순환한다면 문제가 없을 것이다. 하지만 미세한 바이러스 하나가 세포에 침입하여 복제를 한다면, 그것은 몸 구석구석으로 퍼져나갈 것이다. 이처럼 바이러스는 인간의 몸 전체를 돌아다니며 치명적인 해를 입힐 수 있다. 간단한 감기 바이러스가 복제에 성공했다면 건강한 사람을 7~10일간 제대로 활동할 수 없게 하는 것은 쉬운 일이다.

바로 이것이 오피스카이젠을 당장 실행하지 않는 조직에서 바이러스, 즉 낭비가 하는 일이다. 전통적인 조직은 전 계층에 걸쳐 눈에 보이는 낭비라는 독감에 걸려 있다고 할 수 있다. 이 유해한 감염은 너무나 오랫동안 지속된 나머지 잘 인지되지도 않는다. 우리 몸과 마찬가지로 기업이 문을 닫기 전까지 약점에 대한 대가를 치르든지 무시하든지 둘 중 하나를 선택해야 한다. 심각하게 감염되지 않은 소수의 회사들(업계 1위를 달리는 수상 업체들)은 '운이 좋다'고 할 수 있다. 아마도 그들은 오피스카이젠의 몇 가지 비결을 우연히 발견했을 가능성이 높다. 자신도 모르게 우연히 효과적인 백신을 발견한 것이다. 만일 우리가 이러한 백신 중 일부를 검토해본다면 그 안에 오피스카이젠 DNA가 많이 포함되어 있음을 알게 될 것이다.

낭비는 종종 모든 사람들에게 인지되고 명확해지곤 한다. 문서를 제대로 찾을 수 없거나 서류가 올바르게 작성되지 않았을 때 두드러지게 나타난다. 낭비는 고객이 문제를 발견할 때까지 드러나지 않다가 갑자기 생기는 경우도 있다. 또 중요한 비용지불 건이 제대로 처리되지 않았거나 제안서가 담당자에게 제때에 전달되지 않은 경우에도 해당된다. 이러한 낭비는 사업 실패, 손해관리 노력, 문제로 인해 추진하지 못한 기회의 비용이다. 그리고 중대한 전략 계획과 추진, 고객관련 업무로부터 관리진의 주의를 분산시킨다.

더 흔한 일은 낭비가 일상의 업무에서 발생되는 수익을 잠식하는 동안 눈에 보이지 않거나 전혀 알아챌 수 없다는 것이다. 추가적인 서명의 요구, 전화 문의에 대한 늦장 응대, 다른 시스템과 다른 데이터를 사용하여 같은 업무를 처리하는 두 사람, 비효율적인 회의, 방향 없이 허우적대는 프로젝트 팀은 전부 낭비다. 이뿐만 아니라 훨씬 더 많은 낭비들이 수익을 게걸스레 잠식하고 있으며 모든 업무 영역에서 매일 같이 고객을 잃게 만든다. 너무나 많은 상황에서 눈에 보이는 명확한 낭비가 '원래 그런 것'으로, '업무수행 비용의 일부'로 또는 '사람들은 원래 그런 것(people will be people)'으로 받아들여지고 있다. 이것은 세계적 수준의 회사가 용납할 수 있는 태도가 아니다. 그들은 낭비가 경쟁 우위 달성을 방해하는 최우선의 킬러라는 점과 오피스카이젠이 낭비들을 단번에 없애버릴 수 있는 해결책이라는 것을 잘 알고 있다.

오피스카이젠의 운영은 수술실에서 병균 감염의 가능성을 줄이기 위해 손을 씻고 기구를 살균하는 것과 많은 부분이 닮았다. 조셉 리스터는 수술 전에 기구를 살균하고 손을 씻은 후 시술한 최초의 외과의사이다. 기구살균과 손세척을 실시하자 눈 깜짝 할 사이에 외과수술 환자(그가 치료한 병원 내 모든 사람을 포함)의 병균감염률과 사망률이 '마술처럼' 줄어들었다. 다른 의사들도 재빨리 리스터의 기술을 도입했고 무균수술실의 '마법'이 탄생했다. 언론에서는 혁명적인 MRI와 레이저 기술이 외과수술에 있어 '마술적인' 진보라고 소개하지만 여전히 의사가 손을 씻고 수술기구를 살균하는 일은 중요한 일이다. 사실 미국 질병통제센터(Centers for Disease Control and Prevention)의 전문가들은 전염성 질병의 확산을 막는 방법으로 손을 깨끗이 씻는 일이 가장 중요하다고 외친다. 이 장 전체의 교훈은 일상의 업무 속에서 수익을 조금씩 갉아먹는 '단순한' 가시적 낭비를 제거하는 일에는 훨씬 많은 주의를 기울이지 않으면서 뚜렷하고 새로운 아이디어만을 추가로 추진하는 일은 의미가 없다는 것이다.

낭비는 상품과 서비스에 가치를 더하지 않는 활동에 소모되는 자원들로 구성된다. 활동이 가치를 더하느냐 그렇지 않느냐의 문제는 고객의 관점에서 결정되어야 한다. 그 관점이란 '모든 정보를 가진 완전한 고객에게 선택권이 있을 때 그 활동에 대한 대가에 동의할 것인가?'이다. 다시 말해 그 활동이 고객의 관점에서 고객을 이롭게 하는지를 고려하는 것이다. 이 가설에서 고객은 자신이 무엇을 원하는지와 비용, 서비스 품질, 성과를 장기간에 걸쳐 어떻게 성공적으로 최적화하는지를 모두 알고 있다. 비록 이런 모든 것을 알고 있는 이상적인 고객은 존재하지 않지만 이러한 관점은 반드시 필요하다. 상품이나 서비스 제공자에게 어떤 활동이 가치를 더하는지 또는 낭비인지 결정할 수 있는 기준을 제공하기 때문이다.

은행에서 대출을 받으려는 고객은 잘못 놓여진 서류를 찾기 위해 담당자가 시간과 노력을 추가로 들였다고 해서 원래보다 많은 비용을 지불하고 싶지는 않을 것이다. 고객은 그것을 돈의 낭비라고 생각하기 때문이다. 그들은 서류가 처음부터 제대로 놓여져 있어 더 낮은 비용으로 대출업무가 처리되기를 바란다. 모든 조직은 자체 관리업무나 총 경비에 이러한 막대한 양의 낭비를 끌어안고 있으며 결국 최종 소비자에게 비용을 부담시킨다. 만일 이러한 낭비를 대부분 줄일 수 있다면 관리비용이 낮아져 가격절감이나 수익증가로 이어질 것이다. 다른 낭비의 예는 더 복잡하다. 너무나 성실한 소프트웨어 엔지니어는 고객의 대부분에게 필요한 일상적인 기능이 아닌, 거의 사용하지도 않고 불필요하거나 복잡한 기능을 소프트웨어에 추가한다. 이러한 정보를 잘 알고 있는 고객에게 선택권이 주어졌을 때 고객은 그렇게 쓸데없이 복잡한 소프트웨어에 대가를 지불하지 않을 것이다.

지금부터 눈에 보이는 네 종류의 낭비를 살펴볼 것이다. 각각의 낭비는 26개의 구체적인 유형으로 분류된다. 26개의 유형에는 유형에 대한 일반적 정의, 대표적인 사례, 전통적 조직에서 이뤄졌던 단기적인 대응책, 오피스카이젠식 솔루션이 소개된다. 각 유형들을 살펴보면서 그러한 낭비(또는 그로 인해 야기된 문제점들)들이 조용한 킬러라는 인식 없이 얼마나 자주 묵인되었는지 잘 생각해보라.

비효과적인 인력활용으로 인한 낭비

각 팀에 존재하는 잠재력을 제대로 활용하지 못해 발생하는 인력 낭비에는 5가지가 있다. 인력 낭비의 사례는 비난하거나 책임을 묻고자 하는 것이 아님을 기억하라. 인간은 일정한 기술을 습득하고 예측가능한 방법으로 행동한다. 인력 낭비가 발생한다면 그것은 업무환경을 적절하게 조정하지 못한 리더십의 문제이다.

목표 불일치에 따른 낭비(Goal alignment waste)
<u>정의</u> – 여러 목적들이 교차하는 업무를 수행하는 사람들이 쏟는 에너지와 문제를 바로잡고 만족스런 결과를 창출하기 위해 필요한 노력
<u>예</u> – 매출의 감소로 출장비를 줄이라는 명령이 내려졌다. 담당 부서는 모든 직원이 출장을 떠날 때 가장 저렴한 티켓을 사용해야 한다는 정책을 시행한다. 이로 인해 영업직원은 멀리 돌아가는 비행기를 타기 위해 집에서 더 일찍 나오고 더 늦게 귀가하게 되며, 일주일에 만나는 고객의 수가 더 적어진다. 곧 불만이 줄을 잇고 '더 나은 조건'으로 손쉽게 이직할 수 있는 경력과 실력을 겸비한 영업직원은 퇴사한다.
일반적인 해결/결과 – 영업, 인사, 출장담당 부서는 '서로 협조'하여 대

안을 내라는 요청을 받는다. 수개월에 걸친 많은 회의 끝에 두꺼운 책자의 업무절차가 만들어진다. 몇몇 영업직원들과 출장을 자주 다니는 직원들은 이미 관둔 상태다. 상황이 호전되고 규칙이 변했기 때문에 관리진은 그 사안에 대해 잊어버리고 위기상황은 끝난다(또는 영업직원들이 규칙을 무시하기 시작하고 자기 나름의 출장준비를 하며 다른 사람들에게 정책은 단지 추천사항일 뿐이라고 말한다). 어떠한 고객도 그러한 인력변동, 신입직원의 훈련과 소모적인 회의에 수반되는 비용에 대해 지불하고 싶어하지 않는다.

오피스카이젠식 해결방법 – 오피스카이젠 환경에서는 임원추진위원회(Executive Steering Committee, ESC)가 교차기능적 변화관리팀을 만든다. 변화관리팀은 장기적인 관점에서 전체 가치의 흐름을 고려하여 비용 효과가 높은 해결책을 연구한다. 또 임원추진위원회는 일정 기간 안에 구체적인 결과물을 내놓아야 하며 매주 업무의 진척도를 검토한다.

비효율적인 업무배정에 따른 낭비(Assignment Waste)

정의 – 불필요하거나 부적합한 업무를 완수하기 위한 자원 손실

예 – 상급관리자가 '임원회의에서 상사에게 받을 질문을 대비하여' 부하직원에게 프로세스 개선 부서의 훈련활동에 대한 세부적인 보고자료를 작성하게 한다.

일반적인 해결/결과 – 대부분의 경우 사용되지도 않을 프레젠테이션 자료를 멋있고 '보기 좋게' 만든다. 사용되지 않는 보고서라면 준비하는 데 쏟은 노력은 완전히 낭비되었음을 의미한다. 만약 상사가 그런

보고서를 익숙해하고 좋아한다면 상사는 보고서의 정보를 그대로 믿고 모든 일이 잘 진행되고 있다고 생각할 것이다. 그리고 모든 부서가 매월 같은 종류의 보고서를 제출하기를 바랄 것이다. 결국 그는 오피스 카이젠을 실행하며 실질적인 개선활동을 이끄는 대신 각 보고서(더 많은 거짓과 보고가 필요한)를 검토하며 지시를 내리는 데에 시간을 써버린다. 낭비는 끔찍할 정도로 극에 달하게 된다.

오피스카이젠식 해결방법 - 오피스카이젠의 접근방법은 자율적 워크그룹내에 린 일일 경영관리 시스템(the Lean Daily Management System, LDMS)을 운영하여 작은 개선활동을 해나가는 것이다. 또한 카이젠 전격추진 변화관리팀(Kaizen blitz change team)은 인가된 개선활동을 지속적으로 모니터링하여 임원추진위원회에 보고한다. 추가적으로 모든 임원추진위원회-차터(ESC-charter) 팀들은 매주 임원추진위원회에 진행사항을 브리핑한다. 이것은 개선과 관련하여 부풀려진 보고서의 양을 획기적으로 줄여준다.

■ 대기에 따른 낭비(Waiting Waste)

정의 - 정보, 회의, 결재, 불만 전화, 복사기나 컴퓨터 고장 등으로 직원들의 업무처리가 늦어지면서 발생하는 자원의 손실

예 - 전화통화, 곧 시작할 회의, 숫자, 감독자의 지시사항 등으로 인한 대기

일반적인 해결/결과 - 일반적으로 감수하는 낭비의 예다. 만약 상급관리자가 이와 같은 이유로 화를 낸다면 재발방지를 위한 어떤 훈련이나 코칭이 이루어질 것이다. 하지만 장기적인 변화는 이루어지지 않는다.

오피스카이젠식 해결방법 – 오피스카이젠의 업무환경에서는 두 가지 방법이 있다. 첫째, 자율적 워크그룹(intact work group, 근무 시간의 대부분을 유사한 업무를 수행하기 위해 매우 근접한 공간에서 함께 일하는 소구모 그룹)이 LDMS를 활용하여 업무효율성을 모니터하고 개선한다. 시간이 지나면서 해당 팀은 대기하는 것이 낭비임을 인지하고 점차적으로 줄여 나갈 것이다. 둘째, 임원추진위원회에 보고하는 변화관리팀이 가치흐름지도(value stream mapping 또는 프로세스 흐름)를 분석하여 대기 낭비(사이클 타임과 전체 업무처리 시간의 간격)가 가장 심하게 발생하는 부분을 찾아낸다. 만일 교차기능하는 복합적인 문제로 인해 더 큰 대기 낭비가 발생하는 것을 발견했다면 다른 변화관리팀들이 해결하게 한다.

■ 동선에 따른 낭비(Motion Waste)

정의 – 가치를 더하지 않는 긴 동선 같은 모든 움직임

예 – 소모품을 판매하는 내부 영업직원은 고객에게 견적서를 보내기 위해 사무실 끝에 위치한 팩스를 오가며 자리를 자주 비운다. 이것은 고객이 전화 했을 때 자리에 아무도 없다는 것을 의미한다. 그가 고객에게 다시 전화를 걸면 고객은 이미 다른 사람을 통해 주문을 해버린 상태이다.

일반적인 해결/결과 – 영업직원이 이에 대한 불만을 여기하면 자리를 비우는 시간을 줄여 전화를 받으라는 얘기를 듣게 된다. 즉, 견적서를 받으려는 고객은 더 오래 기다려야 한다.

오피스카이젠식 해결방법 – 개선을 위한 몇 가지 방법이 있다. 첫째, 운이 좋다면 자율적 워크그룹이나 감독자가 그러한 동선을 낭비라고 긴

식한다. 그리고 개선을 위해 일상의 업무에서 세부적인 동선 패턴을 상세히 나타내는 '스파게티' 다이어그램(spaghetti diagram)을 고안할 것이다. 다음으로 브레인스토밍을 통해 동선 낭비를 없애기 위한 제안을 이끌어낸다. 둘째, 카이젠 전격추진팀이 더 짧은 기간 안에 같은 방법을 실시한다. 두 가지 중 어느 것을 적용하더라도 '업무처리에 필요한 동선거리' 메트릭스를 주요 게시판(primary visual display, PVD)에 붙여놓고 정기적으로 업데이트하며 함께 활용한다. 자율적 워크그룹은 이 거리 수치를 줄이기 위해 지속적으로 노력한다.

■ 비효율적인 업무처리에 따른 낭비(Processing Waste)

<u>정의</u>-최적의 방법으로 수행되지 않는 모든 업무. 직원은 열심히 일하지만 더 잘할 수 있는 다른 방법이 있다.

<u>예</u>-가격책정 전문가는 쉬지 않고 열심히 일하며 언제나 협조적이고 적시에 응대한다. 하지만 훈련부족으로 한 건당 업무처리 시간이 20% 정도 더 많이 소요된다.

<u>일반적인 해결/결과</u>-이런 경우 아무 일도 일어나지 않고 아무도 눈치채지 못한다. 누가 알겠는가? 보통의 사무환경이라면 큰 실수가 없고 사람들이 분주하게 일하는 것처럼 보이면 모든 일이 잘 진행되는 것으로 간주된다. 특히 직원의 태도가 좋다면 더욱 그렇다. 하지만 문제는 이런 곳에서부터 시작한다. 현재의 상황이 제대로 인식된다면 그 정도로 동기부여된 직원은 더 적은 스트레스로 더 높은 생산성을 내며 다른 직원들에게 귀감이 될 것이다.

<u>오피스카이젠식 해결방법</u>-자율적 워크그룹은 모든 직원들이 활용할

수 있는 최선의 업무절차를 개발한다. 이 업무절차는 훈련에 활용되며 직원에게 최소한의 업무수행을 위한 기술이 있는지 검토할 때 활용된다. 개선사항이 발견되면 '업무처리 방법'에 반영하여 모든 직원이 혜택을 누릴 수 있게 한다. 더불어 업무에 따른 기술수준을 PVD에 게시하여 헌신적인 직원을 격려하고 다른 사람들에게는 성취동기를 북돋워준다.

프로세스 운영상 발생하는 낭비

프로세스 설계와 실행이 미흡하여 업무 프로세스 운영에서 발생하는 낭비로 12가지가 있다. 모든 낭비 유형 간에는 수많은 상호작용이 존재한다. 프로세스 낭비의 많은 부분은 '인력' 낭비로 논의될 수 있지만 그것은 특정 낭비의 실제 발생요인을 감추는 것에 지나지 않는다.

관리/통제 낭비(Control Waste)

정의–생산성 유지와 전반적인 성과에 장기적 개선효과를 발생시키지 못하는 감독과 모니터링에 소요되는 에너지. 대부분의 전통적인 감독방식, 관리진과 직원 간 상호관계는 이 낭비에 속한다.

예–구매부 관리자는 '누가 무슨 일을 하고 있는지'를 보기 위해 하루에 몇 번씩 팀원들이 일하는 사무실을 걸어다니며 둘러본다. 직원들이 자리를 지키거나 '분주하게 보이면' 그들이 일을 하고 있다고 생각한다.

일반적인 해결/결과–만약 누가 자리를 비우고 동료와 대화하고 있다면 관리자는 그 직원을 자기 사무실로 불러 상담한다. 상담 도중 감독자가 끼어든다면 관리자는 감독자에게 상황을 얘기하고 감독자는 별도의 상담시간을 배정하여 그 직원과 얘기를 한다. 이것은 모든 사람의 입장에서 볼 때 소모적인 낭비이며 직원의 성실함을 재집중할 수 있는 기회를 악화시킨다. 무엇보다 그런 식의 '상담'은 비생산적이며 오히려 진짜 문제를 해결하기 위해 애쓰는 많은 훌륭한 직원들을 무시하고 모욕하는 행위다.

오피스카이젠식 해결방법 – LDMS는 자율적 워크그룹이 주요 프로세스와 메트릭스에 집중하게 한다. 메트릭스가 목표대로 개선되지 않으면 문제들이 즉시 수면 위로 떠오르고, 각 자율적 워크그룹 안에서 카이젠 액션시트 시스템(kaizen action sheet system, KAS)에 의해 각종 개선안들이 포착된다. 관리진의 역할은 순시하며 눈에 보이는 대로 반응하는 것이 아니라 LDMS의 운영에 대해 코칭하는 것이다.

■ 변동성에 따른 낭비(Variability Waste)

정의 – 기대 목표 또는 일반적인 결과에서 어긋난 결과를 바로잡거나 보완하기 위해 소진되는 자원

예 – 고객은 과거에 경험한 대로 보험금 청구 4주 이내에 보험금을 지급받기를 원한다. 4주 내에 입금이 되지 않으면 고객은 담당부서로 전화한다. 지급청구 부서는 보험금 청구 건을 조사한 다음 고객에게 다시 전화를 해야 한다. 다음 주 내에 고객은 몇 차례 더 전화를 하게 되고 전화를 받은 새로운 담당자는 고객서비스 데이터입력 시스템의 사용이 미숙하여 고객에게 다시 정보조회를 위한 질문을 한다. 수십 통의 전화가 오고간다. 시스템 상에서 일상적이고 사소한 지연이 많아진 결과,

수표는 1주일 늦게 배달된다. 고객은 수표를 곧 받게 될 것이라는 지급담당자의 안내전화를 받기 전에 수표를 받게 된다.

일반적인 해결/결과 – 문제가 더 높은 수준으로 드러나지 않는다면 아무 조치도 이뤄지지 않는다. 만약 문제로 인지된다면 더 많은 관리와 체크를 하는 것이 일반적인 대응이다. 이러한 조치는 더 많은 지연과 보고를 초래하며 시스템 전체를 훨씬 더 지연시키는 결과를 부른다. 고객은 보험금을 기다리는 동안 화가 치솟아 비명을 지른다.

오피스카이젠식 해결방법 – 한 가지 또는 두 가지 방법이 있다. 첫째, LDMS는 관련 자율적 워크그룹의 프로세스 가치사슬(process value chain) 내 구성 요소를 점차 개선시킬 것이다. 둘째, 개선활동의 성고가 충분치 않을 경우(또는 빨리 나타나지 않을 경우) 임원추진위원회에 토고할 수 있는 카이젠 전격추진팀 또는 변화관리팀이 가치흐름지도를 시행하거나 관련분석을 통해 노력을 증대시킬 것이다.

■ 쓸데없는 참견에 따른 낭비(Tampering Waste)

정의 – 결과에 대한 전체적인 이해 없이 임의로 프로세스를 변경하는 데 쏟는 노력과 임의적인 변경으로 인해 생긴 예상치 못한 결과를 바로잡기 위해 쏟는 노력

예 – 서류가 제대로 준비되지 않아 중요한 고객의 주문을 지연시킨 것에 화가 난 관리자는 모든 주문처리 관련 서류에 대해 자신의 검토와 최종 승인을 받도록 절차를 바꾼다.

일반적인 해결/결과 – 모든 주문의 처리가 지연된다. 관리자가 출장중인 경우는 3~5일 지연된다. 다른 부서의 관리자에게 승인 권한을 인계

하더라도 실질적으로 검토해야 할 부분을 잘 알지 못하기 때문에 고객에게 많은 실수를 하게 된다. 관리자는 자신 때문에 전체 시스템이 느려져서 이런 업무의 손실이 생긴다는 것을 모르고 당연히 발생할 수 있는 서비스의 지연에 대해 고객이 성가시게 군다고 책임을 회피한다.

오피스카이젠식 해결방법-중대한 업무에 대해서 주요 이슈 추적 메트릭스(Key tracking metrics)를 개발하여 각 팀 내 PVD에 붙여놓고 매일 회의 때 검토한다.

전략상의 낭비(Strategic Waste)

정의-단기적인 목표 또는 내부고객의 만족에만 노력을 쏟는 업무 프로세스로 고객과 주주에게는 상대적으로 제공하지 못하는 가치 손실(낭비된 노력)

예-수많은 정보의 손실(아래에서 설명하겠지만)을 줄이기 위해 새로운 소프트웨어 시스템을 설치한다. 그러한 결정 자체는 현명하지만 도입 방법은 그렇지 않았다. 회사는 기본 사양으로 개발된 시스템을 그대로 구매했기 때문에 기존의 내부 프로세스와 통합하기 위해 대대적인 맞춤 개발을 해야만 했다. 더 나은 방법은 가장 좋으면서 꼭 필요한 소프트웨어를 구입하고 회사의 프로세스를 변경하여 추가 개발을 최소로 줄이거나 맞춤 작업이 아예 발생하지 않도록 하는 것이다.

일반적인 해결/결과-대량지연, 추가 개발비의 과다 지출, 더 복잡해지는 절차, 더 많은 에러, 향후 업그레이드에 소요될 끔찍한 규모의 비용 등의 결과가 예상된다. 취지는 좋으나 도입 전략이 막대한 손실을 야기한다.

오피스카이젠식 해결방법 – 임원추진위원회는 별도의 팀을 구성하여 소프트웨어 도입으로 영향을 받게 되는 전체 비즈니스의 가치사슬에 대한 요구를 평가한다. 다음으로 이 팀은 소프트웨어 최종 선택과 실행을 위한 지침을 제공한다. '맞춤이냐', '기본 사양 그대로냐'는 여전히 리더십 차원의 결정이지만 오피스카이젠은 의사결정을 돕는 더욱 견고한 근거를 제공한다.

■ 확실성 결여에 따른 낭비(Reliability Waste)

정의 – 초기에 미처 알지 못했던 원인으로 발생한 문제를 바로 잡는 데 필요한 노력

예 – 잭과 메디슨은 수년간 제안서 작성 부서에서 함께 일해왔다. 시간이 지나면서 둘의 업무 책임은 거의 자동적으로 제안서의 특정 부분을 각각 맡아 처리해도 믿을 수 있는 일상적인 것으로 발전했다. 사업이 확장되면서 성실하고 능력 있는 두 사람이 새롭게 합류했고 한 달 후, 메디슨은 긴 휴가를 떠났다. 하지만 크고 복잡한 제안서 작성 건에서 간접비 조정 항목이 빠졌다는 사실을 아무도 눈치채지 못했다. 이것은 언제나 메디슨의 업무였으므로 잭은 신경쓰지 않았다. 새로 들어온 두 사람은 아예 모르는 일이었다. 믿을 수 없을 만큼 낮게 책정된 가격으로 사업을 따냈지만 어쩔 수 없이 추진해야 할 상황에 놓인 회사는 20만 불 이상의 손실을 감당해야 했다.

일반적인 해결/결과 – 더 많은 통제와 승인을 요구한다. 이러한 조치에 메디슨과 잭은 압력과 모욕감을 느끼며 업무를 바꾸거나 회사를 떠난다. 새로 투입된 두 사람은 경험 부족으로 제안서 작성 업무에 시간이

20% 더 소요되어 회사는 다른 사업의 기회를 놓쳐버린다. 이러한 낭비는 체크리스트 또는 책임/권한업무 메트릭스(표준 리엔지니어링 및 오피스카이젠 툴)의 부재에서 비롯한다.

오피스카이젠식 해결방법 – 하나 또는 세 가지 방법이 동시에 활용될 수 있다. 첫째, 자율적 워크그룹(잭과 메디슨)이 표준 업무 프로세스를 한 눈에 알아볼 수 있게 작성하고 정기적인 검토를 통해 개선해나간다. 둘째, 자율적 워크그룹을 위한 교차훈련 매트릭스(cross–training matrix)를 개발하여 업무수행에 필요한 적정 수준의 기술이 없다면 업무를 주지 않는다. 각 단위 업무는 팀에서 개발된(관리자가 승인한) 절차에 의해 수행되고 이것은 다른 많은 직원들에게 전수되어 그들이 업무를 잘 해낼 수 있도록 한다. 셋째, 자율적 워크그룹은 추가적인 체크시트와 보조 자료들을 지속적으로 만들어 표준업무 프로세스와 훈련 자료에 내용을 추가한다.

비표준화된 업무처리에 따른 낭비(Standardization Waste)

정의 – 업무가 최선의 방식으로 처리되지 않아 생기는 낭비

예 – 모니카는 고객의 주문을 받고 배달을 하며 그밖의 서비스 관련 업무를 처리하는 고객서비스 콜 센터를 운영한다. 모든 직원이 열심히 일하지만 그 중 일부는 다른 사람들보다 뛰어나다. 이반은 팀에서 가장 경험이 많은 것도 아닌데 다른 직원들보다 더 많은 전화를 받고 실수도 적게 한다. 2년의 경력을 가진 그는 실수를 줄이고 더 나은 서비스를 제공하기 위해 일련의 유용한 체크리스트와 작업 도구를 개발했다.

일반적인 해결/결과 – 모니카가 일반 관리자의 유형이라면 그녀는 이

반을 '이상적인' 직원으로 칭찬하며 다른 직원들도 그와 같이 되도록 북돋울 것이다. 그녀는 다른 직원의 수행력을 높이기 위해 경쟁이나 인 센티브를 활용할 수도 있다. 물론 잠깐 개선된 모습을 보일 수는 있겠 지만 미숙하고 비효율적인 업무습관은 다시 살아난다.

오피스카이젠식 해결방법 – 모든 자율적 워크그룹에게 다양한 기술훈 련 교육을 시켜 이반의 보조 툴을 공유한다. 이를 통해 모든 직원이 최 선의 업무방식을 활용하여 일을 효과적으로 해낼 수 있게 된다.

차선책 낭비(Suboptimization Waste)

정의 – 서로 경쟁하는 프로세스로 인해 발생하는 낭비. 가장 좋은 경우 는 중복되는 업무만 낭비가 되겠지만 가장 나쁜 경우는 경쟁하는 프로 세스가 서로에게 피해를 주며 최종 결과물의 질을 떨어뜨린다.

예 – 애크미사는 많은 지사를 운영하고 있다. 모든 지사의 구매부서는 전체 공급업체의 수를 줄이고 남아 있는 업체들과는 '파트너와 같은' 관계를 맺으려고 한다. 이를 통해 애크미사는 구매에서 발생하는 관리 업무 비용과 공급업체의 제안 가격을 낮추면서 더 높은 질의 서비스를 제공하기를 바란다. 동시에 각 지사의 상품개발 관리자는 새로운 개발 프로젝트 때마다 부품과 서비스를 가장 저렴한 가격에 제공받기 위해 선정된 몇몇 전문 공급업체를 대상으로 각각 협상을 진행한다. 상품설 계자는 그들의 프로토타입에 더 낮은 총 생산비용을 청구하기 위해 이 일을 수행한다 (이 비용수준은 성과평가 시 중요한 요소다). 부품 공급업체 는 프로토타입의 부품을 가장 낮은 가격으로 제시했지만 설계작업에 는 많이 관여할 수 없다. 모든 새로운 프로토타입 개발에서 중요한 공급업체의 투입이 빠지게 되고 그 결과 품질이 떨어지는 최종 제품이 생산된다. 프로토타입 개발에 이어 실제로 생산가동이 될 때 '파트너'인 대량 공급업체가 프로토타입 공급업체와 경쟁하기는 힘들다. 그들은 풍부한 기술적 지원을 제공하지만 프로토타입 공급업체만큼 낮은 비용을 책정할 수 없기 때문이다. 그 결과 프로토타입 공급업체가 수주를 따내거나 파트너 공급업체가 '파트너'로서의 지원과 역할을 줄여 가격을 낮게 책정함으로서 계약을 따내게 된다. 형편없는 상품이 설계되고 파트너가 되기 위한 노력은 아무 의미 없이 끝나버린다. 즉, 모두가 실패로 끝난다.

일반적인 해결/결과 – 일반적인 결과는 시작부터 가장 낮은 라이프 사이클 비용을 구축하고 함께 협업하여 개발과 구매를 요구하는 것이 아니라 공급업체를 비난하는 것이다.

오피스카이젠식 해결방법 – 첫째, 전사 차원에서 교차기능팀을 구성하여 모든 지사에서 담당하는 주요제품과 재고품을 구매할 때 적용할 구매 규정을 만들게 한다. 둘째, 각 지사에 교차기능 변화관리팀을 구성하여 임원추진위원회에게 보고하도록 하고 전체 비용을 낮추기 위한 자재, 구매, 설계 담당 간의 업무 협조 절차를 개발하게 한다.

■ 일정관리 미흡으로 인한 낭비(Scheduling Waste)

정의 – 형편 없는 일정 관리로 소비되는 자원

예 – 메가테크서비스사에는 10명의 경영진을 지원하는 10명의 관리직원이 있다. 그들은 전화를 받아주거나 큰 프로젝트를 진행할 때 서로 협력하기도 하지만 각각 독자적으로 업무를 수행한다. 그들 중 일부는 매우 비중이 크고 규칙적인 업무량을 가지고 있지만 다른 사람들은 업무량의 변동이 심하다. 컴퓨터를 잘 다루는 상사를 둔 몇몇 직원은 상대적으로 업무량이 적다. 분기 보고 시기가 되면 일부 직원은 자신이 기일 내 모든 업무를 다 끝낼 수 없다는 사실을 발견하게 된다. 그들은 동료에게 도움을 요청하지만 도움의 손길은 30~60분 간격으로 올 뿐이다. 그들의 상사에 의해 수시로 불려가기 때문이다.

일반적인 해결/결과 – 회사는 일용직을 고용하거나 낮은 직급의 관리자에게 '자발적으로' 그들의 관리담당 직원을 하루에서 이틀 정도 지원 보내라고 한다. 세부적인 업무에 익숙하지 않은 일용직 직원은 질이 낮은 결과를 내고 많은 부분에 재작업이 필요하게 된다.

오피스카이젠식 해결방법 – 관리직원들은 자율적 워크그룹을 만들고 모든 경영진을 지원한다. 이 워크그룹은 LDMS를 운영하여 일의 균형을 지속적으로 맞춰 나가며 필요한 반응시간을 개선해나간다.

■ 잦은 임의적인 변경으로 인한 낭비(Work–Around Waste)

정의 – '공식적인' 프로세스를 대체하거나 다른 비공식 프로세스와 상충하는 비공식 프로세스를 만들거나 유지하는 데 소요되는 자원. 그러한 시스템들을 사용함으로써 발생되는 하자를 수정하기 위해 사용되는 자원

예 – A사의 많은 직원들은 단체 보상을 위한 보험금을 책정한다. 회사에는 공식적인 보험금책정 시스템이 있지만 사용하기 불편하다. 몇 해전 한 직원이 기존 시스템을 바탕으로 사용자가 데이터 입력작업을 수월하게 할 수 있는 스프레드시트를 개발했다. 몇 년이 지나자 여러 다

당자들은 자신의 필요에 맞게 그 시트를 수정하여 다른 동료들에게 배포하였다. 하지만 보험금을 책정할 때마다 번번이 큰 실수를 찾아내지 못했다. 관리자들은 이 시트의 사용을 중단하기 위해 몇 년째 애써오고 있다. 하지만 아직도 일선의 많은 담당자들은 비밀리에 지속적인 업데이트를 하면서 사용하고 있다.

일반적인 해결/결과 - 벌칙이 따르는 대대적인 검열과 더 많은 통제가 일반적이고 전통적인 반응일 것이다. 이러한 방법은 절대로 오래가지 못하며 다음 검열이 있을 때까지 사기는 떨어지고 실패가 보편화된다.

오피스카이젠식 해결방법 - 임원추진위원회는 사용자와 소프트웨어 지원부서 직원들로 구성된 교차기능 변화관리팀을 만든다. 이 팀은 스프레드시트 프로그램의 가장 좋은 점을 회사 시스템에 안정적으로 반영할 수 있는 방법을 모색한다.

■ 고르지 않은 흐름으로 인한 낭비(Uneven Flow Waste)

정의 - 업무 단위들 간에 수북하게 쌓인 자료나 정보에 투자된 자원

예 - 메가인더스트리사의 마케팅 부서는 새로운 영업본부장을 고용하려고 한다. 최대한 빨리 충원해야 한다는 요청을 받은 인사부는 담당관리자가 지원자를 면접할 수 있는 일정을 잡는다. 월요일 아침에 7명의 지원자가 왔다. 분기별 세일즈 컨퍼런스를 이틀 앞두고 있는 시점이었다. 행사준비로 분주한 마케팅 부서의 직원들은 수시로 전화와 서류 승인을 요청하며 인터뷰의 흐름을 중단시켰고 심지어 어떤 인터뷰는 다른 부서 관리자에게 떠넘겨지기도 했다. 많은 지원자들이 이러한 혼란에 실망한 기색이다. 결국 마케팅 부서가 아닌 다른 부서 관리자로부터

좋은 점수를 받은 보통 수준의 지원자가 채용되었다.

일반적인 해결/결과 – 인사부서는 마케팅 부서를 비난하고 마케팅 부서는 인사부서를 비난한다. 하지만 여파가 오래 가진 않는다.

오피스카이젠식 해결방법 – 현장의 임원추진위원회는 변화관리팀을 구성하여 모집부터 채용까지 고용절차의 전반에 걸쳐 예측가능한 일을 계획하고 관리하게 한다.

검열로 인한 낭비(Checking Waste)

정의 – 검열과 재작업에 소요되는 노력

예 – 법률 사무실에서 (다수의 신입 직원들이 작성한) 오타가 많은 보고서와 명령신청서가 발송된다. 대부분 사소한 것들이지만 회사에 당혹감을 안겨주는 것들도 꽤 있다.

일반적인 해결/결과 – 지원 스태프보다 상대적으로 많은 보수를 받는 보조직원이나 인턴에게 2~3번 교정을 시키는 것이 전통적인 대응이다. 좀 더 엄격한 환경이라면 질책과 훈련의 강도를 차츰 높이면서 사론으로 교정을 보도록 '동기부여' 할 것이다. 교정/검열의 낭비는 막대하며 일부 실수는 여전히 교정망을 피해가고 이직률은 훨씬 더 증가한다.

오피스카이젠식 해결방법 – 워드 프로세서나 관리업무를 지원할 보조직원들로 구성된 자율적 워크그룹을 만든다. 이 워크그룹은 각 자율적 워크그룹에 적합한 연속적인 교정절차를 만든다. 이것은 일일 워크그룹 회의(daily work group meeting, DWGM) 때마다 검토되며 필요할 경우 수정된다. 만일 이것이 불충분하다면 법률 회사의 임원추진위원회는 변화관리팀을 만들어 이 문제를 해결하게 한다.

■ **실수로 인한 낭비**(Error Waste)

정의-실수가 발생하여 쓸모 없게 된 결과물을 재작업할 때 소요되는 자원

예-우리 모두 이러한 수천 가지의 경우를 알고 있다.

일반적인 해결/결과-대부분의 업무환경에서 어느 정도의 실수는 어쩔 수 없는 것으로 간주된다. 숫자가 맞지 않을 때(또는 실수의 여파가 매우 클 때) 더 많은 교정과 훈련의 압력을 가하거나 업무절차가 추가되는 것이 일반적인 대응이다. 당분간 실수는 줄겠지만 이런 엄격한 기간이 지나고 주의가 느슨해지면 언제라도 다시 원래 상태로 돌아간다.

오피스카이젠식 해결방법-각 자율적 워크그룹은 하루에 한 번, 팀 회의 때 모든 실수를 추적하고 검토한다. 각 팀은 관리자가 주도적으로 연속적인 교정작업을 하거나 교정절차를 변경 또는 작업 툴을 활용하여 교정한다. 이 방법이 충분하지 않다면 임원추진위원회는 변화관리팀을 만들어 추가적인 분석과 지원작업을 하게 한다.

정보부족으로 인한 낭비

정보부족으로 인한 낭비는 프로세스 낭비의 하위 집합이지만 매우 중요하므로 별도로 다뤄야 한다. 정보 낭비는 최적의 정보가 부족하여 발생하는 가치의 손실을 말하며 5가지 유형이 있다.

■ **정보전환으로 인한 낭비**(Translation Waste)

정의-프로세스 단계나 담당자 간에 정보, 포맷, 보고서를 변경할 때

필요한 노력. 관리자, 애널리스트, 관리직원의 시간을 갉아먹는 이 낭비는 조직 내에 극심하다.

예 - 이 낭비의 예로 최근 가장 잘 알려진 것은 미 항공우주국 화성극지 착륙선의 대실패(Mars Polar Lander Fiasco)를 들 수 있다. 측정단위를 잘못된 영어로 번역하여 1억1천만 달러의 비용이 소요된 미국 우주선 계획을 망쳤다.

일반적인 해결/결과 - 가장 일반적인 정보전환 낭비는 프로세스 단계가 스프레드시트에서 메인프레임 시스템을 지나 수작업으로 진행되기 때문에 알아채기 힘들다. 정보전환 낭비가 큰 문제를 일으킬 때 일반적으로 검열과 절차를 강화하고 훈계하는 경향이 있다. 실수가 크거나 가시적일 경우, '책임지적과 할당'에 수반되는 낭비는 항상 엄청나다. 파워포인트 프레젠테이션 수상작인 템플릿으로 보고서를 '꾸미는' 식의 정보전환 낭비는 잘 나가는 많은 회사에서 빈번히 일어나고 있으며 경영진으로로부터 종종 보상을 받기도 한다.

오피스카이젠식 해결방법 - 정보전환 낭비에 대한 유일한 해결책은 '화려한 비주얼'보다는 내용과 실제 데이터에 포커스를 맞추는 강한 리더십이다. 오피스카이젠은 쓸모없는 보고서의 낭비를 볼 수 있도록 경영진의 눈을 뜨게 해준다. 단, 그들은 프레젠테이션의 전문성을 강조하는 사회적 분위기에 대항하고 실용적인 결과물에 대해 단호히 변호할 수 있어야 한다. 화성극지 착륙선과 같은 중대한 임므에 대한 오피스카이젠식의 방법은 프로젝트 임원추진위원회가 팀을 만들어 모든 상세한 업무 프로세스에 다한 메트릭스 분석과 가치흐름 분석을 하여 누락되거나 잘못되는 것이 없도록 하는 것이다.

■ **정보누락으로 인한 낭비(Missing info Waste)**

<u>**정의**</u>-주요정보의 누락으로 생긴 결과의 수정이나 보충에 필요한 자원

<u>**예**</u>-애크미 위지사의 영업직원은 '일을 덜기 위해' 충분한 정보 없이 시스템에 주문을 입력했다. 그녀는 창고의 재고상태가 확인되는 대로 나머지 정보를 입력하려고 했지만 그 일을 깜빡 잊어버렸다. 주문은 제대로 처리되지 않은 채 배송되었고 화가 난 고객은 그것을 반송했다.

<u>**일반적인 해결/결과**</u>-영업직원은 '다음엔 더 잘 하라'는 말을 듣는다. 결과가 나쁘다면 영업직원이든 배송담당자든 둘 중 하나는 비난을 받고 추가적인 감사가 실행된다.

<u>**오피스카이젠식 해결방법**</u>-임원추진위원회는 영업과 주문처리 담당자로 구성된 팀을 구성하여 전체 프로세스를 재설계하고 정확하고 더 빠르게 주문이 처리되도록 한다. 추가적으로 확인차원에서 주요 메트릭스를 각 팀의 PVD에 붙여놓고 매일 정리하면서 검토한다.

■ **주고 받기 낭비(Hand-Off Waste)**

<u>**정의**</u>-프로세스 사슬로 완벽하게 통합되지 않은 조직(부서와 팀) 내에서 정보나 자재들을 서로 넘겨주는 데 들어가게 되는 노력

<u>**예**</u>-인수합병 회사(mergers and acquisitions company)의 운영부서는 매년 새로운 시설과 사무실 공간에 대한 계획을 세운다. 그리고 그 정보를 기획부서로 전달한다. 기획부서는 명목수익 추정액과 지난해 비용 지출에 대한 상환액 등을 반영하기 위해 숫자를 '조정한다'. 그 정보는 다시 운영부서에 넘어간다. 많은 시간이 소요되고 불필요한 변경 작업이 있었으며 각 기능부서는 상대편에 의해 정보가 조작되고 있다고 느낀다.

일반적인 해결/결과－관련 있는 사람들 간의 협조를 독려하기 위한 몇 번의 회의와 논의가 이루어지지만 변하는 것은 아무것도 없다.

오피스카이젠식 해결방법－임원추진위원회는 변화관리팀을 조직하여 업무를 더 빨리 처리할 수 있는 시스템을 개발하도록 한다. 관련 자율적 워크그룹은 PVD에 붙어 있는 주요 이슈에 대한 메트릭스를 매일 추적한다.

■ 비연관성으로 인한 낭비(Irrelevancy Waste)

정의－불필요한 정보를 다루거나 그것으로 생긴 문제를 바로잡는 데 드는 노력

예－B보험회사는 지속적 개선 시스템을 시행했다. 지속적 개선활동에 대한 지원을 위해 관리자의 동기를 부여하자는 좋은 취지에서 각각의 감독자와 관리자에게 프로세스 개선 보고서를 작성하여 제출할 필요가 생겼다. 그러기 위해서는 여러 관련 팀의 활동정보, 제출된 개선안, 진행상황, 그 결과로 달성된 비용 절감 등에 대한 데이터가 필요하다.

일반적인 해결/결과－관리자와 감독자는 보기 좋은 수치를 만들려는 절박한 심정으로 유효성과 상관없이 모든 안건을 밀어붙이고 생각해 낼 수 있는 모든 이슈를 해결하고자 팀들을 만든다. 재무적 이익은 노골적으로 부풀려지고 지속적 개선을 위한 전체적인 노력은 속임수에 비틀거린다. 가치 없는 보고서를 만들고 꾸미는 데 수많은 시간이 허비된다. 그들은 직원과 관리자들에게 관리 전반에 대한 불신과 냉소를 가르치는 셈이다.

오피스카이젠식 해결방법－KAS와 함께 LDMS가 각 자율적 워크그룹에

서 운영된다. 이 방법은 각 워크그룹이 자체적인 작은 개선성과를 달성할 수 있도록 도와준다. 임원추진위원회는 꼭 필요한 팀만 구성하여 인가된 문제상황을 해결하도록 한다. '개선성과 달성'을 위해 관리진이 해야 할 일은 LDMS-임원추진위원회 구조를 유지하고 관리하는 것이지 가치 없는 잡동사니를 북돋고 검토하는 것이 아니다.

부정확성으로 인한 낭비(Inaccuracy Waste)

정의-부정확한 정보를 생산하거나 그 결과로 생기는 문제를 다룰 때 필요한 노력

예-근무시간 후의 전화서비스를 담당하는 직원은 서비스 담당자의 다음 날 약속정보를 변경할 때 실수를 한다. 그런 경우의 5% 정도는 날짜나 시간을(혹은 둘 다) 잘못 입력하는 경우다. 그 결과 서비스 처리에 많은 시간이 소요되고 많은 고객들은 짜증을 낸다.

일반적인 해결/결과-가장 일반적인 대응은 잘못 입력한 직원에 대해 훈련을 강화하는 것이다. 실수가 계속 발생하면 예방 차원에서 소프트웨어에 더 많은 부하를 가하면서 시스템 변경을 생각한다. 이것은 비용이 많이 들며 시간도 오래 걸린다.

오피스카이젠식 해결방법-자율적 워크그룹은 매일 모든 실수를 추적하고 하루에 한 번 DWGM에서 그 실수들을 면밀하게 검토하고 분석한다. 관리자의 주도 아래 자율적 워크그룹은 적정한 교정작업을 한다. 이것이 충분하지 않으면 임원추진위원회는 변화관리팀을 조직하여 더 큰 교차기능적인 문제를 다루게 하거나 복잡한 소프트웨어 변경을 요구하게 한다.

비효율적 자산활용으로 인한 낭비

　자원과 자산이 최적으로 활용되지 않을 때 발생한다. 건물, 사무용품, 부품, 상품과 서비스 제공을 위한 자원이 가장 효율적인 방법으로 사용되지 않아 가치를 더하지 못할 경우 이 낭비가 발생하며 4가지 종류가 있다.

재고로 인한 낭비(Inventory Waste)

정의-서비스 제공을 위해 필요하지만 현재 사용하지 않는 모든 프로세스 자원들과 모든 원재료들, 선적 준비가 완료되었지만 배송이 지연되고 있는 모든 자원들

예-마케팅 서비스 회사의 일부 직원들은 다음 달에 발송예정인 광고 브로셔 10,000부를 봉투에 넣는 일에 동원되었다. 2주 후 일부 자료에서 오타가 발견되었고 아직 발송되지 않은 브로셔에서 그 부분을 찾아내야 했다.

일반적인 해결/결과 - 오타의 원인에 많은 주의를 기울인다.

오피스카이젠식 해결방법 - 각 자율적 워크그룹은 PVD에 붙여진 메트릭스를 활용하여 자원의 생산성을 추적한다. 그들은 단순히 바쁘게 지내기보다 예상할 수 없는 잉여시간을 생산적으로 활용(교육훈련, 사무실 정리, 교정 등)하여 우발사고에 대비한다. 2주 안에 브로셔 10,000부를 발송하는 일과 같은 큰 프로젝트가 다가오면 자율적 워크그룹들은 공지를 받고 어떻게 서로 지원을 잘할 수 있을지에 대한 계획을 미리 세운다.

■ **재공품으로 인한 낭비(Work-in-process waste)**

정의 - 전 단계 프로세스가 마무리되지 않아 다음 공정에서 사용되지 않은 자원

예 - 한 보험회사는 의료사고 보험금의 청구처리를 담당하는 부서에 30명의 직원을 두고 있다. 그들은 매우 세분화된 작업을 수행한다. 두 사람이 진단과 처방 코드를 각 파일에 분류하는 작업을 하는 프로세스의 중간 단계에서 병목현상이 일어난다. 그들이 일하는 동안 보통 300~700개의 청구 건이 기다리고 있다. 이에 비해 다음 단계의 작업자들은 일이 넘어올 때까지 종종 '할 일이 없는' 상태가 된다.

일반적인 해결/결과 - 관리자들은 일 없이 지내는 직원이 있다는 것을 싫어한다. 그래서 그들은 대기 상태인 직원을 손이 부족한 이전 단계의 업무처리에 지원을 보내거나 코딩 업무를 도우라고 지시한다. 첫 번째 방법을 시행하면 두 사람의 눈 앞에는 더 많은 청구 건이 쌓일 것이고 두 번째 방법을 시행하면 더 많은 실수를 유발한다.

오피스카이젠식 해결방법 - 동시에 적용가능한 4가지 방법이 있다. 첫째, 클레임 처리 부서(cliam department)를 작은 몇 개의 자율적 워크그룹으로 개편한다. 자율적 워크그룹과 그들 사이의 직원들이 업무경계를 넘나들고 높은 업무기술을 유지할 수 있게 교차훈련시킨다. 둘째, 전체 프로세스를 재설계하여 업무흐름을 능률적으로 바꾼다. 셋째, 병목현상이 발생하는 주요업무에 대해 80-20 분석(업무에서 80%의 시간이 드는 20%의 일은 무엇인가? 더 낮은 수준의 기술이 필요한 부분은 무엇인가?)을 한다. 그리고 소수의 인원을 코딩 업무에 배치한다. 넷째, 각 작업장의 업무 내역을 자율적 워크그룹의 PVD에 붙여놓고 매일 모니터

링한다. 이렇게 함으로써 문제가 생길 것 같은 부분을 미리 감지하고 대응할 수 있게 된다.

■ 놀고 있는 고정자산으로 인한 낭비(Fixed Asset Waste)

정의 – 효과적으로 활용되지 않고 시설이나 설비에 묶여 있는 자원

예 – C 금융회사는 5층으로 된 큰 건물을 임대하여 사용하고 있다. 회사가 성장하면서 새로운 직원을 더 채용하게 되어 더 넓은 공간이 필요하게 되었다. 공간을 늘리는 결정을 내리면서 현재의 공간을 더 잘 활용할 수 있는 방법에 대한 고민은 전혀 하지 않는다.

일반적인 해결/결과 – 더 많은 공간을 임차한다.

오피스카이젠식 해결방법 – 첫째, 임원추진위원회는 자율적 워크그룹을 조직하여 각 업무 부서가 사무실 사용 공간을 줄일 수 있도록 지열하게 하고 전반적인 활용계획을 세우게 한다. 둘째, 각 자율적 워크그룹은 불필요한 저장공간과 자리를 없애기 위해 레이아웃 툴(layout tool)과 작업장 구성 방법(workplace organization methods)을 활용한다.

■ 쓸데없는 이동으로 인한 낭비(Moving Things Waste)

정의 – 고객에게 직접 전달할 상품과 서비스를 제외한 모든 자재와 정보의 운반

예 – 조직은 많은 건물들로 단지를 이루고 있다. 수년 동안 부서와 파트는 자신들이 제공하는 서비스의 성장과 변화에 따라 빈번하게 이동했다. 사람들은 회의에 참가하고 승인을 받으며 고객이나 공급업체를 만나고 서류를 참조하기 위해 건물 사이를 숨가쁘게 오간다. 고위 그룹

(high status groups)은 단지 중앙의 건물을 선점하기 위해 항상 로비하고 나머지 팀들은 항상 불평한다.

일반적인 해결/결과 – 관리진은 모든 사람들에게 가능하면 이메일과 원격회의를 더 자주 활용하라고 독려한다. 이로 인해 사람들은 서로 마주 대할 일이 줄어들고 교차기능적 협력이 줄면서 최선의 방법보다는 차선책을 택하게 된다. 또한 사람들이 '사태 수습을 하기 위한 긴급 회의'에 참석함으로써 이동 낭비는 더 심해진다.

오피스카이젠식 해결방법 – 임원추진위원회는 단지 내 실질적인 이동에 대한 주요 프로세스의 우선순위를 세운다. 그 후 높은 순위의 중요한 프로세스는 동선을 줄이기 위해 재설계된다. 함께 있어야 할 사무실이나 공동회의시설 등과 같은 형태로 리엔지니어링할 수 있다.

사무생산성을 가로막는 현상 다루기

눈에 보이는 낭비는 일단 문제를 인식하고 무엇이 문제인지를 알며 행동을 취할 시간과 자원이 있다면 다루기 어렵지 않다. 문제는 모든 직급의 관리진이 매일 발생하고 있는 낭비의 1~2%만 알고 있다는 점이다. 대부분의 낭비는 보이지 않게 작용하거나 사람, 프로세스를 잘못된 방식으로 다루어서 발생한다. 그래서 카이젠 전격추진이나 리엔지니어링을 실행하면 소위 '잘 운영되고 있는 회사'에서도 개선의 여지가 많이 발견된다. 낭비를 용인하거나 묵인하는 필터가 관리진(직원)의 눈에서 사라지면 수백만 개의 낭비 상황이 표면으로 드러나게 되어 제거하려는 노력이 이루어질 수 있다. 20년 이상 수없이 많은 상황에서 리엔지니어링과 카이젠 전격추진을 기획하고 실행해왔지만 아주 제한적인 조사만으로도 얼마나 많은 낭비 상황이 드러나는지 나는 항상 깜짝 놀란다. 심지어 아주 잘 운영되고 있는 회사에서도 말이다. 이러한 경우는 도처에 널렸다. 이것이 바로 전통적인 비즈니스 방법인 것이다.

하지만 낭비 상황을 인식하고 제거하려는 시도만으로는 지속적인 개선성과를 얻기에 충분하지 않다. 하물며 세계적 수준의 사무 환경이야 말할 것도 없을 것이다. 결국 수없이 많은 회사들이 리엔지니어링과 전격추진을 도입한 결과 그동안 숨겨졌던 거대한 낭비 더미를 발견했다. 세계적 수준의 사무 환경을 가진 회사들이 왜 많지 않을까? 그것은 매우 소수의 회사만이 리엔지니어링과 카이젠 전격추진을 통해 자신들의 업무성과를 극적으로 개선하는 데 성공했기 때문이다.

다음의 세 진술을 곰곰이 생각해보라.

1. 프로세스는 '바로 잡혔고' 낭비는 줄었다.
2. 프로세스는 '바로 잡혔고' 리엔지니어링 노력의 관심과 자극(자원, 즐거움, 긴급성)이 가라앉은 지금도 '바로 잡힌' 상태로 유지되고 있다.
3. 프로세스는 '바로 잡혔고' 시간이 지나면서 특별한 리엔지니어링 노력이나 관리진의 관여 없이도 같은 원인의 낭비 요소가 꾸준히 감소하고 있다.

4시간 교육을 받으면 어떤 환경이나 상황에서 누구든지 '1'의 상태를 만들 수 있다. 리엔지니어링과 전격추진을 도입한 회사 20곳 중 한 회사만이 관리진의 특별한 관여 없이 '2'의 상태에 이른다. 리엔지니어링과 전격추진의 훌륭한 시도로 달성된 변화가 6개월 안에 완전히 사라진다는 사실은 이상한 일이 아니다. 1,000곳의 회사 중 오직 한 회사만이 '3'의 상태, 즉 프로세스를 재설계하고 직원으로 하여금 프로세스를 지속하고 유지하게 하며 그 안에서 끊임없이 작은 개선을 이루어내게 할 수 있다. 지속적이고 집중적이며 단련된 변화를 창조하는 일은 리더에게 언제나 도전과제였다. 이 책의 나머지 장에서 설명하겠지만 오피스카이젠은 이 도전을 '적극적으로' 맞이한다.

리더십 결여에 따른 낭비 :
사무생산성을 저해하는 근본원인

조지는 흥미로우면서도 걱정스러웠다. 그는 눈에 보이는 낭비가 널리 퍼져 있다는 충격을 온몸으로 느끼고 그가 전에 겪었던 모든 일들과 연관시킬 수 있었다. 그는 자신이 일했던 모든 곳에서 똑같은 현상을 목격했었고 언제나 분개했다. "나는 낭비의 결과를 다루면서 내 직장생활의 반을 보냈구나." 그는 생각했다. "그리고 그런 낭비는 계속되었어." 그는 눈에 보이는 낭비를 줄이면서 전략적 우위를 만들어낼 생각은 해본 적도 없었다. 낭비 때문에 상황이 악화될 때 그는 조직은 낭비하면서 살 수밖에 없다고 생각했었다. "작지만 상당한 양의 낭비가 모든 사무실과 책상에서 전반적으로 줄어들면 얼마나 많은 것들을 얻을 수 있을까? 그래, 오피스카이젠은 잘 하면 전략적 경쟁 무기가 될 거야."

3장에서는 굉장하고 비길 데 없는 지속적인 경쟁 우위를 만들기 위해 눈에 보이는 낭비 현상을 줄이는 일이 중요하다는 것을 설명했다. 다행히 그러한 사실을 통해, 눈에 보이는 낭비가 경쟁력을 떨어뜨리는 숨은 주범임을 알게 되었다. 자, 이제 오피스카이젠이 가장 중요하게 목표 삼는 리더십 결여에 따른 낭비를 향해 거슬러 올라가보자.

오피스카이젠의 전체적인 구조는 조직의 모든 계층에서 발생하는 리더십 결여에 따른 낭비를 기필코 절감시키고야 말겠다는 절대 절명의 필요성에 기반을 두고 있다. 리더십 결여에 따른 낭비가 체계적인 방식으로 절감되지 않으면, 잘 추진하고 있는 일들마저도 어디에나 있을 법한 거대한 힘에 의해 혼란에 빠질 수 있다. 3장에서 설명했듯이 리더십 결여에 따른 낭비가 조직 안에서 '마술'을 부려서 극적으로 절감될 수만 있다면, 어떤 추가적인 도구나 방법론들을 활용하든지 문제가 되지 않는다. 하지만 리더십 결여에 따른 낭비를 절감하기 위해서는 리더십 결여에 따른 낭비를 충분히 제거할 수 있는 방법론이 필요하다. 그 방법론을 활용했을 때에만 비로소 눈에 보이는 낭비 현상을 줄이기 위한 도구들이 제 기능을 발휘할 수 있다. 오피스카이젠이 바로 그 방법론이다. 오피스카이젠으로 리더십을 개선하고 향상시킴으로써, 조직 내 눈에 보이는 낭비 현상을 효과적으로 줄여 나가며 지속적으로 유지할 수 있게 된다. 눈에 보이는 낭비를 지속적이고 장기적으로 줄이는 것이 목표라면 향상 리더십을 개선하고 향상시키는 작업부터 시작해야 한다. 그렇지 않으면 눈에 보이는 낭비를 줄이기 위한 방법과 도구들은 제 기능을 할 수 없을 것이다.

5장에서 소개하겠지만 일반적으로 침체된 상태의 조직은 포커스(목표집중과 우선순위), 구조(조직시스템, 업무 체계), 조직규율, 주인의식(자율성, 주도성)이라는 네 가지 리더십의 변수를 저하시키는 작용을 한다. 그렇지만 주도면밀하게 리더십이 발휘되는 환경에서는 그러한 네 가지 변수들이 높아지고 그로 말미암아 세계적 수준의 조직에 해당하는 실체가 만들어진다. 이러한 사실을 전제할 때, 오피스카이젠의 취지는 리더십 결여에 따른 낭비를 개선하고 향상시키는 노력이 지속되는 환경을 만드는 것이다.

포커스(FOCUS)

포커스는 중요한 목표들에 집중하고 에너지를 쏟는 것이다. 포커스는 조직의 모든 계층에서 적절한 방식으로 표출되어야 한다. CEO가 회사의 목표를 '유럽 시장 진출', '더 나은 고객 서비스 제공', '우선 공급업체로 선정되기', '비용 절감을 통한 시장지배'라고 발표하면 그것들은 어떤 포커스를 제시한다고 볼 수 있다. 경영진 수준에서 포커스를 제시하는 것은 쉬운 일이다. 실질적으로 힘든 일은 포커스를 조직의 아래 단계로 끌어내려 모든 계층에서 그것의 정확한 의미를 유지하는 것이다. 어떤 면에서 조직 내의 거의 모든 경영계층은 '품질 개선'에 대한 노력을 촉구한다. 그러나 이 문제에 대한 경영진의 큰 관심에도 불구하고, 조직의 각 계층이 추구하고 있는 '품질 개선' 활동을 살펴보면 관심도와 정확성, 효과성에 있어서 매우 다양하고 광범위하다는 사실을 알 수 있다. 나는 미국의 'Big Three' 중 하나인 자동차 회사에서 일할 때 이런 일을 직접 경험해봤다. CEO가 품질개선 활동을 전개했다. 우리 공장은 대규모의 '전체' 미팅을 열었다. 품질 문제가 논의되고 경쟁자의 실적이 우리의 것과 대비되었으며, 공장장과 방문한 고위 인사들은 고무적인 연설을 했었다.

한 부서가 각 관리자 계층에서 포괄적이고 적시적인 척도(series of timely metrics)를 개발, 적용하고 매 주 세 번씩 팀원들에게 브리핑을 하는 등의 반응을 보였다. 이 부서의 경우 시작이 매우 좋았다. 다른 부서는 실수를 반복하는 것에 대해 징계처분의 수위를 높이고, 실수를 추적하여 각 개인에게 피드백을 주는 시스템을 구축하였다. 이것은 매우 좋지 않은 조치였다. 직원들이 서로를 보호하기 위해 문제를 숨기게 되었기 때문이다(기압 때문에 생기는 페인트 칠의 흠집 처럼 대부분의 실수는 직원들의 행동과 상관이 없었다). 다른 팀은 아무것도 하지 않았다. 그들은 매년 두세 번 꼴로 시도되었던 이전의 '프로그램'에 반응했던 것처럼 품질 개선 활동에도 똑같이 대응했다. 즉, 고개를 끄덕이고 동의하며 아무 것도 하지 않았으며, 몇 달간의 시간이 지나가기를 기다렸다.

CEO가 분명하게 포커스를 제시했다. 그러나 메시지는 조직의 계층을 타고 내려가면서 걸러진 결과 제 각각이 되었다. CEO와 워크그룹 간의 어떤 계층에서는 포커스가 왜곡되고 방향을 읽거나 하부로 전달되지 못하고 그대로 멈추어 서버렸다. 모든 직원들과 워크그룹은 동일한 메시지를 각자가 이해하고 일상 업무에 적용할 수 있는 방식으로 제공받을 수 있어야 한다.

CEO의 포커스를 조직에 내리쬐는 밝은 광선이라고 생각하라. 그 목적은 CEO 광선의 포커스가 전통적인 관리체계의 어둠 속에서 발버둥치는 조직 구성원들에게 성공을 향한 진정한 길을 밝혀주는 데 있다. 어떤 직원들은 적외선만을 받고 어떤 직원들은 자외선만 보고 어떤 직원들은 초록빛만을 본다. 물론 어떤 사람은 너무 오랫동안 어두운 곳에 있어서 눈이 멀었을 것이다. 또 하나의 문제는 CEO의 광선을 받을 때 많은 직원들이 끊임없이 방해를 받는다는 것이다. 프로세스, 부서, 팀, 자리이동, 지리적 위치, 다른 생산품, 다른 감독 업무, 소비자요구의 변화가 CEO의 광선을 방해하고 왜곡하며 굴절시키고 줄이며 과장한다. 결국 일부 직원들과 팀은 빛이 반짝일 때 빛에 집중하지 못한다. 그들은 자신의 업무영역이 어둡든 밝든 스스로에게 또는 팀에 일어나는 차이점을 알지 못했다.

포커스는 CEO(또는 다른 상급 경영진/관리자)의 메시지가 모든 사람들에게 그들이 이해할 수 있는 방식으로 명확히 전달될 때 맞추어진다. 포커스가 없다면 전 조직이 상호협력하여 이동하는 것이 불가능하다. 너무 많은 에너지가 내부적인 갈등을 해결하는 데 소모되기 때문이다. 직원 개개인은 자신의 일과 관련해서 조직에 중요한 것이 무엇인지를 이해해야 한다.

변화를 성공적으로 이끌기 위해서는 네 가지 리더십 변수가 모두 중요한지만 그 중에서도 포커스가 가장 중요하다. 좋은 총과 탄약을 가졌어도 목표물을 정확하게 겨누지 않으면(타깃을 보고 몸, 어깨, 팔, 손을 계속 고정시키기) 놓치게 된다. 마찬가지로 포커스는 리더십 변수 중 제일 구체적이지 않기 때문에 확립하기가 가장 까다롭다. 오피스카이젠의 메커니즘은 이것을 고려하여 만들어졌다. 오피스카이젠의 기법은 심지어는 조직 전체의 포커스를 명시적으로 이해하기 전이라도, 모든 워크그룹들이 내부에서 포커스의 일부분을 암묵적으로 개발하고 활용하도록 지원해준다. 이 작업은 조직의 전반적인 포커스가 명료하게 이해되기 훨씬 전에 이루어진다. 이것은 모든 워크그룹의 전반적인 향상을 위해서는 리더십의 개선과 눈에 보이는 낭비의 제거가 기본 조건임을 의미한다. 즉, 적은 낭비는 언제나 큰 계획에 도움이 된다. 오피스카이젠은 조직의 전체 미션이 무엇이든 간에 모든 직원들이 낭비를 제거하는 일에 집중할 수 있도록 해준다.

포커스 결여에 따른 낭비(FOCUS WASTE)

조직 내에 포커스가 얼마나 결여되어 있는지 대략적으로 알아볼 수 있는 방법이 있다. 다음의 문장에 '예/아니요'로 답해보라.

1. 나는 금년도 조직 전체의 기본목표(principle objective)를 진술할 수 있다.
2. 나는 개인적으로 작년 기본목표에 대비해서 조직이 어느 정도의 성과를 냈는지 들었다.
3. 나는 내가 속한 워크그룹이 금년 계획을 실행하면서 달성해야 할 주요목표(primary objective)를 알고 있다.

4. 내가 속한 워크그룹의 금년도 주요목표가 모든 팀원에게 충분히 설명되었다.

5. 나는 조직 전체가 비용, 배송, 품질, 고객만족 부문에서 경쟁사와 어떻게 비교되는지 명확하게 이해하고 있다.

6. 나는 내가 속한 워크그룹이 비용, 배송, 품질, 고객만족 부문에서 경쟁사의 유사한 팀과 어떻게 비교되는지와 세계적 수준에 비춰 볼 때 현재의 위상이 어떠한지를 이해하고 있다.

7. 나는 우리 업계에서 가격, 비용, 경쟁력의 동인이 무엇인지 알고 있다.

8. 내가 속한 워크그룹의 금년 핵심목표(critical objective)는 이해하기 쉽고 객관적인 측정이 가능하도록 정의되어 있다.

9. 내가 속한 워크그룹의 모든 사람은 유사한 업무를 수행하고 있는 세계적 수준의 팀들과 어떻게 비교되는지 정확하게 이해하고 있다.

10. 내가 속한 워크그룹은 우리가 어떻게 하고 있는지에 대해 최소 주 단위의 상세한 정보를 상사로부터 받고 있다.

위 물음에 '아니요'라고 답할 때마다 리더십의 포커스 결여에 따른 낭비가 발생한다. 이러한 수천 개의 작은 낭비는 명확한 가이드 라인이 없을 때, 정확한 으선순위의 선정을 가로막고 개선하고자 하는 단호한 결심을 꺾으며 주관적 판단의 정확성을 흐리게 한다. 그러한 포커스 결여에 따른 낭비는 눈에 보이는 낭비를 발생시키는 암묵적인 기회로 작용한다.

구조(STRUCTURE)

구조는 조직의 뼈대다. 관리진이나 사원들이 명쾌하게 표현할 수 없다고 하더라도 모든 조직은 구조를 가지고 있다. 많은 사람들이 구조를 차트, 제목, 부서 이름, 프로세스 흐름도(process flowchart)와 동일하게 생각한다. 그러나 구조는 그 이상의 것이다. 잘 요리된 수프에는 위에 떠 있는 건더기 이상의 것이 있듯이 조직의 구조는 프로세스, 기대사항, 의식과 태도, 역할(기대되는 역할, 실제 행해지고 있는 역할, 이상적인 역할 및 역할 간의 또는 사람들 간에 발생하는 갈등), 정보로 구성되어 있다. 구조는 성문과 불문의 규칙, 가이드 라인, 프로세스, 실제로 일어나는 태도이며 간단하게 정해지지 않는다. 간단히 말해서 구조는 조직의 일상에서 벌어지는 일들을 안내해주는 반복적이고 지속적인 체제를 의미한다.

대부분 조직의 구조는 시간이 흐르면서 우연히 진화해왔다. 조직의 차트는 세부사항에 상당한 주의를 기울여 작성되었을 것이다. 그러나 다른 부분들은 그렇지 못하다. 대부분의 조직에 존재하는 암묵적인 규정들은 일정치 않은 세력, 위기 대응 방식, 인간집단의 역학, 리더십 이니셔티브(leadership initiatives) 간의 수년에 걸친 상호작용의 산물일 경우가 많다. 따라서 대부분 조직은 하나가 아닌 많은 구조를 갖는다.

주요 은행들은 다양한 구조를 가진 조직의 좋은 예다. 우선 여러 주에 있는 지사들의 사업운영에 크게 영향을 주는 한 가지 공통된 구조가 있을 것이다. 이러한 은행이 많은 인수 합병(오늘날의 큰 은행들이 하고 있는 것)으로 최근에 세워진 것이라면 공통된 기업의 구조는 최소화될 것이다. 확실한 것은 은행의 각 지역본부가 하나의 구조를 가지게 될 것이다(몇 년 전까지만 해드 이런 사무실들은 독자적인 은행 본부였을 것이다). 더 나아가 지사 안에 있는 각 부서, 지점, 서비스 센터는 다양한 구조를 갖게 될 것이다.

이러한 구조의 몇 가지 요소는 산업표준에 의해 강제적으로 만들어진다(예를 들면 장부정리 규정, 회계처리 규정, 은행이 문을 닫을 때의 법률). 또 구조의 일부는 여러 기술과 능력을 가지고 일하는 직원들의 유형에 따라 정해진다. 데이터처리 센터, 은행창구 직원, 회사 법률부서에서 일하는 사람들에 대한 매우 다른 구조가 있을 것이다. 또 각각의 구조는 기능적인 면에서의 기대수준, 역할, 재량, 드레스 코드, 보고 절차 등을 가지고 있다.

CEO가 조직에 포커스 광선을 비춘다는 비유적 표현은 구조를 리더십의 한 변수로 포함시킬 수 있음을 보여준다. 구조는 거울, 프리즘, 필터, 증폭기의 기능을 집합시켜 놓은 것이며 그것들이 적재적소에서 역할을 수행하도록 만들어주는 뼈대이다. 전사에 걸친 장치를 고안하기 위한 지침뿐만 아니라 각 팀에게 필요한 빛의 종류(색깔과 밝기)가 무엇인지에 대한 설명서가 포함된다(뼈대를 보조하는 장치는 물론 빛을 유도하는 장치의 위치와 각도). 구조가 적절하게 설계되고 만들어지면 조직의 모든 부분에 정확한 형태의 빛을 비춰줄 것이다. 보통의 다른 조직들과는 달리 세계적 수준의 조직은 더욱 정확하고 믿을 수 있는 리더십의 포커스를 팀 전체에게 제공해줄 수 있는 구조를 개발해오고 있다.

물론 구조에는 간단하게 포커스를 제시해주는 것 이상의 의미가 있다. 구조는 눈에 보이는 낭비를 줄이고 그것들을 유지하면서 나중에는 그것들을 없애는 방법을 이용해 직원들이 무엇을 어떻게 해야 하는 것인지에 대한 길잡이와 방향을 제공한다.

구조 결여에 따른 낭비(STRUCTURE WASTE)

구조 결여에 따른 낭비는 현재의 행동, 기대, 절차, 관습, 규정, 역할, 우선순위 등이 눈에 보이는 낭비를 줄이는 최적의 행동을 강화, 안내, 훈련하지 못하는 경우에 발생한다. 오피스카이젠은 조직의 현재 구조와 세계적 수준의 조직에서 발견되는 보편적인 요소들 간의 차이에서 생기는 구조 결여에 따른 낭비를 다룬다. 그리고 조직 내 개별 사업 단위에서 상충하는 구조들 사이의 차이점도 다룬다. 당신과 직원들이 아래의 문장에 '예/아니요' 중 어떻게 대답할지 생각해보라. 각각의 항목은 당신의 조직 안에서 일어나는 구조 결여에 따른 낭비 정도를 결정해준다.

1. 나의 일상적인 프로세스와 작업은 잘 정의되어 있다.
2. 나는 내 개인의 성과를 매일 숫자로 된 측정지표로 점검한다.
3. 내가 속한 워크그룹 프로세스의 대부분은 명확하게 정의되어 있고 대부분의 구성원들이 이해하고 있다.
4. 관리자들은 자신들의 의사결정에 대한 이해를 쉽게 하도록 만든다.
5. 내가 속한 워크그룹 관리자(리더 등)가 변화에 대한 정보를 적시에 제공하여 우리는 재빠르게 대응할 수 있다.
6. 내가 속한 워크그룹은 관리태도, 지원상황, 친근함과 우리 일에 대한 정보의 양으로 보아 다른 워크그룹과 거의 비슷한 관리를 받고 있다.

7. 내가 속한 워크그룹은 매일 오늘 일어날 일과 어제 했던 일에 대
  한 정보를 공유하는 짧은(5분에서 10분 정도) 미팅을 한다.

8. 워크그룹 내에서 발생하는 많은 문제들에 대해 워크그룹 내의 거
  의 모든 사람들이 이해하고 있는 단 하나의 행동지침이 있다.

9. 나의 관리자(리더 등)는 내가 나의 업무와 더불어 다른 구성원들
  의 업무에 대해 배우는 것을 적극적으로 돕는다.

10. 내가 속한 워크그룹은 향후 2년 안에 일일 프로세스 성능을 절진
  적으로 개선하려는 공식적인 계획을 가지고 있다.

각각의 워크그룹이 세계적 수준의 구조를 갖치 못한 조직은 골격이
없는 세계적인 보디빌더의 근육과 흡사하다. 다시 말해 아무리 잘 개발
시켜도 머지않아 주저앉고 만다. 세계 최고의 직원은 훌륭하게 포커스
를 맞춤과 동시에 자신의 일상 업무에서 성과를 획기적으로 고양시키
는 수단들도 가지고 있어야만 한다. 인체에서는 뼈들이 이러한 역할을
수행한다. 조직에서는 역할, 행위, 기대치들이 사람들이 눈에 보이는
낭비를 제거하기 위해 싸울 때 붙들어야 할 레버리지 포인트(달성해야
할 성과 목표)를 제공해준다.

조직규율(DISCIPLINE)

조직규율이 없으면 포커스와 구조는 성공적인 리더십을 위한 필수
요소가 될 뿐 충분한 요소가 되지 못한다. 조직이 그것들을 유지하지
못한다면 거의 쓸모없게 된다(의학적으로도 검증된 다이어트책을 따라하

면서 온갖 음식들을 냉장고에 쑤셔 넣고 자신을 속이는 것과 마찬가지다). 조직규율은 리더십 프로세스를 유지시켜주는 견제, 균형, 보상, 강제 그리고 관리자와 직원들의 일상적인 행동으로 이루어져 있다. 사람들은 자신들이 수행하도록 기대된 것을 수행한다. 그렇지 않을 경우에는 누군가가, 아니면 어떤 그룹이 재빨리 발견하여 그들로 하여금 자신들에게 수행하도록 기대된 것을 수행하도록 한다.

앞에서 설명한 광선의 비유에서 조직규율은 광원이 적절하게 공급되고 작동하는지 정확하게 확인하고, 반사경의 각도가 잘 맞춰져 있고 깨끗한지 감시하며, 반사경을 지탱하고 있는 받침대가 녹슬거나 일직선이 아닌지를 점검해보는 것을 포함한다. 좋은 광원과 제일 좋은 반사경을 설치해도 목표를 벗어난 상태로 추진하게 놔둔다면 소용없다. 일단 리더십의 포커스가 그들의 작업환경을 밝게 비춰주면, 다음으로 직원들은 무엇을 할 것인지에 대한 더 큰 문제가 남아 있다. 그들은 자신들이 수행해야만 하는 일을 수행하고 있는가? 만약 그렇지 않다면, 누군가가 알아차리고 나서 그들에게 필요한 코칭에서 훈련과 정보를 제공해주어야 하는가?

조직규율의 대부분은 간단하게 결심과 용기로 이루어진다. 하지만 이것만으로는 전통적인 조직의 압력에 맞서기에 부족하다. 강한 성격을 가진 리더라도 포커스와 구조(그리고 주인의식) 없이는 장기간에 걸쳐 조직을 이끌 수 없다. 여기에 오피스카이젠의 대단함이 있다. 오피스카이젠은 관리자들이 초인적인 의지력을 가지지 않고서도 규율이 제 기능을 할 수 있는 조건들을 다른 세 가지 리더십 변수들을 통해 만들 수 있도록 일련의 절차들을 제시한다.

조직규율 결여에 따른 낭비(Discipline Waste)

조직규율 결여에 따른 낭비는 시스템이 품질의 저하, 태만, 문제에 대해 신속 정확하게 반응하는 데 실패할 때마다 발생한다. 이것은 포커스 공유와 구조 확립을 위해 발휘된 리더십의 효과를 약화시킨다. 직원들에게는 조직의 예측할 수 없는 반응이 제일 혼란스럽다. 직원들은 어떤 행동을 할 때, 결과에 대해 의심이 든다면 어떤 패턴(눈에 보이는 낭비 현상)이 분명해질 때까지 기다린다. 패턴 자체가 나타나지 않는다면 그들은 스스로 판단하기에 최선의 것(주로 표준화와 차선책으로 인한 낭비를 야기한다)을 할 것이다. 다음의 문장을 보고 워크그룹의 직원들이 '아니요'라고 대답하면 조직규율 결여에 따른 낭비가 생겼음을 의미한다.

1. 내가 속한 워크그룹의 리더(감독자, 관리자 등)는 1년에 네 번, 각 구성원들과 개별면담을 하여 개인의 성과, 공동의 기대치, 워크그룹의 성과와 목적에 대해 논의한다.
2. 감독자(리더, 관리자 등)는 규칙적으로(적어도 한 주에 한 번) 팀 회의를 하여 그룹의 성과, 결과, 기대치에 대해 점검한다.
3. 내가 속한 워크그룹에서는 다른 사람에게 헌신하지 않는 사람을 찾기 어렵다.
4. 내가 속한 그룹의 성과에 대한 자료는 정확하고 최신의 정보이다.
5. 우리의 업무영역에서 프로세스 문제가 발생하면 그 내용에 대해 재빠르게 조치가 이루어진다.

6. 워크그룹에서 개선안을 생각해냈을 때 가능한 한 많은 사람들에게 그것을 전파할 책임이 있음을 알고 있다.

7. 다른 워크그룹의 프로세스에 문제가 생겼을 때 적절한 계층에 속한 사람이 그 문제를 신속하게, 공개적으로, 효과적으로 처리한다.

8. 내가 속한 워크그룹은 효과적으로 구성원들 간에 최적의 행동과 성과를 고취시킨다.

9. 내가 속한 워크그룹의 사람들은 다른 사람이 제시하는 조언과 개선안에 대해 대단히 고맙게 생각한다.

10. 나는 상급 관리진이 내가 속한 워크그룹의 생산성을 저해하는 기능간의 장벽을 제거하기 위해 열심히 일하고 있다고 확신한다.

주인의식(Ownership)

포커스와 구조 그리고 조직규율을 거의 갖추었다면 어떨까? 그것은 포로수용소에 있는 것과 같다. 당신은 사람들에게 포커스와 구조, 조직규율을 이용해 일을 시킬 수 있지만 주인의식 없이는 그들의 정신에 영향을 미칠 수 없다. 인간의 몇 가지 행동 지령과 많은 성향들은 공장에서부터 '구조화' 되었다. 인간의 가장 강력한 욕망 중 하나는 스스로 중요하게 여기는 것에 대해 주인의식을 갖는 것이다. 많은 조직에 존재하는 대부분의 비공식적인 포커스, 구조, 조직규율의 요소는 직원들이 자신의 업무와 프로세스에 대해 주인의식을 발휘하기 힘들게 하고 있다.

직원들이 자신의 자리를 임의로 배치하는 것을 보고 대부분의 관리자들이 어떻게 반응할 것일지 생각해보라. 그렇게 하는 것이 직원의 업무 프로세스와 전혀 상관이 없는 것일지라도 관리진은 마치 뜨거운 포크에 눈을 찔린 것처럼 반응할 것이다. 직원들의 업무영역일지라도 많은 조직의 관리진들은 자신들이 그 영역, 프로세스, 결과물 심지어는 직원까지도 모두 '소유'하고 있다고 믿는다. 이것은 전통적인 관리의 틀 안에서 운영되는 평범한 인간과 조직의 역학 관계를 보면 당연한 결과이다. 직원이 강한 주인의식을 가지지 못하면 포커스, 구조, 조직규율의 확립을 통해 얻어진 눈에 보이는 낭비요소의 감소는 아무 소용이 없어진다. 제대로 된 포커스, 구조, 조직규율은 낭비를 줄이면서 조직을 급격히 향상시킬 것이다(대부분의 다른 영역의 생산성 역시 향상될 것이다). 하지만 주인의식이 없다면, 가장 근본적인 단계에서 무언가가 빠져 있는 것과 같다.

눈에 보이는 낭비는 워크그룹 수준에서 가장 명백하게 드러난다. 조직이 전략적 경쟁 우위를 만들어내려면 워크그룹은 자신의 영역 안에서 이러한 낭비 요소를 공격적이면서도 열성적으로 제거하려는 노력을 매일 해야 한다. 이를 위해 내면에서 자발적으로 솟아나는 열정과 자부심이 필요하다. 이러한 감정은 주인의식에서 나온다. 포커스, 구조, 조직규율은 장(Stage)을 만들어주지만 주인의식은 큰 성과를 얻도록 불을 지펴준다. 조직 내에서 이러한 주인의식이 배양되지 않는다견 이는 마치 잘 운영되고 있는 수용소에서 포커스, 구조, 조직규율이 기능하고 있는 것과 같다. 직원들은 문제를 일으키지 않는 일들만 할 것이다. 아무도 그들이 더 많은 일을 하도록 격려해주거나 허락하지 않을 것이다. 왜냐하면 통제가 생산보다 더 중요하기 때문이다. 교도소가 아닌 환경에서 최소한의 수준을 넘은 통제는 주인의식을 방해한다.

모든 직원이 자신의 프로세스와 업무 영역에서 주인의식을 쉽게 가질 수 있게 하는 것이 리더십의 역할이다. 프로세스와 생산에 대한 직원들의 주인의식은 세계적인 수준의 모든 리더십의 '비결'이다.

주인의식 결여에 따른 낭비(Ownership Waste)

업무 영역에서 직원들의 주인의식을 늘릴 기회가 주어지지 않으면 주인의식 결여에 따른 낭비가 발생한다. 이어지는 대부분의 항목들에 대해 '예'라고 답하는 팀에서는 주인의식이 잘 정착되었다고 할 수 있다.

1. 내가 속한 워크그룹의 성과가 직접적으로 나를 반영한다고 생각한다.
2. 나는 워크그룹에서 큰 어려움 없이 품질, 성과, 비용에 대한 문제를 논의하는 편이다.
3. 내가 속한 워크그룹은 일상의 업무 프로세스에서 많은 중요한 개선활동을 실천해오고 있다.
4. 워크그룹 내에 사람들이 서로 협력하고 최선을 다하도록 북돋는 동료 간의 압력이 많다.
5. 내가 속한 워크그룹에는 개선 제안을 포착하고 탐지하는 공식적인 시스템이 있다.
6. 내가 속한 워크그룹은 일을 새로운 방식으로 처리하는 것에 대단한 자부심을 가진다.

7. 내가 속한 워크그룹과 관리자는 최상의 일 처리 방법을 결정하기 위해 함께 팀으로 일한다.

8. 감독자는 우리가 빈번하게 발생하는 크고 작은 많은 문제들을 스스로 해결하기를 기대한다.

9. 내가 속한 워크그룹은 자신이 달성한 업적에 대해 자부심을 갖고 있다.

10. 내가 속한 워크그룹이 항상 더 나아지고 있다고 확신한다.

리더십을 보완하고 향상시키려는 목적은, 시스템을 구축하여 사무 생산성을 가로 막는 낭비를 줄이고 지속적으로 운영해 나가면서 전략적 경쟁 우위를 확립하는 것이다. '예/아니요' 문장에서 '아니요'라고 답한 문제들을 해결하는 것은 일련의 전술적, 전략적이며 심지어는 철학적인 문제 같은 복잡한 것들을 만들어낼 것이다. 이에 대해 오피스카이젠은 빙빙 돌리지 않고 시스템을 실행하는데, 이 시스템은 네 가지 리더십 결여에 따른 낭비에서 나왔던 40개의 모든 문답에 '예'라는 대답이 나올 확률을 점점 높여준다.

리더들은 프로그램, 부서, 기능, 프로세스뿐 아니라 전체 조직이 책임감을 갖도록 이끌어야 한다. 오피스카이젠은 사무 생산성을 가로 막는 눈에 보이는 낭비를 줄임으로써 경쟁 우위를 갖도록 우선적으로 관여한다. 오피스카이젠은 문제가 기술이든 직원 선발이든 마케팅이든 상관없이 모든 리더십과 관리활동이 세계적 수준의 방식으로 발돋움할 수 있는 환경과 일련의 업무절차를 만들어준다. 리더십을 보완하고 향상시키는 노력을 하지 않은 상태에서 리더들은 오피스카이젠을 실행하거나 훈련할 수 없다. 다음 장에서는 오피스카이젠의 실행이든, 두 조직의 합병이든, 또는 신상품 런칭이든 간에 성공하기 위해서는 왜 이러한 종합적인 접근이 절대적으로 중요한지를 보여줄 것이다.

Chapter 5

사람을 경영하라

조지는 흥미를 느끼면서도 다소 당황스러웠다. 그는 리더십 결여에 따른 낭비를 통해 빅인슬로우사를 비롯하여 자신이 지금껏 일했던 모든 곳에서의 많은 문제점들을 분명히 깨달을 수 있었다. 사실 그는 자신과 임원 진들이 빅인슬로우사에서 일관된 경영구조를 강요한 적이 없었다는 것을 깨달았다. "조직규율에 대해서는 말도 하지 맙시다." 그는 깊이 뉘우치면서 생각했다. "우리는 항상 거창한 선전이 사라진 후에는 프로젝트를 지루해했습니다." 그는 똑똑하고 의욕적인 관리자들과 직원들이 왜 오래 전에 리더십 결여에 따른 낭비를 체계적으로 제거하려는 시도를 하지 않았는지 궁금했다. 또 일하는 환경에 다른 무엇인가가 있어서 그런 거라면, 이 간단한 이론보다 더 강한 숨은 영향력이 있을 것이라고 생각했다.

많은 변화의 노력들이 실패하는 이유는 리더들이 일반적인 비즈니스의 이론, 계획 그리고 합리적인 생각들을 성공법칙의 가장 중요한 변수라고 보는 잘못된 생각 때문이다. 그러한 요소들이 매우 중요한 것은 사실이지만 단지 그것들이 부족해서 실패하는 것은 아니다. 부단한 노력에도 불구하고 실패하게 되는 원인은 리더들이 인간의 태도에 대해 적절히 보상하지 않기 때문이다. 조직 내부에서 나타나는 여러 가지 인간 태도는 무시할 수 없을 만큼 강력하고 냉혹한 힘에 의해 좌우된다. 이 힘을 적절하게 통제하고 관리할 수 있다면 그 조직은 보통의 수준에서 세계적인 수준으로 도약할 수 있는 추진기(Supercharging Boost)를 얻는 것과 마찬가지이다. 이러한 힘을 무시하거나 제대로 통제하지 않으면 혼란, 충돌, 리더십 결여에 따른 낭비, 눈에 보이는 낭비가 발생할 것이다.

간단히 말해 기업이 관리할 수 있는 비즈니스 상의 문제, 실패, 미흡함이 발생하는 것은 인간 행동의 실체를 제대로 다루지 못했기 때문이다. 이렇듯 힘에 대한 통제력을 상실하게 되면, 대부분의 기업이 그러하듯 현재의 기본 위치까지만 도달할 수 있다. 오랜 기간 여타의 평균적인 기업조직들보다 높은 성과를 보였던 기업은 이러한 힘을 통제하기 위하여 의식적으로 계획을 마련하거나 해결책의 일부를 운좋게 발견했기 때문이다. 오피스카이젠은 관리진들에게 중요한 문제들에 집중할 수 있는 강력한 힘을 명쾌하게 보여준다. 이번 장에서는 조직이나 그룹의 행동을 변화시키고자 할 때 리더들이 해야 할 바가 무엇인지를 알려줄 것이다.

조직문화와 개인태도

많은 사람들이 조직문화와 문화의 혁신을 두고 전문가들만이 이해할 수 있는 비밀스럽고 불가사의한 과정이라고 말한다. 하지만 기업문화의 메커닉에서 불완전하게 집중된 변화관리 접근법의 개념이 어느 정도로 활용되는지를 제외하면 불가사의한 것은 없다. 간단히 말해, 문화란 오랜 기간 조직의 사람들이 지원하고 기대하며 강화하고 가치를 부여한 태도를 일컫는다. 문화는 더 복잡해질 필요가 없다.

어떤 사람이 회의에서 문제를 지적하는 식의 태도를 보일 때 아래에 소개하는 태도의 네 가지 요소가 동시에 나타난다.

1. 행동-이것은 신체적 움직임이다. 이 경우 직원이 일어나서 말할 것이다. "매주 예산 차이에 대한 보고가 늦어지기 때문에 문제가 일어난다고 생각합니다."
2. 생각-이것은 직원들의 마음 속에서 일어나는 것이다. '아무 말도 하지 말걸 그랬어. 하지만 그저 앉아 있을 수 없었어.'
3. 감정-이것은 직원들이 느끼는 것이다. 이 경우 신경이 날카로워졌거나 다소 두렵거나 흥분된 상태일 것이다.

4. 생리적인 변화–심장박동수, 전기피부반응(galvanic skin response, GSR : 자극에 대한 감정 반응에 의해 일어나는 피부의 전기 전도 변화), 심전도(electrocardiogram, EKG), 호르몬, 뇌파(electroence-phalogram, EEG) 등의 변화이다.

네 가지의 구성요소들 중 사람이 지속적이고 확실하게, 직접적으로 통제할 수 있는 것은 행동뿐이다. 철저한 훈련이나 연습 없이 생각이나 감정, 생리적인 반응을 통제할 수 있는 사람은 거의 없다. 눈을 감은 상태에서 아무 생각도 하지 말고 '미트볼' 같은 단어만 생각해보라. 명상에 고도로 훈련되어 있지 않다면 마음이 산만해질 것이다.

똑같은 원칙이 다른 사람의 태도를 바꾸는 데에도 적용된다. 직원들을 '품질'에 더 집중할 수 있게 하는 방법이 무엇인지 생각해보라. 일반적인 접근은 미팅을 하고 품질, 경쟁자들, 소비자의 요구, 시장반응에 대한 많은 데이터를 제공하는 것이다. 가끔 임원들은 '목표를 위해서 가진 모든 것을 희생하자'는 연설을 통해 이성에 호소하기도 한다. 그 목적은 직원들을 품질에 대해 감정적으로 충만하게 하거나 생각을 북돋워 그들이 스스로 '무엇을 하도록' 만드는 것이다.

그러나 사람들에게 새로운 생각을 제안하거나 그들의 감정에 호소하는 것만으로 사람들의 태도(생각을 동반한 새로운 행동)를 변화시키기는 힘들다. 아마도 그들은 흥미로워할 수는 있겠지만 이내 지금의 행동을 지원하는 보상, 기대, 의식이 가득한 기존의 환경으로 되돌아갈 것이다. 생각과 순간의 감정에는 변화할 기회가 없다. 천 번에 한 번쯤 직원들이 새로운 방법을 알게 되어 새로운 생각에 집중하게 되는데, 이는 마치 기독교에서 말하는 '불타는 떨기나무(Burning Bush, 모세가 불타고 있는 나무를 보고 하느님의 게시를 받은 일)' 현상과도 같다. 그러나 직원들은 대부분의 시간 동안 현재의 문화에 의해 조금씩 무너질 것이다. 아니면 '문제'를 다루는 모든 회의에서 그들이 외칠 때 아무도 들어주지 않는 비웃음의 대상이 될 것이다.

결론은 이렇다. 태도를 바꾸려면 먼저 행동의 변화에 초점을 맞춰야 한다. 다른 방법은 없다. 오피스카이젠은 행동을 바꾸도록 만들어져 있고 새로운 태도를 가지게 될 정도로 충분한 시간 동안 지속시켜준다(행동은 생각과 감정에 의해 뒷받침된다). 많은 사람들의 작은 행동 흐름을 어떻게 끊임없이 바꾸고 유지할 것인가? 여기서부터 인간의 본질적인 성향이 작동하기 시작한다. 만약 거기에 정확하게 접근한다면 인간의 본성은 작은 변화를 만들어내고 그 변화를 보상하는 데 도움을 주도록 작용할 것이다. 물론 대부분의 변화노력을 파괴하는 것과 같은 힘이 조직의 이익을 감소시킬 수도 있을 것이다.

사람들은 태어날 때부터 본질적인 성향, 선호, 욕구를 가지고 있다. 이렇게 편향된 기호는 전 세계의 건강한 사람들이라면 누구나 가지고 있다. 이때 사회는 특정 환경으로 인해 변형된 성향, 선호, 욕구가 합쳐져 작용하고 각각의 사람들이 정확한 방법으로 행동하도록 가르친다. 동의를 구하고, 아이들을 존중하고, 높은 지위를 추구하고, 부끄러움을 느끼고, 성공을 인정받길 기대하고, 권위를 존중하는 등의 문제들에 대해 모든 사회가 가르치는 내용은 거의 똑같다. 그 내용들 간의 차이는 인류학자에게나 가치가 있을 것이다. 우리는 간단하게 인간의 본질적인 성향을 알아보고 평가해볼 것이다. 첫째, 그러한 성향들이 전통적으로

운영되는(잘 통제되지 않은) 조직에 미치는 영향과 둘째, 오피스카이젠을 실시한 조직 안에서 그것들은 어떻게 작용하는지(리더십은 이러한 총체적인 힘을 효과적으로 이용한다)에 대한 문제들을 다룰 것이다.

통제이론 : 인간의 태도에 영향을 주는 5가지 욕구

통제이론은 매시간, 매일, 매년 우리가 어떤 행동을 하게 만드는 요인들을 잘 요약해준다. 통제이론은 다섯 가지 기본욕구를 가정하고 있다.

1. 생존/번식-생명을 유지하고 번식하기 위한 욕구이다. 이 욕구는 최소한 100,000여 년의 황량하고 미개했던 기간 동안 내내 사람이 생명을 유지하고 아이를 낳으며 그들의 복지에 관심을 갖게 했다. 이는 직장에서 직원들이 자신의 매일매일의 행동이 어떻게 자신의 생존에 직접적인 영향을 미치는지 알기 위해 필수적인 요소이다. 즉, 그들은 각종 데이터를 보고 자신들의 일과 연결시켜야 하는 것이다.
2. 소속감/사랑-다른 중요한 사람들에게 자신이 개인적으로 가치 있는 존재임을 인정받을 수 있는 기회를 갖기 위해 집단의 일원이 되고자 하는 욕구를 일컫는다.
3. 권한-주변 환경에 영향력을 행사하려는 욕구이다. 이는 최초 도구(그리고 이후의 모든 기술) 개발의 동력이기도 하다.
4. 자유-스스로 선택하고자 하는 욕구이다.
5. 즐거움-긴장을 누그러뜨리는 유아적 놀이에 대한 욕구이다. 즐거

움이 필요한 이유는 사람들이 집단으로서의 환경에 소속되어 있는 동안 소속감/사랑의 욕구를 충족시키기 위해서 생존/번식, 권한, 및 자유를 가능한 한 많이 확보하고자 노력하기 때문이다.

중요한 것은 모든 사람들에게 이런 기본적 욕구들이 있다는 사실이다. 따라서 한 사람에게 들어맞는 접근방법을 다른 모든 사람들에게도 (좁은 범위 안에서) 적용시킬 수 있다. 경영진이 더욱 주목해야 할 중요한 것으로, 사람들은 욕구충족이 조직에 이로운지 혹은 해로운지에 대해 그다지 큰 관심을 기울이지 않는다는 사실이다. 즉, 어떤 직원은 지속적 개선을 위해 노력할 때와 마찬가지로 투덜거리고 불평불만을 늘어놓는 자기 강화의 독약을 동일시함으로써 소속감과 사랑의 욕구가 충족된다고 생각할 수도 있는 것이다. 욕구가 충족되는 동안 직원들은 그것을 수용하게 되고 다른 모든 것들도 그와 같은 상태가 된다. 경영진의 과제는 조직에 도움이 되는 것이 곧 자신의 욕구를 만족시키는 것이라는 확신을 직원들에게 심어주는 일이다. 만약 이러한 것들이 없다면 최악의 경우 직원들은 조직에 해를 가하거나 최선의 경우라 해도 각자의 노력을 낭비하면서 각자의 욕구를 만족시키는 결과를 초래할 것이다.

전통적인 조직에서 직원들은 일반적으로 욕구충족을 위한 그들만의 방안을 남겨둔다. 기본적인 욕구가 조직의 목적을 달성하도록 돕는 환경을 만드는 데 필요한 구조적 노력은 매우 적다. 직원들의 욕구를 만족시키는 동시에 조직에게도 도움이 될 수 있는 기회를 체계적으로 제공하지 못한다면 높은 이직률, 노동조합에의 참여, 무관심 등의 결과가 발생할 것이다. 오피스카이젠 조직에서는 타고난 욕구를 모두 만족시

킬 수 있는 집중적이고도 구조적인 기회를 개별 소규모 워크그룹에게
제공한다.

개입과 책임

인간을 비롯한 수많은 동물들에게서 개입과 책임 사이에 존재하는
위험한 관계를 찾아볼 수 있다. 만약 사람들이 어떤 것에 개입하게 되
면 더 많은 책임이 따른다. 책임을 지는 사람들은 문제나 활동에 대해
관심을 가지고 성공을 위해 일하며 결과를 확인하려 한다. 여기서 기억
해야 할 두 가지 중요한 사실이 있다. 첫째, 개입에는 생각이나 감정만
이 아니라 반드시 행동이 포함되어야 한다(사람들은 새로운 생각에 책임
을 지려고 하지 않는데, 이것은 다른 반발 행동들이 간섭하기 때문이다). 둘
째, 사람들이 그들의 행동을 좋아하든 싫어하든 그것은 중요하지 않다.
물론 사람들이 좋아하는 것이 바람직하겠지만, 그들은 좋으면 좋은 대
로, 싫으면 싫은 대로 각자 알아서 행동을 강화하고자 할 뿐이다.

전통적인 조직에서는 많은 토론과 감정적인 권고가 이루어진다. 그
러나 행동에 대한 실제적인 변화는 거의 요구되는 것이 없다. 그 결과,
기존 행동들이 여전히 힘을 가지고 지속되기에 직원들이 새로운 태도
를 갖는 것은 쉽지 않다. 더욱 큰 문제는 조직의 대다수가 새로운 일련
의 행동들을 포괄적으로 요구하는 경우를 찾아보기 힘들다는 사실에
있다. 그리하여 새로운 행동을 위한 지속적인 보상과 기대를 만들어줄
기초도 거의 없다. 오피스카이젠 조직에서는 포커스를 맞추고 적절한
구조를 만들어서 구성원들이 자신들의 의무와 업무 영역에 적합한 일

련의 새롭고 작은 행동들을 수행하도록 한다. 이러한 행동들은 경영진이 (자신들만의 새롭고, 작은 행동들로) 지원하기 때문에, 새로운 행동들에 충분한 보상을 제공하기 위해서는 임계점 수준에 도달할 정도로 많은 사람들의 개입이 필요하다.

소규모 그룹 형성

인간은 소규모 그룹들을 형성한다. 그룹의 이상적인 크기는 일곱 명이다. 그리고 여기에 두 명을 더하거나 뺄 수도 있다(7±2). 구성원이 아홉보다 많으면 각 구성원들과 효과적으로 대화하는 것은 불가능하다. 또 다섯 명보다 적으면 심각한 문제를 해결할 심리적인 에너지가 줄어든다. 이것이 가장 이상적인 구성원의 수가 일곱인 이유이다. 커뮤니케이션을 관리하고 구성원 스스로 그룹에서 중요한 존재라고 느끼기에 7±2그룹이 적당한 크기이다. 7±2그룹에 사람들이 더 많아지면 그룹은 두 개나 세 개의 더 작은 그룹으로 분할되는 경향이 있다. 이와 같은 현상은 7±2그룹보다 작은 규모이면서 제대로 운영되지 못하는 그룹에서도 나타난다. 이와 같은 하위그룹의 형성은 관리진의 묵인과 승인 여하에 따라 이루어진다. 시간이 지나면서 하위그룹들은 다른 세계관과 더불어, 동일한 작업을 수행하기 위한 다른 절차들을 가지게 될 것이다. 그리고 다른 하위그룹들에 대해 점점 더 부정적인 견해를 가질 것이다.

전통적인 조직에서는 15~200명의 사람들이 하나의 과나 부를 이루고 그것을 한 팀으로 보는 것이 일반적이다. 이런 그룹들을 비공식적인

7±2 그룹으로 나누는 것이다. 이를 통해서 인간이 타고난 기본적인 욕구, 특히 소규모 그룹에서만 제공할 수 있는 소속감에 대한 욕구를 제공할 수 있다. 오피스카이젠은 소규모 7±2그룹에게 권한을 부여함으로써 직원들이 함께 일하고 서로간의 욕구충족이 용이하게 만든다(이때 최소 인원이 다섯보다 적어지지 않도록 해야 한다).

동 조

사람들은 기대되고 보상받는 행동을 보여줌으로써 동조한다. 기대는 드러나지 않을지도 모르고 보상은 나쁘지 않은 결과와 별반 다르지 않을 수도 있다. 그러나 기대/반응은 언제나 존재하고 강력하다. 어쨌든 회사 내의 시급제 직원이라 하더라도 지속적인 개선활동을 논의하기 위해 CEO와 약속을 잡는 일을 금지하는 방침은 아마도 없을 것이다. 하지만 상사, 동료, 혹은 CEO의 기대를 무너뜨릴지도 모른다고 생각하기 때문에 지속적인 개선활동을 위해 약속을 잡는 사람은 거의 없다. 반대로, 팀의 리더와 다른 구성원들이 시급제 직원들인 문제해결팀에서 관리자가 팀원으로 일할 때 편하다고 생각하는 관리자는 거의 없다. 그것은 수많은 기대를 무너뜨린다. 사람은 자신들이 관심을 갖는 사람들에게 나쁘게 보이기를 원하지 않는다.

대부분의 사람들에게 가장 큰 영향을 주는 것은 바로 그들의 워크그룹이다. 사람들은 소속된 집단이 요구하는 바를 스스로 해줄 수 없다면, 소속감의 욕구를 충족시키기 어렵게 되리라는 것을 안다. 사람들이 특정 행동을 기대하는 어떤 권력자를 계속해서 만족시키려고 애쓰는 가운

데 만약 그 권력자가 불쾌한 심기를 드러낸다면, 그들은 생존욕구를 충족시키기 어려울 것이다(다시 말해 해고될 수도 있다). 사람들이 그룹의 일원일 때 그들이 어떤 합당한 행동을 할 것인지를 알기 위해서는 단지 신문들을 읽기만 하면 된다. 이것들은 모두 동조 때문에 발생한다.

전통적인 조직에서는 문화의 규범인, 기대되는 행동으로 전이시키려는 노력이 별로 없다. 올바른 일들에 대해 이야기는 하지만 기대되는 행동들은 현존하는 문화에 의해 결정된다. 오피스카이젠 조직에서는 모든 메커니즘이 모든 사람에게 기대되는 행동들이 점진적으로 세계 최고 수준을 향해 나아가도록 설계되어 있다.

사회적 태만

사회적 태만은 그룹이 커질수록 발생할 가능성이 높아진다. 이름에서 암시하듯 이것은 그룹의 개인들이 노력하지 않으려는 것을 말한다. 그룹의 사람들이 많아지면 구성원들이 모두 완전하게 참여하기는 더욱 어려워진다. 그룹의 친밀도가 낮아지면 (그리고 하위 그룹이 형성되기 시작하면) 본래 그룹에 대한 노력과 헌신들이 하위 그룹이나 외부 그룹, 욕구충족에 더욱 효과적인 공급원이 될 활동들로 옮겨가게 된다. 그룹 의사소통과 팀워크를 위한 특별한 훈련을 하게 된다면, 12명의 그룹이라도 사회적 태만이 활성화되지 않도록 할 수 있다. 그러나 현실적으로 12명 이상의 집단에서는 사회적 태만의 발생과 하위 그룹의 형성이 필연적이다.

전통적인 조직, 과, 위원회, 팀, 부서는 사회적 태만의 영향력과 그것이 욕구충족, 그룹의 참여도에 미치는 영향을 고려하지 않고 만들어졌다. 또한 그룹에 속한 개인이 더 작은 그룹에서처럼 개입할 마음이 없다면 그들은 그룹의 목표나 기대 행동에 헌신하지 않을 것이다. 그러나 오피스카이젠 조직에서는 LDMS의 기술과 함께 워크그룹과 변화관리 팀의 크기를 제한함으로써 사회적 태만을 강력하게 통제할 수 있다.

권한과 지위

사회적인 동물이 되려면 사회적인 구조를 만들어야 한다. 땅 위에 있는 모든 사회 구조(벌, 개미, 영장류, 코끼리 등)에는 리더와 지위체계가 있다. 리더는 단순히 존재하는 것만으로도 그룹이 에너지를 절약하고 문제를 막는 데에 도움을 준다. 리더가 제 역할을 하면 나머지 사람들은 생존하고 번식하는 데 더 많은 시간을 보낼 수 있고 그룹은 누구의 책임인지를 놓고 싸우는 데 낭비하는 에너지를 줄일 수 있다. 이러한 메커니즘은 우리의 조상들이 수천 년 동안 냉혹하고도 잔인한 환경에서 생존할 수 있도록 했으며 지금의 우리에게도 여전히 존재한다. 이것은 언제나 다양한 관리 수준과 그 수준에 따라 서로 다른 특권 및 책임감이 있을 것이라는 사실을 의미한다. 왜냐하면 우리는 인간의 명령을 거부할 수 없기 때문이다.

전통적인 조직의 리더들은 아무도 (너무 크게) 불평하지 않으면 그들이 잘 해내고 있으므로 그들이 하고 있는 일에 변화를 줄 필요가 없다고 생각했다. 그러나 오피스카이젠이 제대로 조직되지 못하면, 상사에게 잘 보이고 싶어 하는 직원들은 다양한 관리자 계층의 요구사항에 대해 상당한 변동성을 경험한다. 이러한 변동성은 상충하는 목표, 최적기준 미달, 마찰, 교차기능 충돌 등을 포함한 모든 종류의 눈에 보이는 낭비를 만들어낸다. 오피스카이젠은 경영진에게 잘 보이려면 어떻게 해야 하는지를 직원들에게 매우 세부적이고 객관적으로 설명한다. 그러면 모든 직원들은 관리진의 비위를 맞추기 위해 조직을 (직원과 경영걸도) 만족시키는 방법으로 일할 것이다.

양극화

그룹의 개인은 그룹이 수립한 기대 행동을 더욱 엄밀하게 반영하기 위해 그들의 태도와 신념을 무의식적으로 '양극화' 시킨다. 개인이 그룹과 그 그룹의 승인에 가치를 둘수록 신념은 더욱 양극화된다. 양극화는 의견과 인식이 중용에서 벗어나 극단으로 치닫도록 한다. 모순되고 기준에서 벗어난 관점은 거부당한다. 많은 데이터들도 손실된다. 일개 부서, 하나의 프로세스 및 조직 수준에서 나온 그룹이 조직의 더 큰 부분에 대해 올바른 의사결정을 내리도록 허용하는 것이 위험한 것도 이 때문이다. 일개 그룹이 가질 수 있는 시각은 동질적이기 때문에 올바른 의사결정에 필요한 충분한 다양성과 정보를 확보하기 어렵다. 또 이것은 조직 외부에서 초빙한 변화혁신자가 변화를 위해 아무리 열성적으로 활동하더라도 '원래대로 되돌아가버리는' 이유이다.

전통적인 조직에서는 양극화의 결과를 줄이려는 노력을 체계화시키지 않고 방기한다. 그러나 오피스카이젠은 대표적인 그룹들이 교차기능과 교차프로세스 문제를 다룰 수 있게 만들어준다. 더 나아가 각각의 팀은 앞으로 발생할지 모르는 양극화의 충격을 최소화시킬 승인된 차터(6장에서 설명) 와 함께 일하게 된다.

인지부조화

인지부조화는 어떤 상황에서 우리가 인식하고 있는 것과 지적인 기대가 일치하지 않을 때 나타난다. 인지부조화가 발생하면 우리는 몇 가지 대안에 직면하게 된다. 첫째, 현실을 부정한다. 둘째, 기대에 맞게 현실에 대한 해석을 변경한다. 셋째, 새로운 정보를 수용하기 위해 현재의 신념과 지식을 변경한다. 기대, 신념 및 욕구 충족의 패러다임을 바꾸어야 하는 상황을 인정하기보다는 현실을 부정하는 것이 훨씬 쉽다. 어떤 대안을 택할 것인지에 상관 없이 선택은 의식적인 수준에서 나타나지 않는다. 인지부조화는 잠재의식의 신경 감정 수준(Neural-Emotional Level) 에서 발생한다. 이미 정해져 있는 습관적인 기대가 충족되지 않는 순간 우리의 정신은 대개 잠재의식적으로 자동 조정을 행한다. 리더십이 원하는 변화를 대다수의 직원들이 일상적인 업무 처리 과정을 통해 수행하는 것은 결코 쉬운 일이 아니다. 리더십이 요구하는 새로운 행동 이면에 포커스, 구조, 조직규율이 없다면 직원들은 첫 번째나 두 번째 방안에 따라 행동할 것이다. 바꾸어 말해 인지부조화는 모든 구성원들을 현재의 평균적 문화 쪽으로 계속해서 이끌어갈 뿐이다. 그 여파는 끔찍하고도 광범위하다. 명백하고 객관적인 무언가가 나오지 않는다면 조직은 경영진이 과감한 조치를 취하기를 기다리면서 애매한 상태로 머물 것이다. 그리하여 직원들은 첫 번째 방안만을 가지고 대응함으로써 기존의 문화를 지속적으로 강화시키게 될 것이다. 과감한 이니셔티브가 실행된다고 해도, 결국 첫 번째 방안을 수없이 강화시키면서 만들어낸 견고한 장벽에 부딪힐 뿐이다.

오피스카이젠은 광범위한 작고 새로운 행동들을 만들어낸다. 이들 각각은 기대했던 바와 다소의 차이를 가진다. 그리고 대부분의 직원들은 두 번째나 세 번째 방안을 가지고 대응할 것이다. 그리하여 더 많은 행동들이 변하고 그 행동들이 직원들에 의해서 유지될 때 기대와 인식 간의 불일치는 지속적으로 줄어들 것이다. 궁극적으로 대부분의 직원들은 어떠한 행동변화의 요구에도 세 번째 방안에 따라 대응할 것이다.

이러한 것들이 무엇을 만들어내는가

오피스카이젠 없이 모든 일이 수행된다면 앞에서 지적한 경향들은 전통적인 업무환경을 만들 수밖에 없다. 전통적인 업무환경은 지구상의 모든 인간조직체를 위한 기본적인 배경이다. 다시 말해 이는 자연이 그 흐름을 따를 때 나타나는 모습이다. 학교, 비즈니스, 공동체 집단, 종교 집단, 정부 기관, 정당 및 비영리 조직은 당연히 이러한 원리에 따라 만들어지고 운영된다. 따라서 세계적 수준의 조직 중에서 자발적으로 형성된 조직은 찾아보기 힘든 것이다. 세계적 수준의 성과를 성취하기 위해서는 오피스카이젠과 같은 방식으로 작동하는 시스템으로 과거의 전통적인 기본적 인간 조직을 대체할 수 있어야 한다.

전통적인 기본 조직에서 사람들은 조직의 장기적인 이익에 최선이 아닌 일을 하면서도 상당한 보상을 받는다. 이러한 보상은 자신과 동료들 및 상사들에게 받는데, 그들 역시 자신의 욕구를 충족시키기 위해 동조, 인지부조화, 지위를 지키려는 노력 등이 통제되지 않고 작용하는 조직 안에서 발버둥치기는 마찬가지이다. 직원들에게 최고의 보상으로 제공되는 '행복한' 일들이란 다음과 같다.

-그들의 그룹을 좋아 보이게 만드는 일
-흥미로운 일
-재미있는 일
-쉬운 일
-자기 이미지를 강화하는 일
-그들이 가장 잘 하는 일
-원하지 않는 충돌을 막아주는 일
-그들이 즐기는 갈등을 만드는 일
-부족함을 보완해주는 일
-동료들을 계속 행복하게 만드는 일
-가장 잘 이해되는 일
-성취했다는 느낌을 주는 일
-문제에서 벗어나게 하는 일
-상사를 기분 좋게 하는 일

안타깝게도 직원이 위의 경우와 같이 일하면서 조직에게도 기여할 수 있는 직업은 거의 없다. 가끔 평온을 깨뜨릴 필요가 있다. 그러나 너무 많이, 너무 자주 평온을 깨뜨리는 혼란을 유발시키면 문제가 발생한다. 오피스카이젠이 없다면 전통적인 조직에 있는 직원들은 '행복한' 일을 함으로써 얻는 조그만 만족으로 살아가겠지만 그들은 아래와 같이 '덜 유쾌한' 일들을 해야 한다는 사실을 깨달아야 한다.

- 그들이 일하는 분야를 나빠 보이게 하는 일(문제를 인정하는 것)
- 따분한 일(재고품 추적)
- 재미 없는 일(훈련 관리, 절차 업데이트 하기)
- 그룹에게 나빠 보이게 만드는 일(실수 줄이기)
- 약점 드러내기(문제 인정하기)
- 동료들의 부담을 가중시키는 일(집중 및 생산성 향상)
- 거의 이해가 안 되는 일(연말 예산 예측)
- 성취감을 못 느끼는 일(일일 보고와 기록)
- 시스템과 싸우게 하는 일(적시 반응)
- 상사가 인식하지 못할 것 같은 일(직원 수준의 문제 해결책)

직원들은 정확하면서 이성적인 '유쾌하지 않은' 일을 반드시 하여야 한다. 이에 대한 지원이 이루어지지 않으면 그들은 일반적인 흐름을 따를 것이고 '행복한' 일들이 제공하는 즉각적이고 보장된 보상만을 추구할 것이다. 세계적 수준의 조직을 창출하기 위한 핵심은 가능한 한 '행복하지 않은' 일을 '행복한' 일로 바꾸어가는 것이다. 오피스카이젠은 경영진과 직원들에게 필요하지만 이전에는 '유쾌하지는 않았던' 업무들을 수행할 때에도 즉각적으로 욕구를 충족시켜줄 수 있는 일련의 새로운 기대 행동들을 수립함으로써 이를 해낼 수 있다. 그리하여 사실상 모든 업무가 필수적인 업무가 되어 포커스, 구조, 조직규율 및 주인의식을 가지면서 조직, 경영진 및 직원들의 욕구를 충족시켜줄 것이다.

Chapter 6

SLIM-IT의 개념과 변화의 구조

조지는 웃고 있었다. 마치 기록적인 해의 스톡 옵션 패키지를 방금 수령이라도 한 듯한 모습이었다. "세계적 수준이 되고자 했던 지난 노력들이 틀림없이 소용없다는 거야." 조지는 큰 소리로 말했다. "지금까지 시도한 프로그램들은 리더십 결여에 따른 낭비 문제를 포괄적으로 다루고 행동의 변화를 이끌어낼 목적으로 계획된 것이 아니었어. 프로그램 자체에는 여러 가지 툴과 기술들이 결집되어 있었지만 변화를 거부하는 가장 큰 힘을 통제하기에는 역부족이었지. 그간 수많은 노력들이 실패했던 이유를 이제야 찾았군."

그는 잠시 앉아 있었다. 그리고 회사 조직 안팎에서 활동하고 있는 모든 지속적 개선활동 업무 담당자들에 대해 생각했다. 그들은 대단한 일들을 수행하고 있었다. 그러나 결과적으로 몇 가지 프로세스에서 단지 소수의 단편적 작업만 올바른 방향으로 변화시켰을 뿐이었다. 그는 지난 달에 참석했던 프레젠테이션을 떠올렸다. 그 프레젠테이션은 애크미 메가 리스사의 고객서비스 센터에서 주관한 것이었다. 그는 발표회장에 잠깐 들러 지속적 개선활동에 대한 연이은 선전물들을 살펴보았다. 고객서비스 전화를 적임자에게 연결시키기 위한 엄청난 리엔지니어링 노력이 있었다. 그러나 바로 그 지점에서 이번 리엔지니어링 계획을 승인한 대표자들이 활용하고 있다는 한물간 절차에 대한 전시물이 동시에 눈에 들어왔다. 조지는 생각했다. "어떤 식으로 운영이 된다는 것인지 도무지 알 수 없군. 만일 내가 추구해야 할 바를 알았더라면 나는 무엇을 발견하게 되었을까?" 그리고 직원들에게 질문을 해본 결과 어떤 직원도 자신들의 성공 여부가 어떻게 측정되고 있는지 알고 있지 못했다. "한 가지는 분명하군. 만일 오피스카이젠이 문제의 해결책이 아니라면 그 밖의 다른 것은 아예 생각할 필요조차 없다는 사실이지." 조지는 계속해서 읽어나갔다. 오피스카이젠이 어떤 방식으로 운영되는지 확실히 배우기 위해 온 정신을 집중했다.

SLIM - IT의 개념

오피스카이젠은 리더십 결여에 따른 낭비가 최소화된 세계적 수준의 기업에서 이루어지고 있는 모든 사항에 영향을 미치는 시스템이다. 즉 사람, 프로세스, 툴, 접근법, 행동, 문화, 시장의 압력, 조직의 역동성, 고객요구, 주주의 기대, 인간의 욕구 등이 전략적 경쟁 우위를 만들어 내기 위해 상호작용하는 방식이다. SLIM-IT은 많은 이니셔티브와 연속적이고 지속적인 개선문화를 창조하려는 계획을 틀어지게 하는 리더십 결여에 따른 낭비를 강력하게 공격한다. 즉, 오피스카이젠 실행에서 가장 주요한 동력으로 작용하는 전술적 접근법이다. 오피스카이젠은 그 결과이고 SLIM-IT은 장기적으로 필수적인 구조를 만들어내고 유지하기 위한 방법이다.

그림 6.1은 SLIM-IT의 고급 수준의 개념적 모습을 표현한 것이다. SLIM-IT은 구조(Structure), 린 일일 경영관리 시스템(Lean Daily Management System, LDMS[2]), 멘토링(Mentoring), 메트릭스(Metrics), 툴(Tool), 팀워크(Teamwork), 교육훈련(Training) 및 기술(Technology)의 첫 글자를 조합하여 만든 용어이다. 이때 'SLMMTTTT'라는 용어가 만들어지는데 그것을 SLIM-IT으로 발음한 것이다. 그림에서 흰색으로 표시된 중앙 부분은 모든 조직에서 일반적으로 찾아볼 수 있는 요소들을 의미한다. 다시 말해 '일반적인 사업 운영'을 표현한 것이다.

세계적 수준의 과제란 경쟁사들보다 성공적으로 '사업 운영'(그림 6.1의 중앙 부분)을 해나가는 것을 말한다. 더욱이 '경쟁사'란 동일 산업 분야에서 활동하는 다른 기업체만이 아니라 주주가 투자를 고려할 수 있는 모든 기업체를 포함하는 의미로 점차 변해가고 있다. 이렇게 볼 때 현재 순조롭게 운영되는 조직에서도 오피스카이젠의 도입이 절실하다고 할 수 있다. '사업 운영'은 일상적인 작업, 전략, 계획, 마케팅/판매,

---

2) : 'LDMS'는 카우프만 컨설팅 그룹(The Kaufman Consulting Group, LLC)의 서비스상표이다.

고객서비스, 구매, 설계 등을 모두 포괄한다. 이들은 정치, 인간의 욕구, 세계 시장, 예기치 못한 문제점 등이 혼재하는 곤란한 상황에서 수행해야만 하는 것들이다. 그림의 중앙부에는 여러 요소들이 있다. 그러나 SLIM-IT에서 'T'는 툴(Tools), 팀워크(Teamwork), 교육훈련(Training), 기술(Technology)을 일컫는다. 이 네 가지는 전통적인 조직에서 문제해결을 위해 가장 일반적으로 적용되는 장치이다. 대부분의 기업들은 목표 달성을 위해 조직내부에 충분한 네 개의 'T'를 가지고 있다. 물론 조직내부에 잠재되어 있거나 한동안 사용하지 않아서 눈에 띄지 않을 수도 있다. 목표달성을 위해 충분한 수단을 보유하고 있다는 것도 그 수단들을 적시에 적정한 범위에서 적절히 조합하여 활용할 수 있을 때의 이야기이다. 일관된 방식으로 이러한 작업을 수행한다는 것은 결코 쉬운

일이 아니다. 오프스카이젠 환경에서 SLIM-IT은 조직 내 두 가지 주요 레버리지 포인트에 포커스를 맞춘다.

1. 변화를 위한 실행계획을 관리할 때 리더십 결여에 따른 낭비를 줄이는 것
2. 모든 팀 내에서 리더십 결여에 따른 낭비를 줄이는 것

SLIM-IT은 구조, LDMS, 멘토링, 메트릭스를 활용하여 전통적으로 조직을 운영할 때보다 더 자주 적정한 범위에서 네 가지 'T'(그리고 그 밖의 모든 요소들)가 더 큰 규모로 동시에 작용하도록 만든다. SLIM-IT 이 조직을 하루아침에 변화시키지는 않는다. 그러나 수많은 극적인 개선이 빠른 시일 내에 눈에 보이도록 할 것이다. 세계적 수준의 성과를 이미 달성한 조직들이 증명하듯 각 직원들이 장기간에 걸쳐 자신의 중요한 업무수행에 있어서 1~2퍼센트의 지속적인 변화를 일상적으로 추구해야 한다.

SLIM-IT(그림 6.1) 모델의 둥근 띠인 구조, LDMS, 멘토링, 메트릭스를 압박밴드라고 생각해보자. 그 압박으로 인해 중앙에 위치한 요소들이 서로 밀치고 우왕좌왕하고 서로 튀기기도 하며 마찰로 인해 닳기도 하고 상호작용하며 각 아이템들이 밀착하여 뒤범벅이 된다고 상상해보자. 이를 통해 자원들의 효과적인(그리고 비효과적인) 조합과 시너지를 발견할 수 있을 것이다. 만약 압박이 아니었다면 발견할 수 없었을 것이다. 이 장을 비롯한 이후 몇 개의 장에서 SLIM-IT의 개별요소들과 그것들이 어떤 방식으로 작용하여 포커스, 구조, 조직규율, 주의의

식을 제공하는지 살펴볼 것이다. 또 그를 통해 가능한 최고의 시너지를 발견하고 유지하며 지속적으로 개선해나갈 수 있을 것이다.

구조화된 변화관리

조직은 중요한 변수와 기능의 변화를 통해 현재의 상태에서 새로운 상태(더 좋을 수도 나쁠 수도 있다)로 이동한다. 어떤 경우에는 해당 산업(예를 들어 기업합병, 새로운 상품이나 컨셉트 등), 정부와 정치(예를 들어 새로운 규제, 지역분쟁, 조세제도 등), 기술 등과 같은 외부적인 힘에 의해 급격한 변화가 일어나기도 한다. 또 다른 경우, 결과가 나온 다음에야 비로소 인지되어 장기간에 걸쳐 서서히 진행되는 변화도 있다(예를 들어 새로운 시장 환경에 적응하지 못해 경쟁력을 서서히 상실해가는 경우). 끝으로 조직 내부의 요구에 의해 많은 변화가 일어나기도 한다. 이는 위에서 추진되는 변화에 대한 반응일 수도 있고 다른 필요에 의한 것일 수도 있다(예를 들어 새로운 컴퓨터 시스템의 도입, 인수 회사의 시스템과 인사 통합, 설비의 이동, 신상품 출시 등). 조직의 모든 변화관리에 참여한 개인들은 포커스가 맞춰지고 구조가 이루어지며 조직규율로 내재화되며 자율적으로 이루어져야 한다. SLIM-IT의 구조적 요소는 임원추진위원회, 챔피언, 차터, 변화관리팀, 변화관리리더 등을 활용함으로써 이러한 요구를 충족시켜준다.

그림 6.2는 SLIM-IT의 구조적 요소의 개념을 상세하게 설명한 그림이다. 여기에서 회색으로 표시된 부분은 SLIM-IT과 오피스카이젠의 요소들이며 흰색 부분은 '일반적인' 사업운영을 나타낸 것이다.

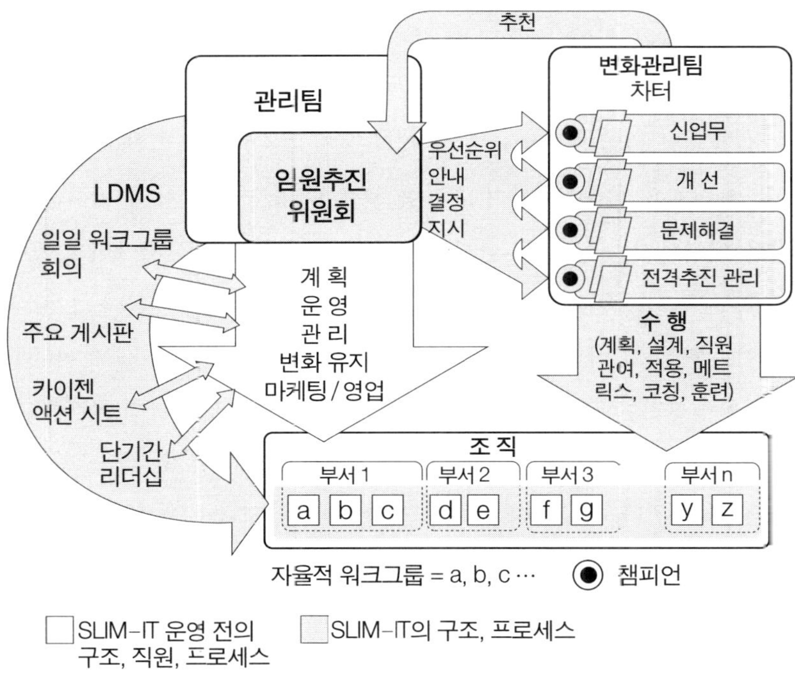

임원추진위원회

SLIM-IT의 리더십 요소(그리고 전반적인 추진기구들) 중앙부에는 임원추진위원회(Executive Steering Committee, ESC)가 있다(이 집단의 명칭은 SLIM-IT과 오피스카이젠의 메커니즘을 설명하기 위해 사용된 다른 명칭들처럼 조직의 특성이나 기존 구조에 부합되도록 변경이 가능하다). 임원추진위원회는 현장, 사무실, 지점 등에 있는 최고 수준의 관리팀이다(만일 조직의 수가 10~12개를 넘지 않는다면 더 큰 현장 관리팀이 하부 조직으로 임원추진위원회를 구성할 수 있으며 이럴 경우 그림에서 보여지는 것보다 축소될 것이다). SLIM-IT모델은 사무실 현장과 직원을 대상으로 적용될 수는 있겠지만 기업 수준에서는 제 역할을 할 수 없다. 하지만 이것이 오피스카이젠을 실행할 때 기업 경영진들이 중요한 임무에서 벗어나 있음을 의미하지는 않는다. 실제로 그들은 중요한 임무를 지니며 그들에게 업무보고를 하는 분산된 지점의 성공에 중요한 역할을 한다. 12장에서 이 부분과 그 밖의 다른 실행과 연관된 사안들에 대해 다룰 것이다.

임원추진위원회의 구성 인원이 10명이나 12명을 넘어가면 곤란하다. 자칫하면 최적의 팀 구성 인원수인 7±2 지침을 위반할 수 있다. 그렇다고 규모를 지나치게 축소해도 안 된다. 어디까지나 임원추진위원회는 팀이라기보다는 위원회임을 유념해야 할 것이다. 만일 노동조합이 있다면 그들의 조합대표를 평가하고 관여시키는 것이 중요하다. 노동조합과의 관계가 좋다면 선출된 최고조합장을 임원추진위원회에 참석시켜야 한다. 물론 우호적인 환경에서도 정치적 필요에 의해 거절하도록 강요받을 수 있다. 만약 이런 경우라면 현장 실무자는 임원추진위원회 회의가 있은 후 가능한 한 신속하게 노조 실무자에게 임원추진위원회 활동에 대해서 상세하게 내용을 전달해야 한다. 이렇게 하는 의도는 노동조합을 배제하여 문제의 일부가 되게 하기보다 노동조합을 프로세스에 점차 참여시켜 해결책의 일부로 인식하기 위함이다.

임원추진위원회의 역할은 중대한 변화요인에 대해 지침을 내리고 우선순위를 매기며 지시하고 집중시키며 교육하고 상담하며 의사결정을 내리는 일이다. 임원추진위원회는 매주 한 번 정해진 시간에 회의를 갖는다(만일 어떤 대표가 참석할 수 없다면 의사결정권을 위임받은 부하 직원을 대신 참석시켜야 한다). 임원추진위원회의 가장 중요한 기능 중 하나는 현장의 리더십 팀이 현재 진행중인 모든 변화를 포괄하여 추진하도록 하는 것이다. 여기에는 자원의 배분, 우선순위 확정, 목표달성 등이 포함된다. 리더십 팀은 변화를 이끌어갈 책임을 가진다. 그리고 임원추진위원회의 구조는 리더십 팀이 말 그대로 현장의 리더로서의 역할을 수행할 수 있게 해준다. 즉, 방향을 제시하고, 코칭하며, 지침을 수립하고, 우선순위를 매기며, 자원을 배분하고, 지원하며, 큰 그림을 이해하는 리더로서의 역할을 수행하는 것이다. 챔피언(아래에서 설명할 것임)으로서의 참여를 통해 어떤 리더들은 각각의 변화추진에 대해 더욱 작고 상세한 그림에 친숙하게 될 것이다.

임원추진위원회에 참여하려면 일반적으로 1인당 매주 2~4시간을 할애해야 한다. 대략 1시간 30분 정도의 시간이 주간 임원추진위원회 회의에 소요된다. 나머지 시간은 다양한 챔피언 팀들을 위해 활동하며 다른 임원추진위원회 구성원과 관리자들과의 비공개적인 정치를 행하게 될 것이다. 임원추진위원회가 처음 만들어지면 여러 이니셔티브들을 확인하고 수많은 팀들을 조직해야 하기 때문에 초기 몇 주 동안 훨씬 더 많은 시간이 소요될 것이다. 그러나 임원추진위원회에 투입된 시간은 수많은 문제와 긴급 사안의 신속한 해결이 가능하게 됨으로써 보상을 받을 것이다. 즉, 문제 상황에 대한 진압 시간이 단축될 것이다

변화관리팀

변화관리팀(change team)은 조직 내의 중대한 변경을 위해 임원추진 위원회가 조직한다. 다음에 제시된 8가지 기준에서 하나 또는 그 이상을 만족시킨다면 변화는 '중대한' 것이 된다.

1. 수많은 사람들이 관여됨(10명 이상)
2. '보통의' 일상적 작업 프로세스보다 더 높은 수준의 프로세스에 연관됨
3. 복잡함
4. 교차기능적(cross-functional)
5. 여러 계층이 관여됨(관리 계층 차원)
6. 기술적인 어려움
7. 업무수행 방식에 있어 중대한 변경이 일어남
8. 심각한 저항에 직면할 가능성이 있음

위에서 볼 수 있듯이 보통의 조직들은 정식으로 인가된 팀의 이점을 활용하지 않으면서 많은 변화계획들을 시도한다. 이것은 리더십 결여에 따른 낭비의 주요 요인이 되며 결과적으로 생산성의 하락을 가져온다. 200~500명 규모의 작업장에서 10~15개의 중대한 변화계획이 그로 인해 영향을 받게 될 사람들을 배제한 채 단지 한 명 또는 몇몇 관리자들에 의해 추진되고 있는 상황을 어렵지 않게 볼 수 있다. 대개의 경우 변화에 영향을 받는 수많은 관리자들은 어떤 일이 벌어지고 있는지

에 대해 전혀 알지 못한다. 현장의 최고 관리자는 실패할 경우 현장 전체에 중대한 파급을 미치는 핵심 이니셔티브들에 대해서만 개입한다. 이는 임원추진위원회가 감독하고 정기적으로 검토하는 차터를 가진 팀이 오피스카이젠에서 매우 핵심적인 역할을 하게 되는 이유이다.

또한 변화관리팀은 회사가 주도하는 계획에 부합하도록 만들어져야 한다. 변화관리팀은 회사 자재에 대한 권한의 상당 부분을 획득한 후에 현장에서의 실행 전반을 처리하게 될 것이다. 각각의 변화추진팀은 임원추진위원회 회의에서 (10분이 넘지 않는) 간략한 현황 보고를 한다. 이 때 발표자는 팀, 팀 리더, 팀이 임의로 정한 팀의 멤버로 하되 관리진의 일원이 개입되어서는 안 된다. 현황 보고에는 가능한 한 새로운 사안이 포함되지 않도록 한다. 현황 발표는 짧고 간결한 것이 핵심이다. 파워 포인트 활용 능력을 과시하는 자리가 되어서는 안 된다.

설명의 정확성을 위해 정리하자면 다양한 변화관리팀은 네 가지 범주로 분류될 수 있다.

1. 신업무팀-완전히 새로운 시스템(예를 들어 새로운 소프트웨어 시스템)이나 프로세스(예를 들어 자율적 워크그룹 내에 PVD를 설치)의 실행을 요하는 변화
2. 개선팀-기존 시스템이나 프로세스를 개선하는 변화
3. 문제해결팀-결함이나 문제점을 해결하기 위한 변화(예를 들어 신사업의 재무성과 추적과 같이 사후에 발생하는 문제점)
4. 카이젠 전격추진(kaizen blitz)팀-이 팀은 약간 상이하다. (팀원이

바뀌는) 상설팀으로 1주일 동안 밀도 있게 진행되는 모든 전격추진 이벤트를 현장에서 계획하고 관리한다.

개선팀과 문제해결팀의 구분은 사안에 대한 판단에 의한 것이며 중요하지 않다. 그리고 여기에서 사용한 명칭은 각 팀이 수행하는 목적을 설명하기 위한 것이다. 실제로 소프트웨어 업그레이드 문제를 생각해보면 신업무팀과 개선팀 사이에 경계가 불분명한 영역이 존재할 수 있다. 대부분의 조직들은 이들 팀에 대해서 더욱 '정교한' 명칭을 부여한다(예를 들어 지속적 프로세스 개선, 리엔지니어링 실행 등이 있다). 물론 정치적인 효과가 있겠지만 실제로 팀의 명칭은 그다지 중요하지 않다. 중요한 것은 각 팀들의 기능과 활동을 통제하는 구조이다.

일반적으로 팀의 리더와 구성원들은 실제로 업무를 하는 사람들로서 '행위자'가 되어야 한다. 많은 전통적인 변화관리팀이 겪고 있는 문제들 중의 하나는 실질적으로 일은 하지 않으면서 지시만 내리는 감독자나 관리자가 존재하는 것이라 할 수 있다. 감독자와 관리자도 똑같이 사업 운영에 참여해야 한다. 팀의 모든 구성원들은 업무 프로세스에 대한 전문가가 되어야 한다. 즉, 실전 업무를 처리하는 담당자가 되어야 한다. 이 문제를 생각해볼 때 한두 명의 감독자를 팀에 두는 것은 바람직하며 때에 따라서는 필수적이기도 하다. 그러나 만일 감독자가 훌륭한 리더가 되지 못하고, 팀의 업무를 위해 기꺼이 해야 할 수고를 싫어한다면 그는 팀 리더로서의 역할을 해서는 안 된다. 팀이 정상궤도를 따라 지속적으로 기능하기 위해서는 팀 리더와 임원추진위원회, 팀의 챔피언의 역할이 중요하다.

카이젠 관리지원팀은 다소 독특한 성격을 지닌다. '리엔지니어링 전격추진' 또는 '지속적 개선 이벤트'라고도 불릴 수 있는 카이젠 전격추진이란 3~6명의 소규모 그룹이 프로세스나 작업현장의 특정 부문을 분석하고 바로잡기 위해 3~5일 동안 집중적인 노력을 들이는 것을 의미한다(이때 소규모 그룹의 인원수가 더 많으면 곤란하다. 10명의 인원이 두 개의 팀에서 동시에 작업을 한다고 해도 그것은 두 개의 카이젠 이벤트를 실행하는 것이 된다). 전격추진은 '신속한 처리'나 결과를 얻는 데에 효과적인 방법이다. 전격추진을 통해서 사무실 레이아웃을 변경하고 업무 프로세스의 작은 일부를 개선하며 대청소 이벤트(예를 들어 파일을 일렬로 정리하고, 비품에 라벨을 붙이고, 사무실 레이아웃을 재구성하는 이벤트 등) 등의 모든 작업들을 해낼 수 있다. 그래서 문제해결팀처럼 장기간에 걸쳐 변화를 추진하는 팀을 지원하기 위해 한 개나 그 이상의 전격추진팀이 종종 진행될 것이다. 임원추진위원회에 보고를 담당하는 전격추진 관리지원팀은 가능한 전격추진 목표 대상을 정하고 담당자들을 배정하며 전격추진 관련 교육과 회의 장소를 마련하는 등의 업무를 지원하고 코치하는 기능을 수행한다. 전격추진을 시행하는 마지막 날 전격추진 관리지원팀은 관리자와 감독자 모임에서 발표할 추진결과 자료를 준비한다. 뿐만 아니라 전격추진 관리지원팀은 전격추진 사항의 미해결 부분을 확인하고 완수를 위해 사람을 배정하며 지속적으로 검토하는 책임을 지고 있다. 또한 완료되었거나 지연되고 있는 전격추진 건에 대해 매주 임원추진위원회에 보고한다.

일반적으로 전격추진에 대해서 몇 가지 더 언급되는 사항이 있다. 전격추진은 운영을 개선하며 투자한 시간과 노력 대비 신속한 회수율을 보일 뿐만 아니라 모든 직원들에게 '심지어 이곳에서도 믿을 수 없는 대단한 일들이 신속하게 처리될 수 있다'고 피력할 수 있는 훌륭한 방법이다. 전체 사업 영역의 모든 실무 현장에는 임원추진위원회에 보고를 담당하는 전격추진팀이 있어야 한다. 만일 일반적인 전격추진활동으로 다음 12개월을 연율로 환산했을 때 연말 순익에 평균 10만 달러의 추가 달성이 가능하다면 그 이유만으로도 모든 실무 현장은 전격추진 활동을 정기적으로 시행해야 한다. 100명 규모의 작업장은 매 4~6주마다 전격추진 활동을 해야 한다. 200명이 일하는 현장에서는 매 3주마다 전격추진을 해야 한다. 500~1000명이 일하는 현장에서는 2~3주에 한 번씩 전격추진을 하지 않으면 안 될 것이다.

전격추진팀의 모든 구성원을 반드시 내부 직원으로 충당할 필요는 없다. 공급업체, 고객 또는 인근 사업장의 직원까지도 업무 프로세스나 영역에 대한 이해관계가 있다면 팀의 일원으로 참여할 수 있다. 그들은 자유롭고도 열정적으로 기여할 것이며 자신들이 속한 조직의 역량과 공동체의 경제적 생존력을 강화할 수 있는 기술을 배우게 될 것이다.

그러나 전격추진에 너무 열중해서는 안 된다. 전격추진의 방법이 경이롭고 흥미진지하기 때문에 자칫 전통적인 관리자들은 무분별하게 사용하고 중독되기 쉽다. 전격추진은 전통적인 관리 방식에 잘 통한다. 이는 적게 투입하고 많은 것을 얻으려 하기 때문이다. 또한 문제의 핵심이라 할 수 있는 리더십 결여에 따른 낭비를 제거하기 위해 전격추진을 통해 할 수 있는 일은 없다. 전격추진은 강력하고 유용하며 절대적으로 필요한 수단이다. 따라서 반드시 정기적으로 시행되어야 한다. 그러나 전격추진 방법만으로는 세계적 수준의 조직에 근접조차도 못할 것이다.

챔피언

임원추진위원회의 모든 구성원은 하나 이상의 팀에서 챔피언이 되어야 한다. 챔피언은 자신의 전문 영역이나 관리 하에 있는 프로세스를 주로 다루는 팀에는 절대로 지원하면 안 된다. 챔피언의 역할은 프로세스를 지도하는 것이지 해답을 제시하는 것이 아니다. 챔피언은 팀과 함께 팀의 차터(다음 페이지에서 설명할 것임)를 세밀하게 조정하고 팀의 리더가 직원을 선발하는 것을 돕고 배후의 다른 관리자들과 공조하면서 팀을 지원하고 팀이 일하는 한 지도와 지침을 계속 제공한다.

이처럼 팀 활동에 참여하는 것은 팀과 챔피언 모두에게 중요하다. 팀은 가시적이고 직접적인 관리진의 지원을 필요로 한다. 각 팀들은 엄청난 압력에 직면할 것이며 변화의 저항을 무마시킬 관리진의 '단호한 의지(backbone)'를 다소 필요로 할 것이다. 또한 챔피언에게도 크게 유익하다. 왜냐하면 지원하는 각각의 새로운 팀들을 통해서 그들은 모든 이니셔티브의 완수가 총검과 수류탄, 소형 무기를 들고 싸워야 하는 혹독한 육박전이라는 사실을 떠올려야 하기 때문이다. 이러한 경험은 조직이 운영되는 방식에 대한 챔피언의 이해를 넓히고 심화시켜준다. 이를 통해 얻은 지식은 조직을 세계적 수준의 지위로 격상시키는 데 필요한 통찰력 개발의 기본 조건이 된다.

차 터

개별 팀들은 임원추진위원회의 지원과 지시, 승인에 따라 차터 (charter)를 개발한다. 일반적으로 차터는 다음과 같은 요소를 가진다.

1. 미션(목적에 대한 일반적 진술)
2. 목표(달성해야 할 구체적인 성과물)
3. 팀 챔피언, 팀 리더, 팀 구성원의 이름
4. 수행할 활동(시간 순)
5. 책임 — 이것은 상기 활동들과 관련된 사람의 매트릭스이다. 실행자로서 책임을 지는 사람은 R(responsible)로 표시하고, 재무적 결과에 최종적으로 책임을 지는 사람은 A(accountable)로 표시하며, 활동이 수행되기 전에 자문을 해주는 사람은 C(consult, check)로 표시하고, 활동 후에 통보를 받는 사람은 I(inform)로 표시한다. 이 매트릭스를 종종 '역할 분담차트(responsibilty chart, RACI 차트)'라고 부른다.
6. 수행결과물(수행 완료에 대한 가시적인 증거물. 예를 들어 새로운 구매 절차의 '향후' 프로세스 흐름)
7. 활동과 수행결과물의 일정
8. 핵심 성공 요인(성공에 필수적인 조건)

팀을 구성할 때 임원추진위원회가 생각할 수 있는 것은 미션에 대한 불분명한 진술('구매 개선')과 함께 챔피언, 팀 리더로 고려하는 후보자

정도이다. 챔피언과 임원추진위원회는 우선 팀 리더를 선정하고 그 리더와 함께 팀을 구성할 직원들을 뽑는다. 그리고 팀이 차터를 개발하도록 지원한다. 임원추진위원회는 팀이 개발한 차터를 승인하고 챔피언은 팀이 업무를 할 때 코치의 역할을 한다. 이와는 다르게 팀이 형성될 무렵 임원추진위원회는 이미 거의 완성된 차터를 수중에 가지고 있을 수도 있다. 이러한 경우는 회사의 프로그램이 현장에 이미 전파되어 있을 때 종종 찾아볼 수 있다. 그럼에도 불구하고 팀은 차터를 수정하여 작업 실행의 세부사항에 조응할 수 있어야 한다. 팀이 상황에 맞게 이처럼 차터를 조정하는 것은 주인의식 낭비를 줄이기 위해 필수적이다.

차터는 가능한 한 '낮은 수준의 기술'로 작성하는 것이 중요하다. 이 말은 컴퓨터를 사용하지 말아야 한다는 의미가 아니다. 그러나 일정과 현황을 화려한 파워포인트 문서로 만들기 위해 더 많은 컴퓨터 작업을 하게 될수록 실질적인 프로젝트의 진행은 지연될 것이다. 조직 내에서 능력을 발휘하기보다 키보드로 일을 대충대충 해치우는 사람들은 변화관리팀에 필요하지 않다. 화려한 프레젠테이션이 실질적인 리더십 결여에 따른 낭비를 줄이는 데 도움이 되었던 적은 단 한번도 없다. 적정 수준의 변화 노력을 만들어내기 위해서는 팀 선정의 신중함, 역량 있는 챔피언, 세부적인 팀 코칭, 임원추진위원회 검토, 차터 개발이 필요할 뿐이다.

린 일일 경영관리 시스템

조지는 두 눈을 감았다. 그리고 의자에 기대어서 깊은 한숨을 내쉬었다. 분명 그는 과거의 이니셔티브들이 왜 기대에 미치지 못했는지에 대해서 생각하고 있었다. 경영진의 개입이 절대적으로 부족했다. 조지는 의자에서 등을 떼며 큰 소리토 말했다. "임원추진위원회가 있었다면 모든 사람들이 이탈하지 않고 올바른 방향으로 나아갈 수 있었을 텐데." 문제를 해결하기 위한 노력이 그가 인정할 수 있는 것보다 오히려 많은 추가적인 문제점들을 만들어냈었다. 어느 한 부서에서만 해결책을 모색하고 실행하는 것이 조직 전반에 미치는 부정적 효과를 고려하지 않았기 때문이다. 그는 자신이 현장관리자로 일하고 있을 때를 떠올렸다. 그리고 '스트레칭 플레이트 신드롬(stretching plate syndrome)' 에 자신의 책임이 있음을 기억했다. 그는 언제나 새로운 기업 이니셔티브의 챔피언을 갈망했었다. 문제는 그가 다른 분야에서 진행되고 있는 사항들에 대해서 전혀 알지 못하는 경우가 많았다는 사실이다. 물론 당시의 그는 자신이 처리할 수 있는 것 이상의 업무를 떠안고 있었던 것이 사실이다.

조지는 다음 장을 읽기 시작했다. 그리고 자신이 몇 년 전에만 '깨달았더라면' 과연 지금의 회사가 어떻게 되었을지 무척 궁금했다.

조직에서의 변화 관리는 마지막 장에서 설명할 SLIM-IT의 구조적인 측면이 필요하다. 그러나 구조만으로 오피스카이젠이 전략적 경쟁 우위를 수립할 수 있는 주요한 토대가 되지는 못한다. 경쟁력 우위를 확보하기 위한 가장 큰 힘은 자율적 워크그룹 수준에서 LDMS를 활용하여 개선을 이끌어내는 것으로 시작된다. 그림 7.1은 그림 6.1의 왼쪽 편을 확대한 것이다. 린 일일 경영관리 시스템의 목적은 조직 내 개별 자율적 워크그룹에게 포커스, 구조, 조직규율, 주인의식을 제공하기 위한 것이다.

그림 7.1에서 볼 수 있는 것처럼 임원추진위원회는 LDMS를 운영하지 않는다. 오피스카이젠을 시작하는 시점에서 임원추진위원회가 6장에서 설명했던 절차를 통해서 LDMS를 설치해야 하지만 LDMS를 운영하는 것은 '통상적인 일' 의 하나이다. LDMS는 한번 설치되면 각 자율적 워크그룹에서 매일 해야 하는 업무의 한 부분이 된다. LDMS는 일

〈그림7.1〉 SLIM – IT의 린 일일 경영관리 시스템 요소

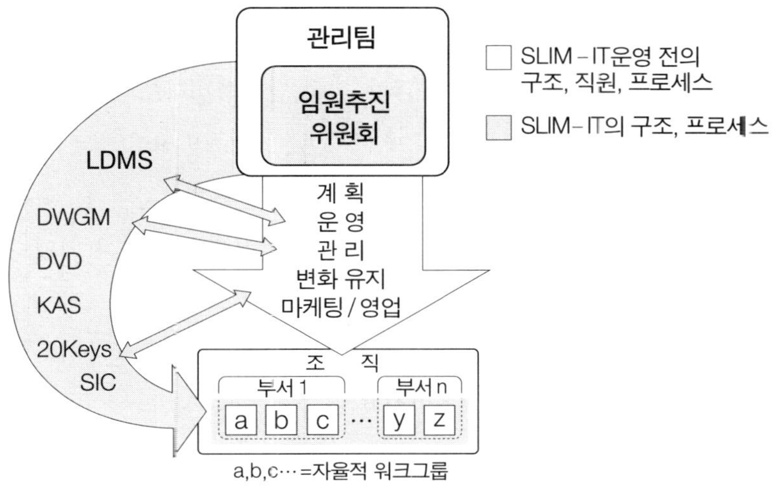

상적인 활동들을 적극적으로 포커스를 맞추고, 구조화시키고, 조직의 규율을 만들 수 있는 관리수단이기 때문에, 성취 내용과 방법은 리더십 목표들에 더욱 더 밀접하게 정렬이 된다. 이와 함께 LDMS는 측구 충족, 텃세의식(territoriality), 인지부조화, 동조 등 같은 습관적으로 차선을 선택하는 운영방식의 워크그룹을 주인의식과 자부심을 가진 긍정적인 팀으로 향상시킨다.

LDMS가 운영되면 모든 프로세스와 업무가 동시에 성과의 사다리를 한 단계씩 오르게 된다. 그 변화는 매일, 심지어는 매주에 걸쳐 눈에 띄지 않게 일어나므로 현장에서 일하는 사람들만이 확인할 수 있다. 다른 경우 변화는 모든 사람이 인식할 수 있을 만큼 분명하게 드러난다. 워

크그룹 내 개선의 규모와 속도에 상관 없이 시간이 경과함에 따라 LDMS가 발휘하는 효과는 의미 있고 극적이다. 냉정하게도 LDMS는 공정한 경쟁의 장에서 기업의 성과를 매우 서서히 부각시킨다. 대담하고 새로운 아이디어가 갑자기 조금만 힘을 발휘하더라도 오피스카이젠 조직은 전략적 경쟁 우위를 가지게 되며 이는 개별적인 성과, 프로세스, 업무의 수천 수만 가지의 작은 개선이 쌓아올린 결과이다.

오피스카이젠 조직이 대담하고 새로운 혁신을 수행하여 기업의 경쟁 우위를 확장시킨다는 것은 근본적으로 아이러니이다. 또한 오피스카이젠 조직이 주요한 이니셔티브를 수행할 때 그것이 경쟁사가 먼저 시도했던 것일지라도 오피스카이젠 조직은 비용과 혼란을 더욱 줄이면서 신속하고 효과적으로 작업을 완료할 수 있다. 이는 LDMS가 대부분의 전통적인 조직 관리팀에서 담당하던 사후처리 부담을 경감시켜 주기 때문이다. 이와 더불어 오피스카이젠 조직의 리더십은 조직에 가장 이익이 되는 추가적인 새로운 아이디어를 신중하게 검토하고 계획할 수 있는 시간, 자원, 인내심을 가질 수 있다는 이점도 있다.

자율적 워크그룹 : LDMS의 핵심대상

LDMS는 기업 내의 자율적 워크그룹에서 운영된다. 자율적 워크그룹(intact work group)은 대부분의 업무시간 동안 비슷하고 서로 관련 있거나 물리적인 인접성이 있는 프로세스의 업무를 수행하는 개인들의 집합체이다. 각 자율적 워크그룹은 자체의 LDMS를 설치한다. 이는 리더십 결여에 따른 낭비를 감소시켜야 하는 기업의 가장 기본적인 계층이기 때문이다. 즉, 눈에 보이는 낭비 바이러스가 숨어드는 곳이다. 자율적 워크그룹에는 다음과 같은 것들이 있다.

- 인사부서의 직원 9명
- 자재부의 구매담당자 7명
- 조직의 경영진을 지원하는 관리지원 담당자 9명
- 영업부 직원 7명
- 대규모 인사부서의 복지담당자 4명
- 불만처리부의 직원 8명
- 법률부서의 변호사 4명
- 패스트푸드 아울렛의 교대조 총 9명
- 신상품 개발부서의 엔지니어 5명
- 제조현장에 종사하는 직원 7명
- 대규모 콜센터의 5개 워크그룹 (각각 7±2명의 직원을 보유)
- 대외협력부의 직원 5명
- 법률회사의 세무사를 지원하는 법률지원 담당자 6명

위에서 제시한 자율적 워크그룹은 동일한 문제들을 많이 가지고 있다. 서로의 업무를 공유하거나 교환하기도 하고 때에 따라서는 서로 대신하기도 하면서 자신들의 통찰력과 경험으로 이득을 얻는다. 자율적 워크그룹을 구성하는 멤버의 수가 7±2명 이상일 때 그 그룹은 다시 쪼개져야 한다. 워크그룹을 타이틀이나 책임, 업무에 따라서 재구성해야 한다는 의미는 아니다. 10명 미만의 팀에 LDMS를 적용하는 것이 절대적으로 필요한 이유는 5장에서 이미 논의하였다. 즉, 7±2명이 효과적인 그룹의 사이즈이다.

모든 그룹이 자율적 워크그룹은 아니다. 조직의 관리팀은 자율적 워크그룹에 속하지 않는다. 오히려 위원회에 가깝다. 왜냐하면 관리팀의 직원들은 비슷한 업무에 대부분의 시간을 할애하지 않기 때문이다. 몇몇 중간급 관리자들과 기술담당 직원들이 손쉽게 자율적 워크그룹에 포함될 수 있지만 다른 관리자들은 그렇지 못할 수 있다. 그 자리에 없는 누군가를 강제로 자율적 워크그룹에 배속시켜선 안 된다.

린 일일 경영관리 시스템의 구성요소

린 일일 경영관리 시스템은 다섯 가지 요소로 구성되어 있다.

1. 일일 워크그룹 회의(daily work group meeting, DWGM)
2. 주요 게시판(primary visual display, PVD)
3. 카이젠 액션 시트(Kaizen action sheet, KAS) 시스템
4. 단기간 리더십(short−interval leadership)
5. KCG 20 Keys[3] 평가와 장기간 개선 계획

일일 워크그룹 회의(DWGM)

정의 – 워크그룹 회의는 업무시간에 각 워크그룹의 PVD 앞에서 매일 의무적으로 짧게 갖는 회의이다.

---

3) : 'KCG 20 Keys'는 카우프만 컨설팅 그룹(The Kaufman Consulting Group, LLC)의 등록상표이다.

<u>**목적**</u> – DWGM은 몇 가지 중요한 기능을 수행하는데, 이는 다른 메커니즘으로는 제공될 수 없다.

1. 직원들이 하나의 팀에 소속되어 있다고 생각하지 않더라도 회의를 통해서 워크그룹을 하나의 팀으로 불러모을 수 있다(실제 팀을 이루어 기능하는 워크그룹은 많지 않다). 짧은 회의를 위해서 물리적으로 같은 자리에 모이게 되면 몇 주가 흐른 뒤 인지부조화를 통해서 그들을 하나의 팀으로 만들 것이다.

2. 회의는 워크그룹 내의 모든 사람들에게 무엇이 일어나고 있는지에 대해 동일한 현황을 제공한다.

3. 관리에 중요한 메트릭스와 핵심 성과 척도에 사람들이 포커스를 맞출 수 있도록 해준다.

4. 팀이 자신의 영역, 프로세스, 기능에 대해 주인의식을 가지도록 도와준다.

5. 5장에서 논의했던 기본적 욕구 충족(basic needs satisfaction)의 모든 것(생존, 권한, 즐거움, 자유, 소속감)을 제공할 수 있도록 기회를 준다.

<u>**운영**</u> – 회의는 워크그룹의 PVD(다음 페이지에서 설명할 것임) 앞에 서서 진행되어야 한다. 서서 회의를 하는 것은 앉아 있는 것과 달리 신중한 행동이기 때문에 매우 중요하다. 사람들이 하나의 그룹을 이루어 기립한 자세를 취하게 되면 그들은 자신들이 그룹의 일원이라는 것을 인정하게 된다. 회의가 많이 진행된 후 인지부조화의 압력이 개개인을 팀의 동료로 인식시킨다. 회의는 10분을 넘기지 않는 선에서 짧게 진행되어야 한다. 또 불만제기나 문제해결 방안 등을 논의하지 않도록 빈틈없게

진행되어야 한다.

　사람들은 종종 DWGM을 매일 하지 않아도 충분하지 않느냐고 질문한다. 이에 대한 대답은 '절대 아니다'이다. 만일 리더가 각 워크그룹에 대해 전략적 경쟁 우위 확보를 위한 투자라 할 수 있는 매일 5~10분의 시간을 할애할 수 없다면 오피스카이젠 작업의 구성요소를 만들 수 있는 용기, 통찰력, 결단력, 인내심 등을 갖지 못할 것이다. 만일 워크그룹 회의를 일주일에 세 번만 가진다면 기반을 마련하는 데 적어도 세 배의 시간이 소요될 것이며 그 결과도 훨씬 더 늦게야 얻을 수 있을 것이다. 뿐만 아니라 일주일에 세 번씩만 회의를 하게 되면 업무량이 많은 바쁜 주에는 회의를 두 번으로 줄이자고 누가 말하지 않겠는가? 일일 회의가 의무화되고 관리자는 회의가 잘 지켜지는지 감독하면 성공이 보장된 장밋빛 길을 걷게 될 것이다.

　DWGM은 대개 훈련 받은 감독자가 주관한다. 회의를 이끌어갈 수 있도록 몇몇 사람들을 훈련시키고 나면 그 워크그룹은 이제 '자기 관리' 워크그룹에 한 단계 가까워진다. 회의 내용에는 어제 무슨 일이 발생했는지, 주요 이슈는 무엇인지, 오늘 계획 사항은 어떠한지, 기타 다른 아이템들은 무엇이 있는지 등에 대해 CNN뉴스 같은 육하원칙 방식의 검토가 포함되어야 한다. 품질문제와 같은 아이템들은 매일 논의되어야 하며 한 달에 한 번 정도 논의해도 되는 아이템들도 있을 것이다. 그림 7.2는 DWGM의 일반적인 구성을 위한 의제를 나타낸 것이다.

매일 다루어야 할 주제	매일 다루지 않아도 되는 주제
– 새로운 직원소개와 보상분배	– 다용도 기술 상황과 교차훈련 계획
– 안전 이슈	– 현장 작업성과와 현황
– 핵심 성과 아이템 검토	– 부서 업무성과와 현황
– 전날의 품질 이슈	– 핵심 고객 검토
– 카이젠 액션 시트 현황	– 일반적인 회사 이니셔티브 및 뉴스
– 유지관리 및 작업장 조직 상기시키기	– 장기적 프로세스 개선 이슈에 대한
– 주요 현장 뉴스	현황과 향후 계획

주요 게시판 (PVD)

정의 – PVD는 커다란 (예를 들어 1.2×1.4미터 또는 1×1.8미터 정도. 더 작아서는 안 됨) 2차원적 정보센터로서 필요할 때 업데이트되어야 한다. 여기에는 DWGM에서 논의되었던 모든 정보가 표시된다.

목적 – PVD는 워크그룹의 정신과 자부심을 물리적으로 구현한 것이다. PVD는 컴퓨터로 보기 좋게 꾸미거나 고급기술의 장치가 필요없다. 회의에 참석한 워크그룹이 동시에 같은 것을 볼 수 있으면 충분하다. PVD를 사용하는 의도는 워크그룹이 핵심지표들의 변동상황을 보기 위함이다. 핵심지표에는 그들의 권한, 자유, 생존, 소속감의 욕구충족 등이 직접적으로 반영된다. 직원들은 자신들의 노력으로 지표들이 '움직이고' 있기 때문에 그들은 PVD를 회사뿐만 아니라 생각하고 관여하는 창의적 인간인 자신의 가치와 의미를 대표한다고 생각하게 된다.

운영 - PVD는 업무현장에서 볼 수 있는 곳에 설치해야 한다. 업무중에 직원들이 언제든지 볼 수 있는 곳에 배치하는 것이 좋다. 이렇게 하면 업데이트가 수월해지는 것은 물론, 더 중요한 것은 PVD 정면과 중심부 내용에 모두가 집중하게 된다는 사실이다. PVD는 매일같이 유지되어야 하고 누군가 이 일을 전담하도록 교육되어야 한다. 처음에는 대체로 감독자나 부서의 리더가 맡아서 유지한다. 그런 다음 다른 직원들을 교육시켜야 한다. 어떤 현장의 신업무팀이 임원추진위원회에게 승인을 받아 다른 직원들에게 PVD 유지교육을 하기 위한 절차와 PVD의 대체적 형식을 설계한다.

PVD와 DWGM이 세심하게 유지되는 것은 중요하다. 만약 그렇게 되지 않으면 워크그룹은 모든 절차에 대한 관심을 순식간에 잃어버릴 것이다. 신업무팀이 자율적 워크그룹에서 매일 30~60분 동안 1~3주에 걸친 교육을 완료하게 되면 책임은 곧바로 일반 관리팀에게로 돌아갈 것이다. 상급 관리진들은 임원추진위원회 구성원이자 현장 리더로서 역할을 수행하면서 동시에 자율적 워크그룹의 활동을 감독하고 PVD와 일일 회의를 지속시킬 수 있도록 독려해야 한다.

■ 카이젠 액션 시트(KAS) 시스템

정의 - KAS 시스템은 자율적 워크그룹 내에서 제기되는 개선에 대한 작은 의견들을 수집하는 방법이다.

목적 - KAS 시스템의 목적은 세 가지로 정리할 수 있다.

1. 현장이나 회사 전반에 관한 제안 프로그램의 '레이더 망 아래' 그리고 비용 환급 요구)에 있는 작은 아이디어를 수집하기 위하여

2. 자율적 워크그룹의 직원들이 업무현장에서 상황을 개선하기 위한 방법을 따름으로써 권한을 획득하고 자유에 대한 욕구를 충족시킬 수 있는 기회를 제공하기 위하여(뿐만 아니라 각각의 제안에 대하여 다른 집단의 멤버들이 그들에게 부여한 소속감 욕구를 충족할 수 있는 기회를 제공하기 위하여)

3. 눈에 보이는 낭비를 근본적으로 제거할 수 있는 작은 변화들을 확인하고 수집하기 위한 수단들을 제공하기 위하여

운영 - KAS는 한 페이지짜리 양식으로 그룹의 멤버는 이를 이용하여 워크그룹에 제안사항을 제출한다. 조직은 취향에 맞게 이 양식의 이름을 변경할 수 있다. 컴퓨터를 사용하면 시간 낭비를 초래하므로 제안양식은 반드시 손으로 작성하도록 한다. KAS 양식의 상단에는 세 개의 작은 네모칸을 만들어놓는다. 제일 좌측의 작은 네모칸에는 문제를 설명하는 내용을 쓴다. 예를 들어 "송장의 정확한 코드 번호를 찾을 수 없다"라고 쓸 수 있다. 중간의 작은 네모칸에는 어떤 일이 이루어져야 하는지에 대한 생각을 작성한다. 예를 들어 "일반적으로 많이 사용되는 코드 번호들의 리스트를 만들어서 각자의 책상에 붙여놓는다"는 내용을 쓸 수 있다. 오른쪽 네모칸에는 결과가 어떠할지에 대한 각자의 생각을 적는다. 예를 들어 "실수가 줄어들 것이다"라고 쓸 수 있다.

양식의 아래 중간 부분에는 두 개의 큰 네모칸을 그려놓는다. 왼쪽 네모칸에는 '이전(before)'의 그림을 그려넣고 오른쪽 네모칸에는 '이후(after)'의 그림을 그려넣는다. 즉, 오른쪽 네모칸에는 직원이 생각하

는 제안사항이 실행되었을 때의 모습을 그려넣으면 된다. 많은 조직들이 KAS를 적용할 때 이처럼 그림을 그리는 절차를 누락시키는 실수를 범한다. 이것이 실수인 이유는, 인간이 어떻게 행동하는지와 왜 그렇게 행동하는지를 리더들이 반드시 이해해야 하기 때문이다. 어떤 아이디어에 헌신하게 만드는 강력한 요소는 KAS를 모두 작성한 사람이 주인의식을 충분히 가질 수 있는 아이디어에 대해 생각하도록 만드는 것이다. 이전과 이후에 대해 그림을 그리는 것이 비록 조악하더라도 주인의식 문제에 있어서는 매우 중요하다.

사람은 두뇌의 양쪽을 모두 사용하여 사고한다. 좌뇌는 논리적, 순차적, 언어적 사고를 담당한다. 우뇌는 상징적, 창조적, 비선형 사고를 담당한다. 물론 모든 사람은 양쪽 두뇌를 모두 사용한다. 그러나 대부분의 사람들은 한 쪽 두뇌를 다른 쪽 두뇌보다 더 많이 사용하는 경향이 있다. 예를 들어 법률가들은 좌뇌를 많이 사용하고 예술가들은 우뇌를 많이 사용한다. 직원들에게 아이디어를 종이에 적게 하고 그에 대한 그림을 그리게 함으로써 직원들은 양쪽 두뇌를 모두 사용하게 된다. 이는 곧 문제의 다른 측면에 대해서도 생각하게 만든다. 위에 제시했던 예로 생각해보면 '이전' 그림은 책상 위의 텅 빈 공간을 바라보는 불행한 얼굴 모습을 하고 있을 것이다. 그리고 '이후' 그림은 책상 옆에 붙여진 종이 한 장을 보고서 행복해하는 얼굴일 것이다. 그다지 대단한 것처럼 보이지 않을 수도 있다. 그러나 이것은 작고 미미하지만 중요한 요소들 중의 하나이다.

KAS 시스템은 PVD 위에서 네 개의 폴더를 통해서 운영한다. 왼쪽에서 오른쪽으로, 위에서 아래쪽으로 다음과 같이 이름을 붙인다. 1) 빈 양식, 2) 제출, 3) 진행중, 4) 완결. 제안사항을 가진 직원은 빈 양식을 채워 넣은 다음 그것을 '제출' 폴더에 옮겨놓는다. 24~72시간 내에 DWGM을 주재하는 사람은 워크그룹에게 제출된 제안사항을 알려야 한다. 회의의 진행자는 이 내용을 워크그룹에게 알린다. 예를 들어 "앨리슨 씨가 자주 사용하는 주요 코드번호의 목록을 작성하자는 의견을 제안했습니다"라고 말하는 것이다. 그런 다음, 아래에 제시하는 것들 중에서 한 가지를 하게 된다.

1. 그들이 '이 문제를 처리할' 것이며 그들에게 돌려보내겠다고 말한다.
2. '이 문제를 처리하고' 싶은 사람이 있는지 묻는다.
3. 어떤 사람에게 '이 문제를 처리하도록' 임무를 부여한다.
4. 제안사항을 기각한다.
5. 이는 너무 '큰' 문제라서(교차기능성(cross-functional)이나 엄청난 자원이 필요한 문제), 임원추진위원회로 넘겨서 가능한 방안을 찾아보도록 할 것이라고 말한다.

직원들이 스스로 할 수 있는 저기술(low-tech)의 방안에 대한 아이디어를 만들도록 워크그룹의 관심을 집중시키는 것은 매우 중요하다. 대부분의 워크그룹에서 소프트웨어, 기술, 자금, 직원 등의 부족에 대해서 불만을 제기하는 것은 매우 쉽다. LDMS와 오피스카이젠의 전체적 목표는 수천 가지의 작은 저기술의 노력들이 발휘하는 효과들을 결집함으로써 경쟁 우위를 확보하는 것이다. 위의 예에서는 코드번호의 목록을 종이 위에 작성하여 복사한 뒤 각 직원의 책상 위에 붙이면 된다. 여기에 플라스틱 보호판을 덧씌울 수도 있다. 이는 개인 컴퓨터의 팝업 메뉴에 코드번호들을 띄울 수 있는 소프트웨어를 개발하자는 제안이 아니다. 1~2년 내에 이것은 적절한 하위 활동이 될 수도 있다. 그러나 손해가 큰 단기적 방안이다. 컴퓨터 지원 요청은 수개월의 절차가 소요될 것이고 비용도 만만치 않으며 자율적 워크그룹으로부터 10여 시간의 지원을 필요로 한다. 또한 자율적 워크그룹이 업무개선을 위해 타인에게 의존하도록 조장한다. 최악의 경우 이 아이디어가 그다지 소용 없을 수도 있다. 수개월이나 1년에 걸쳐 워크그룹은 이 방안을 테스트하고 최적화한다. 만일 모든 현장에 적용할 코딩 시스템이 필요하다면 이는 워크그룹이 아니라 임원추진위원회가 제기해야 할 문제이다. 물론 이때에도 모든 워크그룹은 감독자, 관리자, 챔피언, 멘토 등을 통해서 임원추진위원회에 자유롭게 아이디어를 제출할 수 있다.

KAS가 완성되거나 비현실적이라고 밝혀지면 그것은 '완결' 폴더로 옮겨진다. 어느 누구도 KAS의 목록을 컴퓨터로 작업하도록 허용해서는 안 된다. 만약 리스트를 컴퓨터로 작업하게 되면 곧바로 현장 관리진과 본사 관리진이 KAS의 '생산성'에 관한 현황보고를 요구할 것이다. 즉, 엄청난 시간과 자원이 낭비된다. KAS 사례를 수집하지도 말고 목록을 작성하지도 말라. 그리고 이를 다른 현장에 '학습 내용' 이나 최선의 실행사례로 보내지도 말라. 대외적으로 공표해야 할 '최선의 실행사례'는 LDMS와 KAS 시스템을 설치했다는 사실이다. 다른 업무현장에 있는 각각의 자율적 워크그룹들은 자신들의 KAS 시스템 내에서 나타나게 될 무수히 많은 자신들만의 아이디어들을 가지고 있기 때문이다.

KAS 시스템이 전통적인 워크그룹에 처음으로 도입되면 직원들은 엄청난 숫자의 아이디어들을 쏟아놓는 경향이 있다. 이 아이디어들은 대부분 정보시스템을 통해서 설비의 지원이나 구매를 요구하는 것들이다. 그러나 모든 워크그룹에 지출할 경비가 결코 충분치 않으며 하나의 워크그룹 내에서 확장시스템을 작동시킬 수 없음을 말해야 한다. 그리고 우선 워크그룹들이 해야 할 것은 KCG 20 Keys에 따라 50점을 획득해야 한다는 사실을 인지시켜야 한다 (여기에 대해서는 9장에서 설명할 것이다). 이렇게 하면 각 자율적 워크그룹은 저기술 방안을 고려하게 될 것이다. 그리하여 그들이 통제할 수 있는 행동을 취함으로써 목적을 제어하게 될 것이다. 워크그룹이 50점을 획득하게 되면 많은 비용의 지출이 필요했던 초기의 제안사항들은 더 이상 필요하지 않게 된다. 물론 여기에도 예외가 있다. 바로 안전과 대고객 품질 관련 이슈이다. 대규모의 비용지출과 확장 시스템의 지원은 항상 변화관리팀이 임원추진위원회에 보고할 때에 나타날 수 있다.

■ 단기간 리더십(short−interval leadership)

정의 − 단기간 리더십이란 자율적 워크그룹 내에서 관리자나 감독자가 개별 직원들과 중기적으로 접촉하는 것을 말한다.

목적 − 단기간 리더십의 목적은 모두 5가지이다.

1. 핵심 요소를 점검하기 위하여

2. 과거의 문제들이 해결되었는지 판단하기 위하여

3. 직원들이 문제들을 보고할 때 그것을 '성가신 일'로 생각하지 않

고 자신의 직무와 유리되지 않으면서 다음 날의 DWGM 때까지 문제점을 기억할 수 있는 기회를 제공하기 위하여

4. '시스템'이 작은 일들에 관심을 가지며 행동을 취한다고 각 직원들이 인식할 수 있는 환경을 만들기 위하여

5. 직원들에게 권한과 자유에 대한 욕구를 충족시킬 수 있는 기회를 제공하기 위하여

운영 – 단기간 리더십을 확보하기 위해서 리더나 감독자는 자율적 워크그룹 내의 직원들을 매일 2~3회에 걸쳐 15~30초 정도 대면해야 한다. 문제점이 있으면 리더나 관리자는 이를 기록해놓고 검토한다. 그들은 다음에 직원을 만날 때나 다음날 워크그룹 회의에서 문제에 대한 상황을 보고한다. 그룹이나 특정 개인이 심각한 문제를 겪고 있다면 여러 주에 걸쳐 한 번에 한 시간이나 두 시간 정도 만나고 접촉해야 한다. 자율적 워크그룹의 규모가 최대로 잡아도 10명을 넘지 않기 때문에 이 과제는 그다지 힘들지 않을 것이다.

많은 관리자들은 이러한 '만남'을 하기에는 여건이 되지 않는다고 불평을 토로한다. 간단히 말해서 현재의 조직에서는 단기간 리더십을 시도할 수 없다는 것이다. 그렇다고 다른 방법을 선택하면 작은 문제점들을 키워서 수익을 감소시키고 말 것이다. DWGM에서처럼 단기간 리더십의 많은 부분도 훈련 받은 전문가를 통해서 할 수 있다. 그들이 공식적인 감독자나 관리자가 될 필요는 없다. 명예직으로 할 수도 있고 다음 단계를 위한 중간 과정으로 처리할 수도 있다 (예를 들어 새로운 감독자는 모두 교육을 받았거나 일일 회의 및 단기간 리더십 직무에 경험과 능력이 있는 사람 중에서 선정될 것이다). 또 자기관리 워크그룹 (다른 용어

로는 자기주도적팀, 권한을 가진 워크그룹 등)에서 발생할 수 있는 핵심적인 절차와도 같다.

단기간 리더십 프로세스를 최대한 활용하려면 자율적 워크그룹의 직원들이 체크리스트나 양식을 마련하여 문제점을 인식할 수 있어야 한다. 이를 통해서 실시간으로 작은 이슈들에 대한 정보를 수집할 수 있다. 이 작은 이슈들은 단기간 리더십 담당자를 만나고 2~4시간이 지난 뒤에 처리해야 할 큰 문제가 아니다. 자율적 워크그룹이 일일 회의와 PVD의 내용과 순서를 충실히 이행하기 시작함에 따라 이러한 작은 이슈들의 내용과 수집하는 형식은 변하게 될 것이다.

KCG 20 Keys 평가와 장기적 개선 계획

정의 - LDMS의 마지막 요소는 KCG 20 Keys 평가와 장기적 개선 계획이다. 기술부서에서부터 고객서비스부서까지 모든 워크그룹은 각각 세계적 수준으로 발돋움하기 위해 이미 마련된 장치인 KCG 20 Keys에 따라 필요한 단계들의 윤곽을 파악할 수 있어야 한다. 오피스카이젠에서 이러한 기법들이 차지하는 중요도와 핵심적 역할을 고려한 KCG 20 Keys의 목적과 운영의 상세한 설명은 9장에서 따로 논의할 것이다.

Chapter 8

멘토링과 교육훈련

"LDMS를 빠뜨리고 있었군!" 조지가 큰 소리로 말했다. "물론 큰 변화가 순조롭게 이루어지는 것이 중요해. 그렇지만 대부분의 문제점들은 매일매일의 업무 속어서 눈에 보이는 낭비가 쌓이고 쌓여서 나타나는 거야. 바로 LDMS가 매순간의 모든 낭비요소들을 해소할 수 있는 방법이었어. 우리는 오피스카이젠을 시작할 거야. 그리고 한번 하겠다고 마음을 먹은 이상 제대로 할 거야. 우리에겐 앞으로 큰 걸음을 내디딜 수 있는 기회가 있다고 생각해. 그리고 우리가 길을 잃고 헤매지 않도록 내가 할 수 있는 모든 것들을 할 거야."

조지는 리더십 팀을 다시 한 번 한 자리에 소집했다. "오피스카이젠은 우리의 미래입니다. 그리고 SLIM-IT은 이를 가능하게 하는 수단입니다." 조지는 확신에 찬 목소리로 말했다. 그는 아직 책을 모두 다 읽지는 않았지만 이것이 해답임을 알고 있었다. 또 그들에게 모든 것이 다르다는 사실을 보여주기 위해서는 대담한 조치가 필요하다는 것도 알고 있었다. 만일 그가 기회를 잡지 못한다면, 과연 누가 할 수 있겠는가? 경영진들은 일렬로 앉아서 고개를 끄덕이고 있었다. 그들은 이 프로그램이 얼마나 오래 지속될 것인지에 대해서 걱정하고 있었다. 조지는 책이 담긴 상자를 테이블 위에 올려놓았다. 그리고 그들에게 책을 나누어주며 말했다. "여러분들께 드릴 작은 선물이 있습니다. 주말까지 모두 읽으시길 바랍니다. 월요일에 다시 모여 이 책에서 말하는 것들을 어떻게 수행할지에 대해서 이야기합시다."

멘토링은 오피스카이젠과 함께 전진하고자 하는 사람들에게는 필수적이다. 멘토링은 오피스카이젠 수행을 성공적으로 안내하고 인도하며 완성시키는 SLIM-IT 내부의 메커니즘이다. 이를 누락시키거나 축소시키면 안 된다. 멘토링의 필요조건에 대한 깊은 이해가 없이 오피스카이젠을 따르는 각 현장에 계획을 제공한다면 모든 노력들이 성공을 거둘 확률은 100분의 1밖에 안 될 것이다 (그리고 멘토링의 지원이 있는 경우와 비교해서 성공을 이루어내는 데 3~5배의 시간이 더 소요될 것이다).

왜 멘토링이 필수적인가?

5장에서 설명했었던 인간의 동기와 집단의 역학으로 인해 나타나는 조직의 제약과 복잡성은 어떤 일을 성공적으로 수행하기 위해서 사전에 관리되어야 한다. 변화가 지속되려면 관리 이니셔티브 활동에 일상적인 방해요소로 작용하는 리더십 결여에 따른 낭비를 극적으로 감소시켜야 한다. SLIM-IT은 멘토링을 통해서 이와 같이 부정적인 고유의 경향들을 지속적 변화를 위한 긍정적인 힘으로 변화시킨다.

멘토링은 오피스카이젠이 수행되고 있을 때 실시간으로 SLIM-IT의 모든 요소들을 동시에 교육하고 코칭하며 안내한다. 또 업무현장에서 개인 대 개인, 개인 대 집단으로 이루어지는 피드백이며 코칭과 조언을 담당한다. 멘토링은 임원추진위원회, 챔피언, 팀 리더, 변화관리팀, 자율적 워크그룹에게 실시되며 이를 담당하는 사람은 오피스카이젠과 SLIM-IT을 비롯한 관련기법들에 정통한 전문가이면서 동시에 현장에서 직원들과 함께 일하면서 지도자 역할을 수행한다.

멘토는 임원추진위원회 회의에 참석해야 한다. 그리고 다른 참석자들과의 동등한 지위가 보장되어야 한다. 또한 멘토에게는 회의과정을 촉진시키고 수정하며 지도할 수 있는 강력한 권한이 주어져야 한다. 멘토는 필요한 경우 회의가 끝난 뒤에 개개인에게 피드백을 제공해야 한다. 예를 들어 "제프리, 당신은 다른 임원추진위원회 구성원들에게 더 많이 말할 수 있는 기회를 주는 것이 좋겠군요. 당신은 이미 해답을 알고 있어요. 그렇지만 다른 구성원들은 문제를 해결해야만 그 답을 찾을 테니까요." 멘토는 변화관리팀 리더, 변화관리팀 직원, 자율적 워크그룸에 대해서도 LDMS를 처음 설치할 때에 지원할 수 있어야 한다.

멘토에게 요구되는 사항은 다음과 같다.

1. 확신에 찬 인물이어야 한다. 그리하여 관리진이나 직원들 앞에서 자신의 입장을 주장하고 고수할 수 있어야 한다.

2. 젊은 사람보다 연륜이 있는 사람이 좋다. 25세의 멘토가 아무리 명석하다고 하더라도 그보다 나이가 많은 관리자나 경영진들이 멘토의 운영스타일이나 태도에 대해서 있는 그대로 피드백을 하게 될 가능성은 거의 없다.

3. 강한 성격을 가져야 한다(그래야 험담과 좌절 속에서도 살아남을 수 있다).

4. 임원추진위원회의 공식적인 구성원이 되어야 한다(멘토로 선정된 이후에 임원추진위원회 구성원으로 임명되어야 한다).

5. 오피스카이젠과 SLIM-IT에 대한 지식을 가지고 있어야 하며 이들을 적용했던 경험도 필요하다.

6. 조직 내의 모든 수준에서 개인 대 개인의 교육을 할 수 있어야 한다.

7. 확신을 갖기 전에 신중해야 한다.

8. 조직이 어떻게 움직이는지에 대해서 이해해야 한다. 그리고 문제점이 발견될 때마다 '임원추진위원회와 챔피언에게 달려가기' 전에 개인적 영향력을 행사할 수 있는 인내심을 가져야 한다.

9. 결과를 중요하게 생각해야 한다.

10. 사소한 수행 과제라도 멘토로서 모든 시간을 할애해야 한다.

11. '퍼스널 파워'를 가지고 있는 것으로 인식되어야 한다(이는 지위

상의 목적을 위해서 중요하다. 즉, 멘토는 개인으로서, 임원추진위원회의 멤버로서, 오피스카이젠의 전문가로서 영향력을 가지고 있다고 인식되어야 한다. 이러한 특징은 위의 다른 10가지와 관련된 것이지만 대부분의 다른 특징이 존재하더라도 이것은 충분하게 존재하지 않는 무형의 것이기도 하다).

당신이 볼 수 있는 것처럼 멘토는 매우 강력한 인물이어야 한다. 관리자들은 자신의 분야에서 후보자로 추천되었을 때 조직 전체의 이익을 위해서 자신의 희생을 감수할 것이라고 항상 기대할 수 없다. 대체로 처음 추천된 사람들은 없어도 상관없는 '그저 그런 사람(walking-wounded)' 들인 경우가 많다. 그러한 사람들은 멘토로서 자격이 없다. 멘토 후보자인 어떤 개인에 대해서 "우리 부서는 그가 없으면 제대로 굴러가지 않아요" 라든가 "그는 매일의 업무수행에서 매우 중요한 인물입니다" 라든가 "당신은 내 인생 최고의 직원을 데려가려고 하는군요" 라는 등의 이야기가 나온다면 그 인물은 훌륭한 멘토 후보자라고 판단해도 된다. 한가지 추가하자면 그 관리자로부터 유능한 후보자를 '데려오는 것'은 결국 그 관리자가 바로 슈퍼스타에게 항상 의지해왔던 방식을 버리고 다른 자원을 개발하도록 만드는 효과도 있을 것이다.

몇 명의 멘토가 필요한가?

모든 조직은 서로 다르다. 조직의 모든 현장도 저마다 특성을 가지고 있다. 어떤 현장들은 변화에 저항력이 강하고 어떤 현장은 다른 현장들에 비해서 더 열정적이거나 덜 열정적인 전문적 관리팀을 가지고 있다. 그러나 어느 정도 편차를 보이는 범위 내에서 오피스카이젠을 수행하기 위해 필요한 멘토의 수는 현장의 크기에 따라 결정된다. 말하자면 그 현장에서 일하는 직원의 수가 멘토의 수를 결정하는 데 가장 큰 기준이 된다는 뜻이다. 필요한 멘토의 수는 리더십 팀이 어떤 속도로 일을 진행하고자 하는지에 따라서도 좌우될 수 있다. 그러나 이상하게도 이런 경우는 없다. 실제로 오피스카이젠을 안전하게 수행하기 위해서는 어디에서든지 한 가지 속도를 유지할 필요가 있기 때문이다. 이것은 마치 나무가 자라는 것과도 같다. 태양빛이 너무 많거나 너무 부족하면, 또는 비료나 물의 양이 너무 많거나 너무 부족하면 나무는 제대로 자라지 못하며 장기적으로 볼 때 최상의 성장이 어렵게 된다. 최적의 자양분과 햇빛을 공급함으로써 나무는 가능한 한 가장 효율적으로 성장하게 된다.

오피스카이젠처럼 대규모 변화를 수행하는 것도 동일한 과정을 따른다. 너무 속도가 느리다면 그것이 의도된 것이든 수행과정의 어려움 때문이든 이니셔티브는 커다란 위험에 빠지게 된다. 성공적인 변화수행 사례에 비해서 느리게 진행된다면 최하부에서 나타나는 결과는 알아차리기 어렵다. 조직의 대부분이 관련되어 있지 않기 때문이다. 이렇게 되면 회의적이고 노골적으로 반대하는 다른 관리자나 직원의 입장에서 이해하지 못하는 변화의 느력을 리더십 팀과 멘토에 의해 좌우되는 처지에 놓이게 된다. 속도가 느리면 흥미진진하지도 않을 뿐더러 리더십 팀은 좌절하거나 지쳐버릴 것이다. "우리가 이걸 하려고 몇 년씩이나 일했단 말이야?!" 라든가 "왜 매주 이런 회의를 해야만 하는 거지? 별 다른 성과도 없잖아" 라는 등의 생각을 갖게 만든다. 만일 현장의 어느 한 부분만이 오피스카이젠을 수행하고 있다면 그 현장의 직원은 다른 현장의 직원들로부터 복잡하고도 비생산적인 메시지를 받게 될 것이다. 그렇다고 너무 신속하게 변화를 도모하는 것 또한 선택할 수 있는 방법이 못 된다. 변화에는 시간이 필요하다. 그리고 변화는 내부의 한 계속도 이상으로 빠르게 진행될 수 없다. 사람과 집단은 새로운 행동을 흡수하고 적용할 수 있게 흠뻑 젖는 시간이 필요하다.

관련되지 않은 관리자들이나 감독자들은 소외당했다거나 행운이라는 느낌을 가질 수 있다. 그리고 참여하도록 강요받은 다른 사람들은 희생양이 되었다거나 역시 행운이라는 느낌을 가질 수 있다. 비판적으로 보자면 인간 집단의 태도를 변화시키기 위해 가능한 한 모든 경우에 대해서 수많은 개인들이 취해야 할 바람직한 행동들을 보강하는 것이 필요하다. 이를 통해서 새로운 태도의 행동규범을 더욱 빨리 만들어낼 수 있다.

지금부터 이야기할 멘토의 수와 수행 지속기간에 대한 평가는 일반적으로 적용할 수 있는 최적화된 기준에 근거하고 있다.

현장에 대해 멘토링 기술의 범위를 제공하는 것은 필수적이다. 만일 모든 멘토가 세계적 수준의 경험이 많은 전문가여야 한다면 그들 중 상당수는 자격미달이 될 것이다. 만약 현장에서 그들이 적용할 수 없는 기술을 습득하기 위해 그 대가를 지불하려 하지 않는다면(당신은 현장 내부의 한계 속도를 넘어설 수 없다), 전문가들은 지쳐버리고 노력은 수포로 돌아갈 것이다. 만일 멘토가 아무런 기술도 없는 신참이라면 수행과정은 당연히 실패로 끝날 것이다. 멘토는 다양한 수준의 기술을 가지고서 지도자 역할을 수행하는 동시에 미래의 리더가 될 수 있는 신참을 교육하는 역할도 해야 한다. 그들이 더 작은 단편적인 노력들을 관리함으로써 끊임없이 더 낮은 기술수준들은 배울 수 있고 도전받게 될 것이다. 그리고 전문가들은 광범위한 코칭, 교육, 직원개발 활동 등을 통해서 직원들의 활기찬 상태를 유지해야 한다. 그리하여 현장에서 미래의 '슈퍼 리더'로 발전할 수 있도록 해야 한다. 멘토링의 전문성을 위한 기준들을 대략적으로 살펴보면 다음과 같다.

- 전문가(expert) - 모든 수준의 사람들을 다룰 수 있는 능력을 가져야 한다. 오피스카이젠, SLIM-IT, 리엔지니어링, 문제해결 기법 등의 모든 측면에 대해서 경험과 지식이 있어야 한다. 그리고 모든 수준에서의 교육과 코칭이 가능해야 하며 직원들이 탁월해질 수 있는 기회를 가질 때까지 기다릴 줄 아는 진정한 리더가 되어야 한다.
- 숙련가(skilled) - 사람을 다루는 방법과 오피스카이젠, SLIM-IT의 개념에 대해서 알고 있어야 한다. 그리고 수많은 리엔지니어링과 문제해결 기법을 적용했던 경험이 있어야 하며 조직 내 대부분의 수준에서 교육과 코칭이 가능해야 한다. 이들은 미래의 리더로 오피스카이젠에서 현장 경험을 조금만 더 수행하면 된다.
- 기술자(technician) - 대부분의 사람들을 적절하게 다룰 수 있고 몇

몇 리엔지니어링 기법을 적용하는 데 필요한 기술과 경험을 가지고 있어야 한다.

- 신참 (rookie) – 사람들을 좋아하며, 실수를 범할 수도 있지만 열심히 일하는 사람이다. 처음부터 시작하여 배우고자 하는 의욕을 가지고 있으며 긍정적인 태도를 가진 자이다.

표 8.1은 업무현장의 다양한 직원들에 대하여 과업수행 지속기간과 필요한 멘토의 수에 관한 정보를 나타낸 것이다. 각 규모별로 두 줄의 데이터가 제공되어 있다. '초기 단계'라 명명된 윗줄은 현장에서 설계, 구축되고 점화되어 추진력을 얻는 SLIM-IT 추진기에 필요한 멘토의 수를 나타낸다. SLIM-IT 메커니즘이 자리를 잡으면 몇 가지 장치들과 함께 사용된다. 즉, 임원추진위원회가 수립되고 모든 변화의 노력들은 챔피언, 팀 리더, 차터, 팀원들로 구성되는 공식적 팀을 가지게 된다. 그리고 정기적인 카이젠 전격추진이 이루어지며 모든 자율적 워크그룹은 완벽하게 구현된 LDMS를 갖게 된다.

각 규모의 아랫줄은 '진행중'이라고 이름 붙였다. 이 줄은 SLIM-IT의 '초기 단계'에서부터 완벽하게 새로운 자립문화를 형성하기에 충분한 시간 동안 전력을 다해 작동하기까지 필요한 멘트의 수를 나타낸다. '진행중' 수준에서 열거된 기간의 마지막 시점에 이르면 오피스카이젠은 거의 재앙에 가까운 결과에 대한 면역성을 가지게 될 것이다. 가장 오른쪽 칸은 '초기 단계'(각 규모별 윗줄)와 SLIM-IT의 '진행중'(각 규모별 아랫줄) 단계를 완료하기까지 필요한 대략적인 개월 수를 표시한 것이다.

예를 들어 직원이 1,000명인 현장에서는 '초기 단계'에 1명의 전문가 멘토, 1명의 숙련가 멘토, 1명의 기술자 멘토, 1명의 신참(총 4명)이 필요하며, '초기 단계'를 완료하려면 12개월 동안의 수행 노력이 필요하다. 직원이 1,000명인 현장의 아랫줄을 보면 '초기 단계'에서 '진행중' 단계로 이행하기 위하여 저수준의 멘토링 지원이 13개월

〈표8.1〉 오피스카이젠을 실행하기 위해 필요한 다양한 기술 / 경험 수준에서의 멘토의 수

현장	수행수준	멘토유형				총인원	지속개월
		전문가	숙련가	기술자	신참		
6000	초기 단계	3	6	8	8	25	1-22
	진행중	1	2	2	3	8	23-48
5000	초기 단계	2	5	6	8	21	1-20
	진행중	1	2	2	2	7	21-48
4000	초기 단계	2	4	4	6	16	1-18
	진행중	1	1	2	2	6	19-44
3000	초기 단계	2	3	3	5	13	1-16
	진행중	1	1	1	2	5	17-44
2000	초기 단계	2	2	2	2	8	1-14
	진행중	1	1	1	1	4	15-42
1000	초기 단계	1	1	1	1	4	1-12
	진행중	1	1		1	3	13-42
750	초기 단계	1	1		1	3	1-10
	진행중	1			1	2	10-38
500	초기 단계	1	1		1	3	1-8
	진행중	1				1	2	9-32
250	초기 단계	1		1		2	1-6
	진행중	1				1	7-24
100	초기 단계	1				1	1-4
	진행중		1			1	5-18

째부터 42개월째까지 필요하다는 것을 알 수 있다. 또 저수준 멘토링 지원은 1명의 전문가 멘토, 1명의 숙련가 멘토, 1명의 신참 멘토로 총 3명이 필요하다.

업무현장이 '초기 단계' 상황에서부터 '진행중'으로 옮겨감에 따라 필요한 멘토의 수가 줄어들고 한두 명의 멘토를 라인 관리직으로 옮길 수 있는 절호의 기회를 제공한다. 결국 누가 오피스카이젠 관리스타일에 더욱 적절하게 부합하는 지지자가 되는지의 문제인 것이다. 그리하여 신참 멘토는 기술자 멘토 지위에 오르게 되고(물론 적격하다고 인정이 되었을 때) 이런 식으로 계속해서 이어진다. 이와 같이 수행 노력은 관리상의 인력 채용과 개발 과정의 촉매제가 된다. 실제로 멘토링 과정은 미국 특수부대 네이비 씰(Navy Seal)의 미래 현장 지도자 양성을 위한 신병 훈련소와도 같다고 생각할 수 있다.

얼핏 보면 멘토의 수가 다소 많은 것처럼 보일 수도 있지만 그렇지 않다. 사실, 오피스카이젠을 실행하게 되면 가치가 부가된 자원이 활용가능한 현장에서는 항상 순이익을 낼 수 있다. 임원추진위원회를 구성하여 변화 이니셔티브들을 평가하고 그 목록들을 작성하게 되면, 엄청난 낭비 요소를 발견할 수 있다. 결국 이러한 낭비 요소들이 오피스카이젠 수행임무에 적용된다.

당신이 현장이나 상위수준의 경영진이더라도 처음 부딪쳤을 때에는 당황스러울 수 있다. 그러나 어느 누구도 용기를 내어 없애버리지 못했던 막다른 상황에 투여된 엄청난 자원들이 항상 발견될 것이다(아마도 사람들은 이의 존재를 알고 있을 것이다). 이들 비밀 프로젝트를 수행하는 사람들은 매우 열심히 일하지만 어떤 것도 전달할 수 있는 연결통로가 없는 추진력을 재가동시킬 뿐이다. 어느 한 부서에서 중요한 이니셔티브를 시작했다고 했을 때에도 몇 개월 동안은 성공적일 수 있다. 그러면서 시간과 돈을 소비하게 되지만 결국 다른 부서들은 그들이 하고 있는 일에 대해서 알지도 못할뿐더러 관심도 없기 때문에 어떠한 지지도 받을 수가 없을 것이다. 몇몇 중요한 이니셔티브들은 고물차처럼 매우 천천히 빙판 언덕길을 힘겹게 오르고 있는 것을 발견할 수 있다. 왜냐하면 그들에게 적절한 인적·물적 지원이 이루어지지 않기 때문이다. 마찬가지로 관리진도 업무들이 잘 처리되고 있다고는 생각하지만 정작 다음에 열린 비정기 브리핑에서 지금까지의 노력들이 물거품이 되어버렸다는 이야기를 들었을 때 충격을 받을 것이다. 그러면 이내 다른 사업이 현재 절박한 상황인 것을 고려하지 않은 채 자원을 끌어내어 당장의 일을 해결하기 위해서 쏟아부을 것이다.

사업에서 불필요한 노력들이 제거될 때, 핵심적인 노력들이 물적·정신적으로 적절하게 지원될 때 일이 제대로 이루어지며 추가 인력 없이 오피스카이젠 노력을 멘토링할 수 있는 자원들이 제공되고 있음을 모든 업무현장에서 알 수 있다. 물론 불평의 소리도 있을 것이다. 예를 들어 "우리 업무량은 이미 너무 많다"는 불평이 가장 많을 것이다. 그러나 그와 같은 저항이 생기는 것은 자연스러운 현상이다. 이를 충분히 예상해야 하며 조직을 이해하는 현명한 리더라면 이를 무시할 수 있어야 한다. 추가적인 이점으로는 향후 똑같은 유형의 문제점이 훨씬 덜 발생할 것이라는 것과 새로운 변화를 더욱 빠르게 수행할 수 있다는 것 그리고 모든 자율적 워크그룹에 있는 LMDS를 통해서 지속적인 개선을 이루어낼 수 있다는 점 등을 들 수 있다.

현재의 이니셔티브 수정과 합리화를 통해 수행자원을 끌어모을 수 없는 드문 경우일지라도 전략적 경쟁 우위를 위해 지불하기에 너무 높은 가격은 얼마일까? 다양한 현장 규모에 걸쳐 일하는 직원 수에 대한 멘토의 일반적 비율은 대략 1 대 250 정도이다. 새로운 기술과 혁신(예를 들어 신제품과 신서비스의 개발, EIS 소프트웨어 시스템 등)은 자본의 지출은 말할 것도 없고 훨씬 더 많은 수행자원을 필요로 한다. 뿐만 아니라 본질적으로 위험부담이 크고 단기적인 경쟁력 우위만을 제공할 뿐이다. 아무것도 지불하지 않고서는 귀중한 것을 얻을 수 없는 법이다. 오피스카이젠은 엄청난 가치를 가지고 있다. 오피스카이젠은 장기적이고 자립적이며 지속적으로 증가하는 전략적 경쟁 우위를 제공할 것이다. 그러나 이를 위해서는 멘토가 기능하는 것이 필수적이다. 멘토링은 고기술 혁신과 비교했을 때 저렴한 비용으로 적용할 수 있다. 그러나 그 비용은 반드시 지불해야 한다.

멘토의 대상은 무엇인가?

다음에서 제시하는 것은 멘토의 대상이 되는 주제, 프로세스, 활동, 개념들에 관한 것이다. 이것이 전부는 아니겠지만 가능한 한 많은 것을 설명하도록 하겠다. 무엇보다 멘토링이 무엇을 의미하는지 유념하도록 하자. 멘토링이란 기본적 원리를 교육하고 처음에는 어떻게 과업을 수행해나갈지에 대해서 설명한다. 또 이후의 성과에 대해서 관찰하고 지도하며 지속적으로 성과에 대해서 피드백을 제공하는 것이다. 멘토링은 매일 이루어져야 하며 그 대상은 현장 경영진, 임원추진위원회 멤

버, 챔피언, 변화관리팀 리더, 변화관리팀 멤버, 모든 회의, 변화관리팀
과 관련된 중간급 관리자와 감독자 그리고 LDMS를 수행하고 있는 자
율적 워크그룹 등이다. 멘토링의 주제, 개념, 기법, 기술 등의 몇 가지
를 들어보면 아래와 같다.

- 임원추진위원회의 설립과 선출
- 회의 관리와 임원추진위원회 회의의 코칭
- 현재의 모든 변화 이니셔티브 확인
- 필수적인 현재의 프로그램, 전문용어, 기업 문화를 종합하고 통합
  하여 오피스카이젠 수행을 조정하고 수정
- 현재 변화 이니셔티브를 위한 예비 차터의 작성
- 예비 차터의 구조와 각 변화관리팀의 개발에 관해 임원추진위원회
  를 코칭
- 임원추진위원회와 변화관리팀의 차터 협상을 코칭
- 현재의 각 변화 관련 이니셔티브에 대한 챔피언 선정
- 적절한 챔피언의 태도 코칭
- 현재의 각 변화 관련 이니셔티브에 대한 팀 리더 선정
- 적절한 팀 리더 행동 코칭
- 현재의 각 변화 이니셔티브를 수행할 팀의 선정과 구성
- 적절한 변화관리팀 회의 관리의 코칭
- 변화관리팀의 차터 구조와 개발의 코칭
  • 브레인스토밍 기법
  • 스케줄 개발

- 즉시 실행가능한 일 개발

- RACI 개발(역할분담 차트 구성)

- 변화관리팀 멤버가 조직의 다양한 수준과 협업할 수 있도록 지도

  - 감독자

  - 자율적 워크그룹

  - 관리자

  - 기술 담당자

- 현재 절차들의 현황 다이어그램의 개발 코칭

- 현재 절차들의 미래 다이어그램의 개발 코칭

  (위의 두 가지 아이템은 리엔지니어링 플로우차트의 구성요소들이다)

- 변화관리팀과의 프로젝트 관리를 코칭

- 스케줄 이행과 달성

  - 비용/수익 츠적

  - 메트릭스 개발

  - 조직과의 커뮤니케이션

  - 지속적 지원 메커니즘의 개발과 보장

- 개별 자율적 워크그룹에 LDMS의 설치를 코칭

  - PVD

  - DWGM

  - KAS

  - KCG 20 Keys

  - 단기간 리더십

  - 메트릭스 개발과 추적

- 오피스카이젠과 리엔지니어링 전격추진
  - 계획수립
  - 주간 전격추진 지도
  - 사후 추적검토('청소' 주간)
- 오피스카이젠 수행 계획의 개발
- 직무분석(day-in-the-life-of, DILO)
- 일반적인 '5S' 방법
- 구조적 문제해결
- 7개 품질관리 기법
  - 운영차트
  - 간략한 플로우차트 수립
  - 히스토그램
  - 파레토차트
  - 인과 다이어그램
  - 산점도
  - SPC차트
    - 변수차트
    - 속성차트
- 작업구역 조직화(조명, 라벨 등)
- 작업 흐름 밸런싱과 레벨링(현장 및 워크그룹)
- 칸반(Kanban, 도요타 생산 시스템 중의 하나) 배치와 설계(보험, 은행 비영업 부문 등과 같은 대규모 환경)
- 셀 배치와 설계

- 다용도 기술 매트릭스

- 공개 참여와 피드백

- 재정 분석(비용/수익 연구를 위한)

- 오류 검사 접근법

모든 조직들은 각종 기법, 접근법, 방법론을 사용함으로써 위에 제시한 수많은 아이템들을 확인해낼 수 있다. 멘토링의(SLIM-IT 전반의) 효용성은 필요할 때 가장 적절한 방법을 사용할 수 있도록 보장하는 테 있다. 불행하게도 많은 조직들은 '망치중상(hammeritis)'으로 시달리고 있다(만약 당신이 가진 것이 망치뿐이라면 보이는 것은 모두 못뿐이라는 것이다). 따라서 어떤 기법을 적용하게 된 이유도 '전문가'가 자신이 알고 있는 지식의 범위에서 적용하고자 하기 때문이다. 지식과 경험을 가진 멘토는 각각의 상황(도두 오피스카이젠의 틀 내에서)에 적합한 최적의 기법과 방법론을 결정하기 위해서 상기 사항(그리고 가치흐름지도 등과 같은 다른 방법론)으로부터 추론해낼 수 있는 능력이 있다.

오피스카이젠의 교육장소

멘토에게 필요한 기술과 지식을 확장시켜 목록을 작성해보면 오피스카이젠의 성공을 위해서 상당한 교육훈련이 멘토(현장 지도자/조정자)에게 제공되어야 한다는 사실을 알 수 있다. 멘토 교육은 직무에 대해 실시간으로 이루어져야 한다. 그리하여 습득한 기술을 현실에 바로 적용할 수 있어야 한다. 만일 멘토가 전형적인 조직에서 발생하는 산만하고 무질서한 일련의 사건들을 처리할 수 있는 법을 배우지 못한다면 그들의 성공은 제한적일 것이다. 따라서 멘토의 교육 담당자는 베테랑 현장 종사자로 '모든 것을 보았고', '모든 것을 완수한' 경험이 있는 사람이어야 한다. 최상의 교육을 위해서는 6~10주간의 교육 프로그램을 멘토에게 제공함으로써 그 속에서 그들이 실제 현장에서 발생하는 상기 리스트의 방법과 기법들을 배우고 실행하고 지도하며 멘토의 역할을 할 수 있어야 한다. 이 과정에서 서로 다른 '문제점들'을 가진 몇몇 현장들을 순회하는 과정을 포함하는 것이 좋다.

다른 직원들에게 제공되어야 하는 교육훈련의 유형은 과거의 전통적인 교육 프로그램에서 제공하는 것과는 다르다. 통계에 근거한 프로세스 관리나 문제해결 방법론과 같은 지엽적 기술 기법에 대해서 많은 수의 직원들과 관리자들을 대상으로 하는 교육이 교육 직후 체계적인 방식으로 활용되지 못한다면 아무런 의미가 없다. 오피스카이젠은 변화관리팀이나 자율적 워크그룹 등과 같은 구조를 제공함으로써 교육이 필요한 사람들에게 그 방법론이 적절한지의 여부와 언제 그것이 필요한지를 정확하게 제시한다. 그리하여 대부분의 업무 현장에서 대부분의 사람은 그들이 어떤 기법과 기술을 사용할 때 멘토가 있는 것처럼 그 기법과 기술을 배우게 된다.

예를 들어 가치흐름 분석을 강의실에서 교육하는 대신 직원들은 그것을 사용하는 변화관리팀의 일원이 되거나 전격추진 활동에 참여함으로써 가치흐름 분석을 교육받는다. 가치흐름 분석을 이미 활용한 어떤 팀의 브리핑을 듣는 것도 교육이 될 수 있다. 이를 통해 현장에서 활용되지 못하거나 시간이 지남에 따라 잊혀지는 교육 프로그램에 투여하는 비용과 시간 낭비가 사라질 것이다. 누군가는 이러한 방식으로 인해 많은 직원들이 어떤 기법이나 기술에 대해 무지한 채로 방치될 수 있다고 말할 것이다. 틀린 이야기는 아니지만 그것이 현실이다. 다른 사람들이 그들에게 설명해줄 수 있고(이는 결코 어려운 일이 아니다) 그들은 변화관리팀과 전격추진팀에 직접 참여하는 기회를 통해 스스로 이를 활용함으로써 충분히 빠른 시간 내에 습득할 수 있을 것이다.

그럼에도 불구하고 각 업무현장의 관리팀에게 약간의 입문 교육은 필수적이다. 입문 교육에는 중간 관리진도 포함될 수 있다. 업무현장의 임원추진위원회와 중간 관리진에게는 오피스카이젠이 '무엇인지(what it is)'와 '어떻게 이뤄지는지(how it works)'에 관한 요소들을 교육해야 한다. 즉, 그들은 현장에서 어떤 일들이 발생할 것인지에 대한 개략적인 큰 그림을 이해할 수 있어야 한다. 이는 이 책의 내용과 곤심 사이기도 한 집약적으로 구성된 '이틀간의 워크숍'을 통해서도 이루어질 수 있다. 물론 이 집단의 각 멤버는 적어도 한 가지 전격추진 업무의 풀 타임 작업자(worker-bee)로서 참여해야 한다.

수행 대안들

과거에 조직들이 EIS 시스템, 광범위한 리엔지니어링 노력, 기업 재편성(shake-ups)' 등의 대규모 이니셔티브를 수행하기 위하여 사용했던 7가지 기본 접근법들이 있다. 그 접근법들은 SLIM-IT의 멘토링 요소를 제공하기 위해 가능한 방법론으로 생각할 수도 있다. 지금부터 오피스카이젠의 수행을 지원하기 위한 각 대안들의 적합성에 대해서 간략히 논의해보도록 하겠다.

1. 현장 관리진에 의한 열렬한 시도 — 이 접근법에서 리더십 팀은 첫 번째 임원추진위원회 회의를 주관하고 시작을 담당한다. 이는 현장 리더십이 능동적으로 참여하기 위해서 필수적이므로 마치 이상적인 접근법처럼 보일 수도 있다. 기존 관리팀이 외부의 도움 없이 조직을 멘토링할 때 한 가지 중대한 리더십 사례를 들 수 있다. 불행히도 이론적으로 이상적인 접근법이라 할지라도 실제로는 거의 효과가 없다. 5,000개 중 유일하게 한 개의 관리팀만이 지식, 기술, 시간, 용기를 적절히 조합하여 조직과 자신을 멘토링하고 LDMS와 전격추진 활동을 수행할 수 있다. 이 접근법이 이뤄지면 보통 이니셔티브는 6개월 뒤에 종결되고 만다. 6개월 뒤에는 승리를 선언하고서 다음 '프로그램'을 시작하는 것이다.

2. 현장 관리진의 '지침'(decree) – 이 접근법은 모두에게 잘 알려진 방식으로서 수없이 많은 이니셔티브들을 말살해버린 '메모 발송(send out the memo)' 수행 접근법이다. 현장 관리진은 기존에 자신이 수행하고 있는 활동들이 임원추진위원회의 역할을 모두 완수해내는 것이라고 말하면서 부서관리자들에게 LDMS의 수행을 지시한다. 그러나 6~9개월 동안 무작위적이면서 손실만 초래하는 활동들로 인해 혼란만 가중될 뿐이다. 이런 혼란은 관리진이 이제 관심을 잃었다는 사실을 모두가 알게 되었을 때가 돼서야 끝이 난다.

3. 기존 현장 고육훈련가 – 모든 현장에는 기술 훈련가와 경영품질 훈련가가 있다. 근시안적인 리더는 오피스카이젠을 또 다른 기법의 한 가지로 이해할 뿐이다. 그리고 일반적인 교육훈련 담당자도 이를 처리해낼 수 있다고 생각한다. 그러나 조직의 더 높은 수준에서 멘토로 활동하기 위해 필요한 리더십 능력, 광범위한 관리적 배경, 관리기술 등을 가진 교육훈련가는 거의 없다. 뿐만 아니라 솔직하고 단호한 방식으로 관리팀을 다룰 수 있는 개인적 영향력과 확신을 가진 경우도 드물다. 이 접근법은 관리자의 저항으로 모든 멘토의 제안이 좌절되는 것처럼 3~5개월 뒤에는 하나의 수단적 프로그램으로 전락하게 된다. 그리하여 좋은 시도들이 몇 개의 작은 주거니에 담긴 채 무관심과 무시가 넘치는 광대한 터다위에서 표류하는 결과만 낳을 뿐이다.

4. 현장 멘토를 선정하고 '필요할 때 교육한다(learn-as-you-go)' – 좋은 품성을 가진 열정적인 인물을 멘토로 선정하여 몇 권의 책을 읽도록 하고 약간의 교육과 훈련을 수행한 뒤 현장에서 실무를 시작하도록 한다. 기법과 방법론에 있어서 다소 취약한 배경이 였기는 하지만 이는 위의 두 번째 시나리오와도 유사한 상황이다. 좋은 인물을 선정할 때에는 우선 매우 열정적인 집단을 대상으로 한다. 이들은 보통의 저항, 경영진의 간섭, 리더십 부재 등에 부딪힐 때 교육 훈련자들에 비해서 신속하게 떨어져 나간다(교육자들은 그들이 이끄는 모든 이니셔티브에 대해 이러한 문제점들에 직면한다. 그리하여 무관심을 다루기 위해 강경한 입장을 취하게 된다). 이러한 유형의 노력은 대개 매우 빠르게 생명을 다한다. 그리하여 멘토에

대한 부정적인 느낌만 남겨놓을 뿐이다.

5. 회사의 '지원' - 중국속담 "산은 높고 황제와 공산당 수뇌부는 매우 멀리 있다"는 오늘날에도 유용하게 적용되는 속담이다. 이 속담을 오늘날 상황에 적용하면 기업의 직원들이 당신을 성가시게 하지 않는다면 그들을 초청하지 말라는 말이다. 초청장을 발송하는 것은 온갖 위험이 따른다. 문제는 중앙부서 직원들 중에 오피스카이젠을 지원할 수 있는 기술이나 배경을 가진 인물이 극히 드물다는 사실이다(전통적인 조직에서 일하는 그들이 어디에서 배울 수 있었겠는가?). '지원' 내용을 살펴보면 대부분 몇 가지 전격추진이나 철학, 통합되지 않은 별개의 도구들에 대한 강의실 교육훈련이다. 이는 최악의 상황이다. 교육훈련은 SLIM-IT의 핵심적 구조를 포함하지 않을 것이며 포함하더라도 매일의 일상적 상황에서 핵심적 멘토링을 제공하지 못할 것이다. 위험은 시간과 자원의 낭비는 차치하고 몇 가지 방식으로 자신을 나타낸다. 첫째, 한 번 시작하면 아무런 소용이 없다는 것이 분명해졌을 때에도 '지원'을 멈추는 것이 불가능하다. 둘째, 지원자는 정기적인 '현황보고'를 필요로 한다. 현황보고는 점점 더 규모가 커지고 복잡해질 것이다. 셋째, 현장은 추가적인 도움을 받지 못하는 것에 실망할 것이다. 이는 '우리의 접근법'과 '상충'하기 때문이다. 이러한 접근법은 대략 6개월에서 1년 내에 흐지부지될 것이다. 이와 함께 현장 경영진들은 '그 임무를 완료하지 못했기' 때문에 교체된다.

6. 외부 자원을 통한 오피스카이젠 수행(동시에 관리진은 평상시의 직무를 수행한다) - 이는 많은 기업들이 컨설턴트를 활용하는 방법이다.

가장 큰 문제점은 현장의 리더십 팀이 수행에 대한 주인의식을 가지지 않는 데 있다. 그리하여 컨설턴트가 떠났을 때 오피스카이젠을 지속시키기 위해 필요한 기술과 지식 기반을 개발하려 하지 않는다. 이는 심장 수술에 관한 수많은 책을 읽고 해부도를 보며 수술을 지켜보는 것이 직접 수술을 집도하는 것과 다르다는 사실과도 같다. 능숙하고 성공적인 외과 수술에 필요한 눈과 손의 상호 협조(eye-hand), 인지 피드백 루프(cognitive feedback loop)는 매일 반복적으로 멘토를 받는 실전 연습을 통해서 배울 수 있다. 다른 문제점으로는 컨설턴트가 모든 것을 수행한다면 컨설턴트의 표준적 접근 방식을 적용함으로써 현장의 특별하고 고유한 도구를 통합시킬 수 있는 재조정 작업이 최소화된다는 사실이다. 이와 같은 접근법은 초기에는 순조롭게 작동한다. 현장의 리더들은 특별히 다른 것을 할 필요가 없기 때문에 현장 리더십 팀이 매우 선호하는 방식이기도 하다. 그러나 이러한 접근법을 통한 노력은 컨설턴트가 떠난 후 1년 내에 무너지고 말 것이다. 일상적인 리더십의 실책과 관심의 결핍은 부적합한 신호를 보내게 되고 점차적으로 회전 기어에 모래를 부어버리는 격이 될 것이기 때문이다. 1년이 지난 뒤에 남는 것이라고는 단호한 몇몇의 개인 감독자와 관리자들이 지탱하고 있는 한 줌의 탁월함뿐일 것이다.

7. 외부 자원들이 '멘토와 경영진을 멘토링함' – 이 접근법은 '리더들이 직접 수행하는' 방법과 조직의 현실, 특별한 기술의 유효성, 컨설턴트 방식의 경험 사이에서 최적의 균형점을 찾는 방식이다. 처음 시작할 때부터 기존의 현장 관리팀은 SLIM-IT 직무의 모든 것

을 수행하도록 한다. 그리고 컨설턴트들이 매일 이에 대해 멘토링한다. 동시에 컨설턴트는 특출한 현장 직원들을 선정하여 멘토가 되도록 훈련시키는 일을 돕는다. 이때 교육훈련은 업무진행중 실시간으로 행해진다. 과업 수행이 정상적으로 이뤄지는 때가 되면 현장에서는 '오피스카이젠을 수행하는' 경험 많은 관리팀을 갖게 될 것이다. 또 조직의 신임을 받고 경험이 많으며 어떤 임무든 책임질 수 있는 유능한 멘토들을 확보하게 될 것이다. 만일 그들이 각자의 직무를 이행하도록 허락된다면(예를 들어 2년 동안 업무재조정이라든지 극적인 관리의 리더십 변화 등이 없다면), 이 접근법은 인간의 노력이 할 수 있는 만큼 오류 검증을 하는 것이 된다.

멘토링은 쉬운 일이 아니다. 그러나 올바르게 수행한다면 향후 수년 내에 10배, 10년 내에 백 배의 시간과 노력을 현장의 최일선에서부터 절약할 수 있을 것이다. 현장 리더나 두 군데 이상 현장을 책임지는 경영진의 임무는 각 현장에서 '눈속임'이 아닌, 실제로 필요한 멘토링을 받도록 보장하는 일이다. 유능한 멘토는 고통스러운 변화를 이끌어내므로 이를 수행하는 데에는 언제나 엄청난 압력이 있기 마련이다. 진정한 리더는 필연적인 불평들에 대해 확신을 다시 불어넣을 수 있도록 말하면서 동시에 사람들이 올바른 일을 하도록 강요할 수 있어야 한다.

The KCG 20 Keys 접근법

조지가 제시한 최신 아이디어를 논의하기 위해 조지의 리더십 팀 중 몇 명이 모였다. "우리가 이런 일을 하지 않게 되어서 정말 다행입니다. 이 것은 전반적인 절차를 간단하게 변경하는 것으로 해결될 일이 아닙니 다." 회사 혁신추진 본부의 부사장이 멘토링과 관련한 단원을 대강 읽어 보며 외쳤다. "오피스카이젠은 대단한 결과를 가져올 것입니다. 이는 우 리 모두의 기대와 태도가 바뀔 것을 강력히 강조하고 있습니다." 관리본부의 부사장이 말했다. "나도 그러길 바랍니다. '획기적인 시도'를 하게 되면 우리 팀은 마치 젊은이들이 자신의 미래를 준비하듯 열정을 가지고 있다는 것을 의미하기 때문이지요." 인적자원 담당 부사장이 덧붙였다.

동시에 조지의 머릿속은 끊임없는 걱정으로 가득 찼다. 그는 초기에 가졌던 많은 혁신 프로그램들에 대한 열정이 처음 몇 가지를 성공한 후 사라져버렸다는 것에 주목했다. 이제까지 고객만족이 수년 동안 후퇴하고 있다는 것도 기억하고 있었다. 고객만족 지수가 산업평균(the industry median)을 웃돈다는 조사 결과가 나오자 빅인슬로우사는 의욕이 시들해졌다. "모든 관리자와 현장 직원들은 우리가 충분히 잘 해내고 있다고 느끼기 시작했어." 조지는 생각했다. "결국 포커스가 흐려지고, 조직규율은 유야무야 되고 뭔가 하려고 하는 노력은 없어져버렸다. 이러한 함정을 피하기 위해 오피스카이젠은 무엇을 해야 하는가?"

'몇 개'의 중요 요인을 구별해내어 그 항목에 대해 개인이나 팀들의 수행 정도를 평가하는 것은 전혀 새로운 개념이 아니다. 그러나 KCG 20 Keys 접근법은 이제까지 해왔던 '개선이 필요한 것들'에 대한 방식과는 차별되는 몇 가지 중요한 특성을 가진다. 사실 오피스카이젠의 장기적 성공은 이러한 차별성에 달려 있다.

오피스카이젠에 1~2년 정도의 노력을 기울였고 일이 잘 진행되고 있다고 가정해보자. SLIM-IT은 활성화되어 잘 운영되고 있으며, LDMS는 모든 자율적 워크그룹에 정착되었다. 모든 변화 추진 활동은 임원추진위원회-챔피언-차터-변화관리팀의 구조로 운영된다. 당신은 활력을 느끼고 조직의 하부구조에서부터 성과가 나오는 것을 확인할 수 있다. 계속되는 골치 아픈 문제들은 사라지고 방문자들은 일이 처리되는 것을 보고 감동을 받는다. 내·외부고객의 불만은 줄어든다. 관리진들은 미래 혁신에 대해 한 번에 5분 이상씩 생각할 시간을 가진다. 더 나아질 것이 없어 보이겠지만 오피스카이젠으로도 그것을 해결하는 것은 결코 쉽지 않다.

대부분 예외 없이 처음에는 수군거리는 소리나 시비조의 말이 거의 들리지 않겠지만 전혀 상상하지 못했던 방식의 방해를 만나게 될 것이다. "왜 우리가 더 나은 상태를 유지해야 하나요? 우리는 이미 세계적인 수준입니다. 강하게 밀고 나가야 하는 이유가 무엇인가요?" 조직의 많은 사람들은 더 나아지는 것이 필요한지, 가능하기는 한지에 대해 믿을 만한 이유를 찾지 못할 것이다. 일정 기간에 걸쳐 상당한 개선 노력이 있은 후, 그들은 자신의 조직이 세계적인 수준이라고 믿고 싶어 할 것이다. 실제는 업계의 다른 회사들에 비해 단지 보통이거나 양호한 수준일 뿐인데도 말이다.

이러한 왜곡된 관점은 세계적 수준을 향한 모든 노력의 과정에서 사라져야 할 장애물이다. 가능한 모든 커뮤니케이션 채널을 동원하여 경쟁자의 비용, 가격, 시장압력에 대해 끊임없이 의사소통을 함으로써 문제를 줄일 수 있다. DWGM을 실시하는 장소에 상시 상황 검토와 함께 차트를 PVD에 붙여놓는 것도 도움이 될 것이다. 그러나 언젠가는 불만이 터져 나올 것이다. 관리자들이 가능한 방법을 다 동원하여 직원들을 '쥐어짜려고' 한다고 믿는 것은 당연하다. 오피스카이젠으로 전통적인 리더십의 고질적인 습성을 완전히 지우려면 1~2년 이상이 걸린다.

KCG 20 Keys의 접근법은 장애물이 나타나기 전에 이를 극복하면서

SLIM-IT 실행을 가속화시킨다. KCG 20 Keys는 처음부터 일련의 세계적 수준의 벤치마크(기준점), 기대성과의 수준, 개선을 위한 로드맵을 각 자율적 워크그룹에 수립해준다. 또 조직이 세계적인 수준 대비 현재 어디쯤에 위치하고 있는지 정확하게 보여주고, 모든 워크그룹에 일관성 있는 접근 방법을 제공해준다. 그것은 독특한 작업상황과 기능에 대해서는 변경 맞춤적용도 가능하다.

이것은 마치 어떤 이니셔티브나 프로그램이 파도에 휩쓸려 조직이라는 해안으로 떠밀려왔다가 칠흑 같은 심해로 다시 되돌아갈 때마다 우리에게 보고서 작성이라는 쓰레기 더미를 남겨놓는 것 같다. 게다가 프로그램은 '좀비'가 된다. 프로그램의 영혼(목적)은 이미 죽었지만, 섬뜩하게 죽지 않고서 보고서 작성이라는 엄청난 숙제를 워크그룹들에게 남기게 된다. 그 결과로 악취가 나고 유독성의 생산성을 갉아먹는, 눈에 보이는 엄청난 낭비가 발생한다. 좀비에게 생명이 없다는 것은 누구나 알고 있지만 그것에 도전하기를 겁낸다. 또 누가 그것을 통제하는지 모른다. 누구도 그 이상을 알 필요가 없다. KCG 20 Keys 접근법은 성과 결과를 평가하지 않는다. 대신 자율적 워크그룹이 오피스카이젠의 프로세스를 얼마나 잘 수행할 것인지 결정할 수 있게 한다. 결과가 중요하지만 대부분의 조직은 이미 1,000년이나 걸릴 정도의 엄청난 보고서를 작성해야 한다. 우리는 11장에서 오피스카이젠식 메트릭스 활용 방법에 대해 논의할 것이다.

성과 결과를 측정하는 것과 프로세스 실행 향상도를 평가하는 것을 구분하는 일은 중요하다. 이것을 설명하는 데 도움이 되는 예로 골프가 있다. 골퍼가 티샷을 향상시키고 싶다면 드라이브 거리를 자세히 기록

하고 장타를 만들어내는 요인이 무엇인지 알아내려 노력하면서 그게 따른 향상도를 측정할 것이다. 공을 칠 때의 발의 위치, 날씨, 기분, 에너지, 식이요법, 수면시간 등을 예로 들 수 있을 것이다. 만약 골퍼가 우연히 다른 브랜드의 공으로 좋은 티샷을 치게 되면 공이 원인이었다고 생각하고 다른 브랜드의 공으로 바꿀 것이다. 하지만 많은 골퍼들이 증명하듯 공을 바꾼다고 해서 크게 개선되는 것은 아니다. 관리자들도 성과 메트릭스에서 똑같은 실수를 범한다. 한 번 좋은 성과를 냈다면 그것이 무엇이건 간에 또 효과가 있을 것이라고 가정해버린다. 복잡한 프로세스에 영향을 미치는 대부분의 요인은 외부에 존재하고, 알려지지 않은 채로 숨겨져 있으며, 다른 영향 요인과 뒤섞여 무작위적이기 때문에 발견하기 어렵다. 이와 같이 개선에 기인한 요소라고 믿게 되는 것들은 겉으로 인지할 수 있는 무엇이겠지만, 대부분의 경우 근본적인 원인은 인지할 수 있는 수준으로 드러나는 법이 없다.

이러한 복잡한 상황에 직면하게 되면 현재 상태에 안주하기를 좋아하는 대부분의 관리자들은 '좋은 관리진'이 좋은 성과를 낸다고 가정한다. 그래서 좋은 성과를 내는 시기에는 보통 상급 관리자들이 하위 관리자들에게 '지금 하던 대로 계속 하면서 내년에는 지금보다 수익을 5%더 내라'고 권고하곤 한다. 하급 관리자들은 보통 일관된 경영철학이나 전략(포커스와 구조)을 적용하지 않기 때문에, 그들의 노력은 알 수 없는 영향 요인으로 인해 거친 스윙을 만들어낸다. 많은 골퍼들이 이런 비슷한 현상을 경험한다.

골퍼들의 실력을 향상시킬 더욱 효과적인 방법이 있다. 그들의 드라이브(일반적인 발의 위치)를 분석해줄 프로골퍼를 고용해서 몇 라운드에 걸쳐 코칭을 받는 것이다. 이러한 코칭은 구조화되고 조직규율화된 접근법을 발전시키기에 좋다. 훌륭한 프로골퍼는 학생들이 거리에 초점을 두기보다는 세계적 수준의 골프 샷을 만들어내는 개별적인 요소들을 마스터하는 과정에 중점을 두게 한다. 즉, 좋은 자세와 습관을 개발하면 드라이브 거리는 자연히 길어진다. 이것이 바로 KCG 20 Keys 접근법의 임무다. 각각의 Key는 오피스카이젠의 철학을 기반으로 만들어져 있다. 각각의 개별 워크그룹은 세계 수준의 성과라는 '오피스카이젠 그린'으로 향하려면 어떻게 '티 위의 공을 스윙해야만' 할 것인가를 염두에 두고 제한된 범위의 세계적 수준의 카테고리들에 초지일관 초점을 맞춘다.

예를 들어 오피스카이젠의 KCG 20 Keys 중 하나는 PVD이다. 이 Key를 (다섯 단계 중) 두 단계 향상시키려면 워크그룹은 80% (5일 중 4일)의 최신 정보가 들어 있는 PVD를 가지고 있어야 한다. 네 번째 수준에 이르려면 PVD는 99% 정확하고 적시적이며 (몇 개월에 한 번 정도의 정보 누락) 팀원들은 PVD 유지 관리에 대한 책임감을 가져야 한다. 모든 자율적 워크그룹이 DWGM에 PVD를 사용하면 오피스카이젠이라는 검 (드라이버)을 쓰기 전에 눈에 보이는 낭비가 많이 줄어들 것이다. 결과를 어떻게 측정하든 예외 없이 올바른 프로세스는 항상 올바른 결과를 가져온다. 이렇게 하면 시간이 지나면서 전략적 경쟁 우위가 만들어진다. 이것은 결과가 아니라 과정에 똑같은 주의를 기울이면 보통 골퍼들의 핸디캡도 3~10개의 스트로크가 줄어드는 것과 같은 원리다.

KCG 20 Keys에는 많은 버전이 있다. 서로 다른 기능을 하는 자율적 워크그룹은 각기 다른 버전을 가진다. 즉 고객 서비스, 인사부, 영업,

마케팅, 제조업, 제품 개발과 같은 워크그룹에 적합한 버전들이 각각
따로 있다. 이름에서 알 수 있듯이 오피스카이젠의 KCG 20 Keys는 사
무 관련 모든 자율적 워크그룹에 적용가능하다. 그림 9.1은 오피스카
이젠을 성공시키는 데 필요한 20가지 요소를 보여준다.

〈그림9.1〉 오피스카이젠 KCG 20 Keys의 20 Key 카테고리

1. 리더십	2. 문서자료 관리
3. 마감시한과 책임	4. 역량
5. 시간관리	6. 작업장 배치
7. 기술의 유연성	8. 역할과 책임
9. 주인의식	10. 청결과 정리
11. 일일 워크그룹 회의	12. 문제해결
13. 내부 고객 서비스	14. 우선순위 관리
15. 업무 표준	16. 주요 게시판
17. 시간관리와 몰입	18. 메트릭스와 측정
19. 예산과 비용	20. 외부고객 서비스

만약 특정 Key가 어떤 상황에 적합하지 않다면, 새롭게 고안된 Key로
교체해야 한다. 가능하다면 최소 6개월 동안은 그림 9.1(세부적인 것은
부록에서 소개)의 Key모음을 활용하다가 변경하는 것이 좋다. 그 시점에
가면 한 때 중요해보였던 사소한 '문장'이 보통 불필요하게 여겨진다.

각각의 Key는 성과 수준에 따라 다섯 단계로 나눠지며 1은 가장 낮은 수준, 5는 가장 높은 수준을 나타낸다. 모든 워크그룹은 상정된 20점에서 시작한다. 반점이나 소수점은 없다. 어떤 Key에 대해 목표한 수준까지 달성하지 못하면, 그 Key는 한 단계 낮은 수준으로 평가된다. 이렇게 하면 소수점을 가지고 장난을 치려는 얄팍한 수법이 저지된다. 최고 점수는 100점이지만 거의 불가능한 점수다. 지금껏 만난 워크그룹이나 팀의 최고 점수도 67점이었다.

각 Key의 수준은 1~3개의 문장으로 서술되어 있다.

표 9.1은 각 Key 레벨에 대한 일반적인 가이드라인을 보여준다. 이것은 각 Key 수준에 대한 구체적인 정의를 할 때 활용될 수 있다. 표 9.1에 나와 있는 평가 척도 지침은 다음의 목적들을 만족시키기 위해 만든 것이다.

1. 모든 워크그룹은 20점에서 시작한다. 이렇게 하면 100점 만점에 2점이나 5점이 만들어내는 패배주의를 피할 수 있게 된다.

2. 각각의 수준별 정의는 전통적 방식으로 운영되는 조직에서 적절한 일을 수행하는 자율적 워크그룹이 25점에서 35점을 초기 점수로 주도록 설계되었다. 만일 자율적 워크그룹이 35점 이상이라면 매우 일을 잘하는 그룹이라는 것을 의미한다. 만일 45점 이상이라면 전통적인 방식으로 운영되는 조직에 비춰볼 때 아주 뛰어난 그룹임을 나타내거나, KCG 20 Keys 실행팀에 대해 유효성 검사가 필요함을 나타낸다.

3. 수준 1에서 2로 이동하는 것은 비교적 쉽다. 그러나 수준 3으로 올

라가는 것은 더 어렵고 수준 4로 올라가는 것은 매우 어렵다. 몇몇 Key는 수년의 기간이 지나도 수준 5에 이르는 것이 거의 불가능하다. 따라서 첫 해와 둘째 해에는 점수 산정을 용이하도록 하는 설계가 중요하다. 그것은 그룹의 신뢰를 구축하는 것으로 업무가 하부조직으로 갈수록 힘들어질 때 그룹은 어떤 것이든지 할 수 있다는 믿음을 가지게 한다.

위의 가이드라인을 개인의 골프 경기를 위한 KCG 20 Keys 개발에 활용한다면 (개인에 대한 Key를 개발하는 것은 복잡하고 수월하지 않다. 이것에 대해서는 이 장의 마지막 부분에서 논의할 것이다) 첫 번째 Key는 '드라이브 샷 치기'가 될 것이다. 표 9.2는 이 Key의 5가지 수준에 대한 설명이다.

〈표9.1〉 자세한 Key 수준의 개발을 위한 일반 지침

수준	수준의 정의	일반적인 특성
1	전통적	일반적인 혼란(반발적인, 거의 없는, 나쁜 시스템), 많은 문제, "아, 글쎄…"
2	학습적	인지는 함, 작은 시도는 있음
3	이끌 수 있는	여러 번 문제가 발생, 때때로 심각해짐
4	세계적	훌륭함(항상 몸에 배인 것은 아님)
5	무적	매끄럽고, 투명하며, 몸에 배인 탁월함

〈표9.2〉 골프의 '드라이브 샷 치기' Key의 5 수준

수준	수준의 정의	일반적인 특성	골프에 맞춰진 특성
1	전통적	일반적인 혼란 (반발적인, 거의 없는, 나쁜 시스템), 많은 문제 "아, 글쎄…"	머리, 팔, 그립, 다리, 어깨의 위치가 변하고 스윙은 파도치는 듯하며 일관성이 없다.
2	학습적	인지는 함, 작은 시도는 있음	그립이 적절하고 발의 자세는 안정적(70% 정도)이고 머리와 어깨는 대부분의 경우 (80% 정도) 라인을 유지한다.
3	이끌 수 있는	여러 번 문제가 발생, 때때로 심각해짐	자세, 그립, 몸의 방향은 잘 유지되며 (전체의 스윙 90%), 백스윙도 대부분의 경우 (약 70%) 일관성 있게 유지된다.
4	세계적	훌륭함(항상 몸에 배인 것은 아님)	자세, 그립, 몸의 방향은 전 스윙에서 잘 유지되며, 백스윙은 대부분의 경우 (80% 정도) 일관성 있게 유지된다.
5	무적	매끄럽고, 투명하며, 몸에 배인 탁월함	교과서적인 바른 자세에서 편차는 1% 미만이다.

대부분의 평균적인 골퍼들은 표 9.2에서와 같이 수준 3 정도 되었을 때 재미를 붙이게 된다. 이 말은 수준 3 정도 되어야 스스로 이끌 수 있는 정도가 되고 보통 수준의 골퍼들에 비해 월등한 수준을 보이게 된다는 것이다. 그렇더라도 세계적 수준이 되거나 무적의 수준이 되지는 못

한다. KCG 20 Keys는 상대평가로 평가하지 않는다. 상위 10위권의 프로골퍼들은 대체적으로 '세계적' 수준에 해당될 것이다. 아주 운이 좋은 날, 이 프로골퍼들은 '무적의' 수준 5를 보일지도 모른다.

수준 5가 최고 중의 최고를 나타내는 이러한 구조는 워크그룹들이 공정성을 유지하도록 만들어주는 메커니즘이다. 그들은 스스로 일을 매우 잘 하고 있다고 생각할 수 있으나, 자신들이 직접 수립한 일련의 Key로 인해 스스로를 속이지 못할 것이다. 일단 오피스카이젠에 동참하게 되면 워크그룹은 이상할 정도로 모든 일에 솔직해진다. 그들은 자신들의 성과에 대해 공정하게 평가하는 것에 마음을 쓰지 않는다. 왜냐하면 자신들이 통제할 수 있는 것들에 대해서만 개선할 수 있다는 것을 알기 때문이다. 오피스카이젠은 LDMS를 실행해야 한다는 책임감을 자율적 워크그룹에게 심어준다(물론 관리를 지원하거나 멘토링하는 것을 포함한다). 상당한 수준의 통제권이 사람들에게 주어지면 그들은 자신들의 만족을 위해, 또한 큰 조직에서 볼 수 있듯이 인정을 받기 위해 기꺼이 열심히 일하려고 한다. KCG 20 Keys를 실행하는 것은 똑바르게 올바른 방법으로 나아가는 것이다. KCG 20 Keys의 성공은 그룹의 PVD에 보여지는 그래프에 달려 있다. 따라서 자율적 워크그룹에 PVD가 정립되고 DWGM에서 잘 활용되기 전까지는 KCG 20 Keys를 소개하는 것은 바보 같은 일이다.

어떤 분야든 자율적 워크그룹에서 KCG 20 Keys를 실행하고 유지하는 일반적인 절차는 다음과 같다.

1. 임원추진위원회에 보고하는 변화관리팀은 각기 다른 그룹이 어떤

KCG 20 Keys의 버전을 사용할지 결정하고 임원추진위원회로부터 승인을 얻는다.

2. 동일한 변화관리팀은 실행계획을 만들어야 한다(즉 누가 워크그룹 리더들에게 SLIM-IT 방법론을 소개할 것인가, 표준 KCG 20 Keys 그래프는 어떤 모양이 될 것인가, 적합한 Key의 버전에 필요한 수정 작업을 어떻게 해나갈 것이고 승인을 받을 것인가 등)

3. 임원추진위원회는 향후 3~4년 안에 도달해야 할 전체 목표 점수가 몇 점인지 결정한다. 각 자율적 워크그룹은 같은 목표를 가진다(4년 안에 70점 달성 목표는 가장 일반적이다).

4. 변화관리팀이 자율적 워크그룹 리더들을 교육한다(KCG 20 Keys가 무엇이고, 어떻게 이루어지는지 등).

5. 각 자율적 워크그룹 리더는 자신의 워크그룹에게 접근법을 소개한다.

6. 각 자율적 워크그룹은 자신의 현재 성취수준을 평가한다.

7. 각 자율적 워크그룹은 자신들의 연간 목표 점수를 계산한다(예를 들어, 현재 수준의 점수가 30일 때 달성해야 할 스코어는 70-30=40, 앞으로 4년이면 40을 4년으로 나누어 연간 10포인트씩).

8. 각 자율적 워크그룹은 차기 년도에 달성할 Key들과 목표 점수를 정한다.

9. 각 자율적 워크그룹은 다음 몇 주에서 한 달 동안 달성할 첫 번째 Key를 선정한다(현재 점수 수준과 현장의 리더가 정한 목표에 기반).

10. 그룹 리더가 이끄는 각 자율적 워크그룹은 선택한 첫 Key에 대해 처음 목표한 점수를 달성하기 위한 계획을 세운다.

11. 각 목표 점수가 달성될 때마다 PVD상에 게시된 KCG 20 Keys 그
    래프에 결과를 반영한다. 그리고 다음 점수에 도달하기 위한 계
    획을 세우고 게시하고 실행한다.

12. KCG 20 Keys를 실행하는 팀 또는 관련 현장 관리팀은 '공식적
    인' 감사를 6개월 단위로 실시한다. 이는 강제적인 것이 아니지
    만 자율적 워크그룹이 잘하고 있는 부분에 대해서 긍정적인 관심
    을 제공하는 최고의 방법이다(또한 좀 더 분발이 필요한 부분에 대
    해서는 향상을 촉진할 수 있다).

13. 연말이 되면 공식적인 감사가 실시되고(단계 11을 볼 것), 단계 7
    에서 11은 다음 해에도 반복된다.

단계 5와 6은 좀 더 세부적인 것을 요구한다. 날마다 리더들은 워크
그룹에게 KCG 20 Keys를 소개하는 것이 가장 좋다. 이 회의에서 모든
구성원들은 자신의 워크그룹에 적합하게 정의된 Key의 레벨에 다해
상세한 설명이 있는 자료와 비어 있는 평가그래프를 받게 된다 (이 그래
프는 부록의 오피스카이젠의 KCG 20 Keys를 보라). 그룹의 리더는 각각의
Key의 목적을 설명해야 한다 (예를 들어 벤치마킹, 카이젠 실행의 자기 평
가, 미래 개선 계획 등). 리더는 그룹이 스스로 평가하는 동안 구성원을
코치한다. 이는 한 번에 하나의 Key를 끝내는 것이다. 각 구성원은 한
개의 Key에 대해 Key 수준을 읽고 그룹은 그 Key에 대해 워크그룹이
달성해야 하는 수준을 논의한다.

화이트보드나 종이에 더 큰 형태의 그래프를 그려 늫고, 모든 사람들
이 동일한 그림을 보면서 견해의 다양성을 확인할 수 있으면 좋다 (컬러

스티커를 사용하여 각 개인의 평가수준을 표시한다). 그룹은 현재의 성과 수준을 스스로 평가한 후에, 앞으로 1년 안에 개선해야 할 목표 Key를 선정하고 우선순위를 매긴다. 그리고 나서 첫 목표 수준의 점수에 도달하기 위한 계획을 세운다(PVD에 게시함). 여기까지 2회의 미팅을 통해 끝낼 수 있다.

그림 9.2는 자율적 워크그룹이 초기에 스스로 평가한 그래프를 보여준다. 그리고 다음 해에 선택한 목표를 나타내고 있다. 네모는 현재 상태의 수준을 의미한다. 이 그룹의 초기 평가는 보통의 경우에서처럼 30점이었다. 세모는 그룹이 다음 해 동안 성취할 개선목표를 나타낸다. 워크그룹이 첫 해에 8~12개의 목표 점수를 달성하고, 덤으로 3~5개를 우연히 달성하는 일은 흔히 발생한다. 그 이유는 Key들이 상호 독립적이지 않기 때문이다. 즉, 그것들은 일부분 서로 겹친다. 개선이 충분히 진행되면 다른 영역은 비록 특별히 역점을 두지 않더라도 덩달아 개선의 효과를 누릴 수 있는 경우가 있다.

어떤 특정 자율적 워크그룹에 의해 선택된 수준과 Key는 그룹 관리자, 감독자, 리더가 선택했다면 다를 수도 있다. 모든 Key들이 서로 관련이 있거나 상호 지원적이라는 것은 중요하지 않다. 중요하게 고려할 것은 그룹 실무자들이 함께 일하여(소속감 욕구충족) 그 Key들을 선택했다는 것이다(권한과 자유 욕구충족). 훌륭한 그룹 리더는 그룹이 자신들을 평가하고 Key를 선택하는 것을 지원하면서 큰 영향을 미친다. 그러한 영향력이 없는 자율적 워크그룹의 리더는 그룹이 스스로 선택하여 어떤 개선의 효과를 달성하였다면 그에 대해 감사해야 한다.

설계 한도를 벗어날 정도로 KCG 20 Keys를 '확장시키지(stretch)'

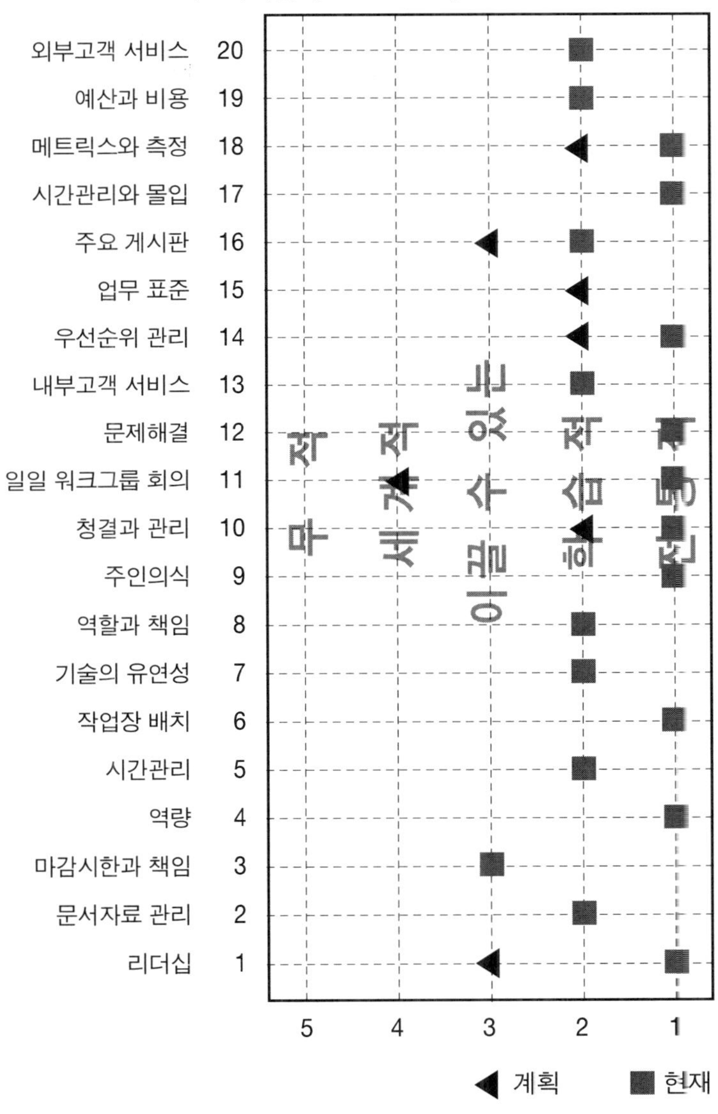

오피스카이젠의 KCG 20 Keys
외부고객 서비스 20
예산과 비용 19
메트릭스와 측정 18
시간관리와 몰입 17
주요 게시판 16
업무 표준 15
우선순위 관리 14
내부고객 서비스 13
문제해결 12
일일 워크그룹 회의 11
청결과 관리 10
주인의식 9
역할과 책임 8
기술의 유연성 7
작업장 배치 6
시간관리 5
역량 4
마감시한과 책임 3
문서자료 관리 2
리더십 1
무적
세계적
이룰 수 있는
한습적
변동적
5 4 3 2 1
계획 현재

말라. 인간은 다른 사람들과 긍정적인 상호작용을 통해 요구하고 이익을 추구한다. 자신의 구성원들에게 소속감 욕구충족을 제공하는 그룹의 기능은 KCG 20 Keys 접근방식의 운영에 대단히 중요한 메커니즘이다. 모든 다른 조건이 동일하다면 이러한 영향력은 그룹의 크기에 정비례한다. 그룹이 7±2명보다 많아 자율적 워크그룹의 적정 규모 이상으로 커지면, 개인은 자신의 욕구충족 면에서 그룹에 덜 의존적이 된다. 그들은 바깥에서 자신들의 욕구를 채워줄 다른 소스를 찾거나 분파를 형성한다. 두 가지 결과 모두 오피스카이젠이 하고자 하는 것들에 해를 끼친다.

KCG 20 Keys와 같은 접근법의 구조에 매료된 많은 기업들은 조직의 큰 부서나 전사에 적합한 일련의 Key들을 개발하고 적용한다. 현장을 통째로 평가하고 (한 현장에 하나의 점수 부여) 난 후 각각의 부서나 영역에 평가 사본을 제공하고 '개선' 하도록 권유한다. 이것은 자기 평가와 계획 수립 방법으로써 효과적이지 않다. 누구도 자신의 영향력 밖에 있는 결과에 대해 책임감을 느끼지 않는다. 그들은 그저 실망할 뿐이다. 어느 개인이나 소규모 집단이 됐던 다음과 같이 생각하는 것은 당연하다. "나는 매일 죽으라 일 하고 제시간에 출근해서 내 일을 빈틈없이 하고 있는데, 그만큼 열심히 하지 않는 일부 사람들 때문에 우리 부서(또는 현장)는 Key17('시간관리와 몰입') 에 대해 여전히 1점 밖에 못 받았구나." 이것이 현장 전체에 일괄 적용되고 있는 메트릭스가 잘 운영되지 않는 이유다. 더불어 직원들은 자기가 통제할 수 없는 일에 대해서는 주인의식을 잘 발휘하지 않는다.

기업이 KCG 20 Keys와 같은 접근법을 적용할 때 저지르는 실수가 몇 가지 더 있다.

1. KCG 20 Keys를 프로세스에 적용하는 것-하나의 프로세스에는 일반적으로 여러 자율적 워크그룹이 연관되어 있다. 보통 각 워크그룹은 프로세스의 일부분만 책임진다. 프로세스에 문제가 생기면, 변화관리팀이 나서서 관여하고 임원추진위원회에 보고해야 한다. 이 팀은 문제 해결을 위해 추가적인 메트릭스를 추천할 수 있다. 단, 메트릭스에 대한 추이가 기록되어야 하고, (혁신 추진 관리자 그룹과 프로세스 향상을 담당하는 자율적 워크그룹은) 필요시 행동을 취해야 한다.

2. KCG 20 Keys를 개인에게 적용하는 것-KCG 20 Keys의 효과를 잘 알고서 "리더십에 대한 KCG 20 Keys가 필요해. 우리 관리자들을 개선시키는 데 도움이 될 거야!"라고 말하는 기업은 드물다. 이렇게 할 수는 있겠지만, 난관은 직관적으로 명확히 예측되지 않는다. 이것은 11장에서 상세히 다뤄질 '활동성(actionality)' 원칙과 연관이 있다. KCG 20 Keys 접근법은 평가중인 그룹이 시정조치를 할 수 있는 수준에서만 효과가 있다. 또한 그룹의 즉각적인 노력이 KCG 20 Keys의 점수를 높이는 데 영향을 미친다는 명확한 연관성을 보여주는 것도 중요하다.

   예를 들면, 리더십 Key 카테고리 묶음들에 대한 대부분의 시드들에는 '팀워크'가 포함된다. 이 Key는 관리자가 속한 분야나 부서가 문제해결을 위해 얼마나 잘 운영되는지를 평가한다. 이 Key의 수준 3은 '팀은 목표와 해야 할 업무, 일정을 대체로 정의할 수 있다'가 될 것이다. 초기 평가 결과가 수준 1("팀워크는 거의 없고 대체로 비효과적이다")이었다고 가정해보자. 문제 해결을 위해 관리자들은 무엇을 할 수 있을까? 아마도 코칭을 제공하는 것 외에는 아무것도 없을 것이다. 정작 개선이 요구되는 사람들은 평가가 되고 있지 않다.

중요한 것은 평가를 받는 사람이나 그룹이 또한 변화를 만들어내야 한다. 중간단계는 생각하지 않는다. 어떤 관리자의 팀워크 Key가 수준 3이라고 할 때, 그 내용은 다음과 같을 때 비로소 납득이 될 것이다. "매주 한 번씩 부서 내 모든 팀의 활동을 적극적으로 검토하고, 중요한 업무를 수행중인 팀에 대해서는 더 자주 코칭을 해준다." 이러한 평가내용은 관리자가 완전히 통제할 수 있는 부분이며, 결과보다는 리더십 행동의 주요 요소를 측정한다.

3. KCG 20 Keys의 진행사항에 대해 보고를 요구하는 것—상부에서 Key의 우선순위나 계획에 대한 정보를 모으고, 그것들을 검토하는 데 시간을 낭비하지 말라. 대신 현장 관리자들과 아래 직원들은 모든 워크그룹이 KCG 20 Keys를 활용하고 있는 것을 확인해야 한다. 그들은 돌아다니면서 관찰하고 읽고 질문해야 한다. 무언가 맞지 않으면 자율적 워크그룹의 리더를 코칭해야 한다. 중요한 점은 프로세스를 관리하는 것이다. 의미 없이 조합된 결과를 끝없이 분석하고 반응하는 것이 아니다.

4. 점수평가를 컴퓨터로 작업해 결과를 게시하는 것—부가가치가 있는 일을 하기보다 항상 홀로 떨어져 앉아 컴퓨터 작업에 열심인 사람이 있다. 비어 있는 KCG 20 Keys 그래프와 Key 수준에 대한

세부사항 설명서를 일단 출력해놓으면, 컴퓨터는 더 이상 필요치 않다. 스티커, 점, 마커펜으로 차트를 업데이트 시켜라. 컴퓨터 없이도 개별 자율적 워크그룹은 PVD 상에 매일 업데이트 되는 정보를 유지할 수 있다.

5. KCG 20 Keys를 중요도에 따라 저울질하는 것-다음과 같은 질문들은 언제나 나온다. "어떤 Key들은 다른 것들보다 중요하지 않습니까?", "KCG 20 Keys를 그래프에 중요도 순으로 작성할 필요가 있지 않을까요?", "우리가 중요하다고 생각하는 Key와 관련된 행동을 지시해야 하지 않을까요?" 몇 가지 Key들이 더 중요할 수 있다. 그렇지만 무슨 상관인가? 관리자가 100% 옳다는 것보다는 그룹이 주인의식을 갖는 것이 더욱 중요하다. 직원이 100% 참여해 70% 정도만 올바른 해결책을 실행하는 것이 두엇보다도 훨씬 중요하다. 앞서 언급한 것처럼 모든 Key들은 상호연관성이 있다. 따라서 이 문제는 다소 토론의 여지를 남긴다. Key를 중요도에 따라 저울질하는 것은 시간 낭비다. 그러한 이유에 대해 명확히 설명을 하고, 얄팍한 술수가 가미될 끝없는 가능성에 대해 얘기하자면 그것은 너무나 복잡하다.

특정 Key에 대해 행동을 지시하는 것은 자율적 워크그룹의 주인의식을 저하시킨다. 현장의 어떤 문제에 대해 전면적인 조치가 필요하다면, KCG 20 Keys를 통한 방법보다는 변화관리팀을 구성하여 그 문제를 해결하게 하라.

결 론

KCG 20 Keys 접근법은 여러 가지 좋은 영향을 미친다. 워크그룹이 자신들의 현재 성과 수준에 대해 솔직할 수 있게 해주고, 목표를 향한 연결선상에 있게 해준다. 관리자에게는 높은 기준을 적용할 수 있는 방법을 제공한다(예를 들어 모든 그룹이 4년 안에 70점에 도달). 또한 워크그룹이 그들의 업무 전반에 대해 관리할 수 있게 해주는데, 이 모든 것은 그룹 구성원의 전원 참여를 통해 이루어진다. 그룹은 일상의 업무를 하는 가운데, 그들의 일부 시간과 작은 노력을 지속적이고 장기적인 개선 활동에 들인다. 시간이 지나면서 이것은 오피스카이젠의 주요목표인 전략적 경쟁 우위의 상당 부분을 만들어낼 것이다.

KCG 20 Keys 접근법의 가장 매력적인 면은 각 자율적 워크그룹이 "그들만의 세계적 수준의 코끼리를 한 번에 한 입씩" 먹을 수 있게 해주는 것이다. KCG 20 Keys에 대해서 잘 모르는 전통적인 자율적 워크그룹이 25~30점 수준에서 기능하고 있을 때, 수준 3과 4를 보여주며 "이 수준까지 만드시오"라고 하면 깜짝 놀랄 것이다. 누군가에게 코끼리를 통째로 먹어 치우라고 얘기하는 것처럼 이것은 너무 지나친 기대인 것이다. 그들은 어디서 시작해야 할지, 무엇을 해야 할지 몰라서 포기하고 만다.

코끼리 전체를 보여주며 실망시키는 대신 '코끼리 구이, 핫도그, 버거, 스튜' 등으로 각기 표기된 패키지로 가득 찬 냉장고를 보여주고, 다가올 4년 동안 매년 500파운드의 코끼리를 먹어야 한다고 가족들(자율적 워크그룹)에게 설명해주면 일은 더 쉬워질 것이다. 가족들이 바비큐

를 해먹고, 저녁식사에도 올리고, 몇 번의 파티에도 올리다보면 코끼리
고기의 대부분은 없어질 것이다. KCG 20 Keys 접근법은 각각의 자율
적 워크그룹에게 세계적 수준의 코끼리를 한 번에 한 입씩 먹으라고 한
다. 4년 동안 40점 획득이 목표인 워크그룹은 넘을 수 없을 것만 같은
암벽을 만나는 것이 아니라 긴 계단을 만나게 될 것이다.

오피스카이젠과 다른
'유명한' 기법의 접근법 통합

월요일 아침, 빅긴슬로우사의 경영진 회의실은 오피스카이젠에 대한 흥분으로 웅성거렸다. 재정담당 본부장이 선의의 비판자 역할을 하면서 물었다. "우리 회사가 가지고 있는 기존의 다른 프로그램들은 어떻게 되나요? 기존 프로그램들은 어떻게 해야 하나요?" 조지가 바로 끼어들었다. "자, 봅시다. 우리는 오피스카이젠을 일시적인 유행으로 생각해서는 안 된다는 점을 명확히 할 필요가 있어요. 아시겠어요? 말하자면 이건

삶의 방식입니다. 따라서 다른 '프로그램들'은 그 속에서 하나의 도구와 기법이 되는 거지요. 10장을 읽지 않았나요? 우리가 사용하고 있는 대부분의 기법들은 애초에 설계된 목적을 수행하는 데는 매우 유용하답니다. 불행히도 우리는 항상 각 기법들이 우리의 구세주가 되기를 바랍니다. 다만 그 기법들이 우리의 리더십에 종속되지 않는다고 생각하는 것이 문제예요. 이제부터 우리는 오피스카이젠과 함께 나아갈 것이며 우리에게 필요한 기법들을 사용할 것입니다. 기억할 것은 오피스카이젠은 리더십 방법론이며 관리 접근법이라는 사실입니다. 그 속에서 여러 기법들이 작동하는 것이지요. 리더십 접근법과 동시에 직무를 완수하기 위한 기법이 모두 필요하니까요."

이 장에서는 기존의 여러 유명한 접근법들과 방법론들을 검토할 것이다. 많은 사람들이 이들 접근법과 방법론이 기업의 경쟁력 향상을 위한 중요한 메커니즘이 될 수 있다고 생각한다. 여기에는 다음과 같은 것들이 있다.

-BSC (Balanced Scorecard)
-가치흐름지도 (Value Stream Mapping)
-리엔지니어링/지속적 개선 (Reengineering/Continuous Improvement)
-식스 시그마 (Six Sigma)
-린 제조 (Lean Manufacturing)
-프로젝트 관리 (Project Management)
-ISO 9000/QS-9000

－실험 설계법(DOE) / 샤이닌 (Shainin)

－통합된 제품 개발 (Integrated Product Development)

－기업 소프트웨어 (Enterprise Software)

이 접근법들은 매우 큰 가치를 가지는 것으로 특정 유형의 눈에 보이는 낭비를 제거하고 기업의 여러 부문에 활력을 불어넣으며 때에 따라서는 상당한 경쟁 우위를 만들어내기도 한다. 접근법들의 많은 구성요소들이 오피스카이젠의 구조 속으로 직접 통합될 수 있으며 중요한 브속 기법으로 활용될 수 있다. 각 접근법들은 특정 이슈에 대해서 정확하게 적용될 때 매우 강력한 힘을 발휘할 수 있다. 그러나 조직 전체가 장기적인 경쟁 우위를 차지하기에 충분할 만큼 행동과 절차에 지속적 변화를 달성하는 데는 역부족이다.

이와 같은 한계는 설계의 결함이 아니다. 위의 접근법들은 애당초 특정 목적을 달성하기 위하여 설계되었다. 사업과대광고, '접근법 신봉자들', 복잡한 문제를 쉽게 해결하기 위한 전에 없는 관리탐구의 조합은 모든 경쟁력 제고 문제에 대한 '완벽한 해답'을 제공하는 방법론에 대한 기대감을 조성했다. 대부분의 방법론들은 사람의 마음을 현혹하는 이름을 가졌다. 많은 사람들이 오피스카이젠에 대해서 인식하게 되면 이와 같은 분위기로 바뀔 것이다. 하지만 인간과 프로세스가 개입된 모든 복잡한 상황은 하나의 방법론이나 접근법으로는 완전히 해결될 수 없다.

이 장에서 논의하는 접근법들은 어떤 조직의 경쟁력을 향상시킨 주요한 동인이었다고 평가된다. 이 또한 평가받지 못한 수많은 다른 이니셔티브들에 의한 지원이 있었기에 가능한 일이었다. 예를 들어 식스 시그마(Six Sigma)는 잭 웰치가 리더십을 발휘했던 제너럴 일렉트릭사를 성공으로 이끈 일등 공신으로 평가된다. 물론 식스 시그마를 통하여 GE가 많은 개선을 이룩했지만 잭 웰치의 비전과 에너지가 없었다면 불가능했을 것이다. 잭 웰치는 GE의 관리자들에게 '새로운 방식'과 린 제조 노력을 교육하는 일에 몸소 참여했다. 이는 모두 식스 시그마를 도입하기 전에 행한 것들이다. 뿐만 아니라 그는 제조능력 향상을 위한 이니셔티브, 더 낮은 수준에서의 탁월한 리더십 그리고 뛰어난 전략적 의사결정과 실행 등을 보여주었다. 식스 시그마를 GE에서 도입한 것처럼 한 가지 방법론만을 다른 조직에 적용하는 것은 고교 야구팀이 똑같은 방망이와 글로브를 사용한다는 이유로 월드시리즈 챔피언과 싸워 이기기를 바라는 것과 같다. 어떤 기업이 특정한 접근법으로 성공을 거두고 신망을 얻어 그것이 공인된 접근법이 되면 다양한 방법에 의한 리더십 결여에 따른 낭비를 줄일 수 있다.

그러므로 핵심적 리더십 이슈는 어떤 특정 접근법이 최선인지가 아니라 여러 접근법들과 방법론들을 어떻게 통합해야 할 것인지의 문제가 된다. 경쟁력 확보를 성공적으로 이끌기 위해서는 리더십 결여에 따른 낭비를 줄이는 동시에 적절한 기법을 사용해야 한다. 여기에는 오직 한 가지 진리만이 있다. 그리고 그것은 다양한 접근법들과 기법들의 무한한 조합을 통해서 실현할 수 있다. 방법론들을 통합하여 가능한 한 마찰을 최소화하며 모든 핵심 포인트를 다루는 것이 핵심 이슈이다. 다른 기법들 없이 오피스카이젠만 가지고서는 성공할 수 없다. 또 오피스카이젠을 조직의 모든 수준에서 리더십 결여에 따른 낭비 문제를 처리하는 데 사용하지 않고 어떤 특정 기법이나 접근법만 사용한다면 잠재적 결과의 10퍼센트밖에 이룰 수 없다.

지금부터는 주요 접근법과 기법들을 살펴볼 것이며 이들을 어떻게 오피스카이젠과 통합할 것인지에 대해 논의할 것이다.

BSC(Balanced Scorecard)

개요 ─ BSC는 관리자들이 정기적(매일, 매주, 매년)으로 5∼10개 정도의 핵심 측정지표를 평가함으로써 작업 진행 과정을 신속하게 평가할 수 있게 고안되었다. 주요 목적은 경영진이나 관리자가 한두 개의 척도가 아닌 다양한 측정지표에 포커스를 맞추도록 하는 것이다. 말하자면 '균형잡힌(balanced)' 측면을 강조한 것이다. 종종 BSC가 작동하는 방식을 설명하기 위해서 비행기나 자동차의 계기판에 비유하기도 한다. 파일럿이 도구들을 그냥 훑어보는 것만으로도 어떤 행동을 취해야 할지 판단할 수 있는 것처럼 조직의 관리자도 다양한 측정지표를 통해 다음 행동을 결정할 수 있다. 또한 BSC는 완료된 개별 업무를 대조하기보다는 그 결과의 척도(예를 들어 비용, 이익, 영업)를 강조한다. 반면 개별 업무의 완료를 강조하는 조직의 경우 관리팀의 개개인들은 모두 각자의 목적을 달성했지만 전체 조직은 실패하게 되는 모습을 쉽게 찾아볼 수 있다. 즉, 업무가 일선의 목적들과 충분히 연계되지 못하는 경우를 말한다. 하지만 BSC는 시간이 지남에 따라 하위 수준 관리자들에게로 옮겨간다. 뿐만 아니라 때로는 조직의 개별 직원들에게도 BSC가 적용된다.

강점 ─ BSC는 상급 관리진이나 특정 타깃 그룹이 중요한 문제를 중점적으로 고려할 때 매우 효과적이다. 전체 관리팀이 지지하는 BSC 척도를 개발하기 위하여 합의적 의사결정이 사용되는 한, 이 접근법은 매우 효과적인 방법이 될 것이다. 적절한 메트릭스 시스템이 마련된다면 전체 조직을 정렬하는 데 매우 큰 가치를 발휘할 것이다. 무엇을 BSC라 이름 짓든지 간에 직무를 수행하고 있는 어떤 리더십 팀이라도 '올바른' 것을 정의하는 제한적 측정지표들을 마련해야 한다.

최선의 통합 접근법 – BSC는 조직의 '파일럿'에게 비행상황을 제공한다. 이것은 계기판이 문제점을 알려줄 때 파일럿이 무슨 일을 해야 할지 알고 있다는 가정 하에 이루어진다. 이처럼 상급 관리진들이 문제 해결을 위한 일관된 방법을 조직 전체에 제공하는 것이 무엇보다도 중요하다. 예를 들어 세계적 수준의 사무 환경은 평균적인 사무실에 비해서 매우 신속한 작업 완수 사이클 타임을 가지고 있다. 만일 오피스카이젠을 수행하지 않는 관리자에게 프로세스 사이클 타임 동안 BSC를 실시하도록 강요하면 품질을 희생하면서 빠른 시간 내에 임무를 완수하려고 할 것이다. 오피스카이젠은 이와 같은 잘못된 방법론에 제동을 걸 것이다. 어떤 현장이나 설비에 대한 BSC는 임원추진위원회에 보고를 담당하는 변화관리팀에 의해서 개발되어야 한다. 이 팀이 조직 전체에 BSC를 소개하고 각 부서와 그 부서를 구성하는 워크그룹에서 사용할 수 있는 저수준의 메트릭스를 설치하는 책임을 지게 된다. (자율적 워크그룹의 PVD에) 단일 현장보다 큰 규모의 조직이 BSC를 수행하고자 한다면 전사적 수준의 변화관리팀 (여기에는 현장 관리직의 대표자들이 포함된다) 이 고수준의 BSC를 개발해야 하며 그런 다음 현장에 이를 보급해야 한다. 그리하여 각 현장은 각각의 BSC 변화관리팀을 통해서 임무를 수행하게 된다.

가치흐름지도(Value Stream Mapping)

개요 – 가치흐름지도(Value Stream Mapping, VSM)는 고도로 구조화되고 표준화된 플로우 차트 방법론으로서 사이클 타임과 대기 시간(혹은 리드 타임)에 포커스를 맞춘다. 예상할 수 있는 것처럼 가치흐름지도를 작성하는 적절한 방법이 하나만 있는 것은 아니다. 그리고 어떤 하나의 조직이나 하나의 프로세스 수준에만 적용되는 것도 아니다. VSM은 전체 기업 조직, 고객 콜 센터 또는 판매 주문 프로세스 등에 적용되어 왔다.

강점 – 적절하게만 사용된다면, 가치흐름지도를 통해 프로세스의 속도를 높이고 부가가치를 창출하지 못하는 일들을 제거함으로써 실질적인 가치를 창출하게 되는 모든 업무 영역과 프로세스 구조(어떤 범위이건)에 대한 합의를 도출할 수 있다.

최선의 통합 접근법 – BSC와 마찬가지로 VSM도 한 가지 기법일 뿐이다. VSM의 인기로 인하여 많은 관리자와 경영진들은 단순히 VSM을 사용하는 것만으로도 모든 프로세스와 리더십 접근법의 변화가 가능할 것이라고 생각했다. 이 접근법은 포커스를 제공하는 데는 매우 효과적일 수 있다. 그러나 개별 리더십의 스타일이나 일상적인 관리자들의 태도를 변화시키는 마술적 효과를 기대할 수는 없다. 따라서 이 접근법은 구조, 조직규율, 주인의식을 제공하는 다른 접근법 즉, 오피스카이젠과 함께 사용해야 한다. 조직 전체에 BSC를 먼저 뜨는 동시에 도입하게 되면 VSM의 과업을 관리자들에게 부여할 때 많은 도움이 된다. 모든 VSM은 차터를 가진 팀이 실행해야 하며 이에 대해서 각 현장의 임원추진위원회, (부서 규모가 클 경우에는) 부서운영위원회 또는 카이젠 전격추진 팀에게 보고해야 한다. 만일 분명한 목적이 결여되어 있거나 관리진이 사후 점검을 제대로 하지 않는다면 이는 시간 낭비일 뿐 아무런 의미없는 일이 될 것이다.

리엔지니어링 / 지속적 개선
(Reengineering/Continuous Improvement)

개요 – 많은 책에서 칭송을 아끼지 않는 리엔지니어링은 프로세스들을 분석하고 개선하기 위해 적용되는 여러 기법들의 집합이다. 이 기법들에는 VSM, 교차기능적 팀, 통계적 방법론, 실무위원회, 모든 비즈니스 기법과 접근법들이 포함된다. 더 포괄적인 이름의 '지속적 개선(Continuous Improvement)'도 동일한 방식으로 운영된다. 지속적 개선 노력에는 관리자와 경영진의 그룹이 포함된다. 이 집단은 리엔지니어링 대상을 확인하고 우선순위를 설정하며 팀을 선정하고 트레이드 오프(하나를 얻으려면 다른 하나를 희생해야 하는 관계) 결정을 내린다. 잘못 실행되는 경우 관련 팀은 우후죽순 격으로 출현하고 생각할 수 있는 모든 것들이 리엔지니어링의 대상이 된다. 지속적 개선을 계획할 때 선정된 팀은 분석과 변화의 수행을 담당한다. '리엔지니어링 이니셔티브'는 조직 전반에 대한 조사에서부터 개별 부서가 하나의 프로세스를 개선하기 위해 노력하는 것에 이르기까지 모든 것을 포괄할 수 있다.

강점 – 리엔지니어링이 올바르게 시행되면 강력한 기법들의 집합으로서 엄청난 개선과 향상을 이끌어낼 수 있다.

최선의 통합 접근법 - 리엔지니어링과 지속적 개선을 올바른 방식으로 수행할 때 여기에는 여러 가지 오피스카이젠 방법들이 도입된다. 예를 들어 임원추진위원회, 챔피언, 변화관리팀, 워크그룹 메트릭스 등이 있다. 만일 포괄적인 리엔지니어링과 지속적 개선 노력을 구상하고 있다면 리더십은 이 접근법을 추진할 때 포커스, 구조, 조직규율, 주인의식을 조직의 모든 수준에서 제공할 것임을 명확히 해야 한다.

식스 시그마(Six Sigma)

개요 - 시그마는 그리스 문자의 소문자(σ)를 가리킨다. 이 문자는 변이의 척도로서 표준편차를 상징한다. 'σ'에 대한 공식적 정의는 '분산의 평균값과 분산값들이 서로 평균적으로 떨어져 있는 거리'이다. 분산에서 일련의 숫자들이 평균값으로부터 멀리 떨어져 있으면 분산에 대한 시그마(σ) 값은 증가한다. 시그마가 증가함에 따라 다음 값들을 예측하기는 점점 더 어려워진다. 이는 어떤 골퍼가 어느 날에는 75타를 치고 다른 날에는 110타를 치는 경우와 유사하다. 즉, 다음 라운드에서는 몇 타를 치게 될 지 예측하기 어렵다는 것이다. 낮은 시그마를 가진 골퍼는 평균 타수에서 일관된 모습을 보여준다.

'식스 시그마(Six Sigma)' 또는 '6σ'라는 표현은 분산의 평균과 가장 근접한 규격한계(specification limit) 사이의 6개 표준편차 거리를 표현한 것이다. 어떤 프로세스에서든 큰 규격한계를 갖는 것이 바람직하다. 규격한계는 시그마의 배수로 표현된다. 식스 시그마는 그러한 프로세스 결과를 위한 최선의 표준이다. 왜냐하면 식스 시그마를 가지게 되면 하나의 불량 결과를 산출하게 될 가능성이 100만분의 1로 줄어들기 때문이다. 식스 시그마 프로세스는 2.0의 프로세스 역량(Process Capability, 또는 C_{pk})과 유사하다.

프로그램으로서 식스 시그마는 역사적으로 상당한 통계를 가지고 있다. 이 접근법은 1980년대 모토로라사에서 실시한 몇 가지 노력의 결과로 출현했다. 당시에 벤치마킹, 프로세스 수준의 측정, 품질에 대한 관심과 전자산업에 대한 일본의 위협 등에 많은 관심이 쏟아졌다. 또한 데밍 박사(Dr. Deming)의 전향법(Proselytizing)의 결과로 통계적 프로세스 관리에 대한 요구가 더욱 증가했다. 이와 함께 기법으로서의 실험 설계법(DOE/샤이닌 참고)에 대해 매혹되는 현상도 있었다. 결국 인과 다이어그램, 문제 정의, 파레토 차트의 사용을 필요로 하는 구조적 문제해결 접근법에 대해 많은 관심이 있었던 것이다. 이러한 수많은 기법들은 모토로라사가 '식스 시그마'라고 이름 붙인 하나의 접근법의 틀 속에 포함되었다. 이 접근법은 모든 주요 프로세스에서 6σ 수준을 달성하는 것이 목표였다. 모토로라사에서 탄생한 식스 시그마는 몇몇 '공인된' 조직체들과 수많은 기업들에 의해 각자의 버전으로 개발되고 보급되었다.

핵심은 식스 시그마가 여러 가지 문제해결 통계 방법론과 기법들을 하나의 패키지에 모아서 제공하는 프로그램이라는 사실이다. 여기에는 프로세스 개선과 문제해결의 효과적 관리를 위한 몇 가지 가이드라인이 포함된다. 초기에 실행했던 사람들이 자부심과 열정을 가질 수 있도록 식스 시그마는 여러 가지 색상의 벨트 개념을 도입했다. 이것은 무술 훈련자에게 등급에 따라 색이 다른 벨트를 수여하는 모습에서 착안한 것이다. 가장 높은 레벨인 마스터 블랙벨트는 식스 시그마 프로젝트를 후원하며 고급 프로젝트 관리와 실험 설계법을 제공하는 상급 경영진이다. 그리고 블랙벨트의 반대쪽 끝단에는 옐로우벨트가 있다. 옐로우벨트는 기본적 문제해결과 통계적 기법을 마스터한 직원들을 일컫는다.

강점 – 분명 식스 시그마의 통계적 기법은 매우 강력하다. 이는 프로세스에 관한 훌륭한 접근법으로 약간의 변화로 엄청난 효과를 거둘 수 있다. 여기에는 기계가공, 공구세공, 화학처리과정 등과 같은 산업 공정들이 포함된다. 낮은 '통계적인' 문제들에 적용할 때 식스 시그마는 일반적으로 사용되는 문제해결 접근법과 실행자의 일반적 지식이나 기술과 별반 차이가 없다. 그리하여 개인, 식스 시그마 프로그램, 회사의 제약 요인에 따라 엄청난 차이를 보여준다.

최선의 통합 접근법 – 식스 시그마는 발화가 필요한 문제에 적용될 때 프로세스 개선을 위한 주요한 발화장치가 될 수 있다. 그러나 업두가 혼동을 겪고 있을 때에는 발화장치가 선택가능한 수단이 아니다. 식스 시그마 실행가들이 포커스도 없고 구조도 취약한 조직을 다루게 될 때 모든 과업에 발화장치를 사용하고자 하는 모습을 종종 볼 수 있다. 따라서 식스 시그마 전문가의 활동에 대한 임원추진위원회의 지도와 감독이 필수적이다. 비록 이미 모든 사람들에게 잘 알려진 바라고 하더라도 모든 기법과 방법들을 사용할 때에 포커스, 구조, 조직규율을 제공하는 것이 관리의 핵심이다. 다시 말해 식스 시그마의 기법들은 임원추진위원회의 보고를 담당하는 차터를 가진 변화관리팀이 원하는 방향으로 적용되어야 한다는 뜻이다.

린 제조(Lean Manufacturing)

개요 – 린 제조(Lean Manufacturing)는 도요타 생산 시스템(Toyota Production System, TPS)에 붙여진 일반적인 명칭이다. TPS에 붙여진 명칭은 매우 다양하다(예를 들어 린, 유연한, 끌어당기는, 셀방식, 동시적인, 수요흐름에 따른 제조 등). 제약요인 관리(constraint management)는 린 제조가 변형된 것으로 특정한 경우에 적용된다. 린 시스템의 일선 목표는 타이치 오노*Taiichi Ohno*가 설명한 7가지 낭비 요소를 우선 극적으로 감소시키는 것이다. 7가지 낭비 요소란 프로세싱(processing, 어떤 작업을 최적화되지 않은 방식으로 행하는 것), 동작(motion), 대기(waiting), 재고(inventory), 과다 생산(making too much), 이동 요소(moving things), 결점 수정(fixing defects)이다. 작업장 조직의 전체 시스템, 신속한 다이 체인지, 풀 시그널(Pull Signal), 랏 사이즈 절감(Lot Size Reduction) 등은 모두 낭비 요소를 지속적으로 절감하기 위하여 설계되었다. 여기에서는 소집단('셀'이라고 불린다)의 현장 근로자들의 노력을 통해서 낭비를 줄이는 것이 핵심이다.

강점 – 이 접근법이 엄청난 힘을 가질 수 있는 것은 세 가지 요소 때문이다. 첫째, 워크시트와 방법론을 제공함으로써 신속하게 결과를 만들어 낼 수 있는 입증된 구조(이 방법은 낭비 요소를 가정하고 그에 대한 연구 없이 바로 공격하여 언제나 매우 효과적이다). 둘째, 작은 낭비의 사례가 발생하는 (대부분의 관리자들은 잘 볼 수 없는) 일선 현장 근로자들의 수준에서 매우 잘 작동하는 접근법. 셋째, 하부 라인에서 신속하게 결과를 만들어 내는 접근법이다. 제조공장 부문에서 린 제조 방법론이 가지는 힘은 이 방법론이 엄청난 규모의 포커스, 구조, 조직규율들을 그 기법 내에 한 묶음으로 포괄하고 있다는 사실이다. 적절하게 적용된다면 이 접근법은 일선 현장 근로자들 사이에서 상당한 주인의식을 창출해낸다.

최선의 통합 방법론 – 린 제조는 생산과 제조 프로세스에 적용될 수 있는 여러 기법들을 가장 효과적으로 통합한 단일 접근법이다. 그러나 이 접근법은 복잡한 프로세스 관리(신뢰성, 변이성) 문제는 다루지 않는다. 특히 여러 부문과 부서에 걸쳐서 발생하는 복잡한 문제를 해결하기 위해 설계된 접근법이 아니다. 뿐만 아니라 이 접근법의 기본적인 철학은 모든 작업 부문에 적용될 수 있다. 하지만 린 제조의 기준이 되는 기법들은 제조공장이 아닌 일반 사무실 프로세스에 적용했을 때 상당한 수정 없이는 효과를 기대하기 어렵다. 린 제조를 수행할 때 오피스카이젠의 임원추진위원회, 챔피언, 차터를 가진 변화관리팀, LDMS 등과 동일한 관리 구조를 도입해야만 이 최선의 결과를 만들어낼 수 있다.

프로젝트 관리(Project Management)

개요 – 조직이 점점 커짐에 따라 자동적으로 커뮤니케이션, 조정, 합의 형성 등의 지시는 더욱 비효율적이 되는 경향이 있다. 다시 말해 조직이 커지면 조직은 프로젝트 관리 활동에서 더 많은 포커스, 구조, 조직규율, 주인의식 장비를 만들어내는 것이다. 그 프로젝트가 ISO인증 리엔지니어링, VSM인지의 여부는 중요하지 않다. 형식적 프로젝트 관리 방법론은 상당한 변화 수행을 위한 고유의 프로세스와 구조를 통해서 이러한 어려움을 극복하려고 한다. 어떤 조직은 모든 프로젝트 멤버가 동일한 기존의 프로젝트 소프트웨어를 사용하도록 하는 것에만 만족한다. 다른 조직은 더 복잡한 일정계획 패키지를 채택하기도 한다. 어떤 접근법들은 팀 회의와 논의를 중요하게 다루는 반면 다른 접근법들은 두세 차례 주간 관리 검토 보고회에 더 큰 비중을 두기도 한다.

강점 – 시야가 극도로 제한적인 환경에서 지배자는 다소 근시적이거나 노안인 경우가 많다. 만일 조직이 마구잡이식의 관리적 관심을 가지거나 비조직적/비협조적으로 조직된 프로젝트 팀과 비규칙적인 프로젝트 리뷰 등으로 프로젝트를 수행했다면 프로젝트 관리 방법론의 거의 대부분이 많은 도움이 될 것이다. 반면 높은 성과를 내고 세계적 수준의 프로젝트 관리를 행하는 조직은 이 접근법으로부터 도움을 받을 일이 없을 것이다. 올바른 프로젝트 관리 접근법은 차터를 가진 팀, 관리진의 감독과 검토, 적절한 기법들이 필요하다. 요컨대 올바른 프로젝트 관리는 오피스카이젠의 변화관리팀 접근법과도 같은 것이다.

최선의 통합 접근법 – 프로젝트 관리 접근법은 일반적으로 프로젝트가 수행되어야 하는 일상적인 작업 현장의 구조를 변화시키는 데는 크게 도움이 되지 못한다. 한 가지 중요한 사항은 프로젝트 변화관리팀은 그 프로젝트에 영향을 받게 되는 각 자율적 워크그룹에 적절한 조치, 교육, 프로세스를 제공할 의무를 가지고 있다는 사실이다. 자율적 워크그룹 내의 모든 PVD에는 워크그룹이 정해진 프로세스를 얼마나 잘 유지하고 있는지를 평가할 수 있는 기준이 마련되어 있어야 한다. 현명한 리더는 지나치게 소프트웨어에만 의존하는 프로젝트 관리 접근법을 피한다. 소프트웨어에 경도된 작업 수행은 항상 '폐쇄적 공산당원

(cubicle commissars)’의 희생양이 된다. 이들 열성분자는 모든 시간을 투여하여 스케줄을 조작하고 ‘프로젝트 상황’에 관한 보기 좋은 파워 포인트 프레젠테이션을 작성하는 데 열을 올린다. 정작 프로젝트팀과 자율적 워크그룹과의 직접적인 공조작업은 하지 않는 것이다.

ISO 9000 / QS - 9000

개요 - ISO 9000은 1980년대부터 전개한 국제표준화기구(International Organization for Standardization)의 산물이다. QS-9000은 ISO 9000을 약간 수정하고 정교화한 것으로 1980년대 후반에서 1990년대 초반에 포드, 크라이슬러, 제너럴 모터스에서 개발되었다. 이 둘에 대한 작은 수정과 변화는 지금도 계속되고 있다. 이 접근법은 핵심 프로세스의 운용을 위한 최소한의 기준들의 세트로 구성되어 있다. 예를 들어 품질관리에서 관리진의 역할, 계약 검토, 설계 관리, 감독과 검수 현황, 교육훈련 등이다. QS는 ISO와 많은 부분 비슷하지만 자동차 산업에 대한 섹션을 가지고 있다. 즉 포드, 크라이슬러, 제너럴 모터스에 특화된 섹션을 가지고 있다는 말이다. 자동차회사는 공급자에게 인증 받을 것을 강요한다. 인증서는 감직원을 후보 기업의 현장에 파견하여 서류와 프로세스들을 검토함으로써 발급 받을 수 있다. 이때 감직원은 보통 독립적인 계약자로서 소수의 공식적 ‘등록’ 회사에서 일하는 사람이다. 이를 통과한 조직은 인증을 받게 되며 통과하지 못한 조직은 저 인증을 받게 된다. ‘9000’이라는 라벨은 일반적인 기준을 말하는 것이다. ‘9001’의 인증을 받은 조직은 제품을 설계하고 제조하며 서비스하는 조직이다. 제품의 제조와 서비스를 하는 (설계는 없음) 조직은 '9002' 인증을 받고, 컨설팅 회사처럼 서비스만을 제공하는 조직은 '9003' 인증을 받는다. 더 전문적이고 특화된 기준에 적용되는 다양한 인증 '번호'도 있다. 인증을 받은 조직은 정기적(1~2년)으로 재인증을 받아야 한다.

강점 – '9000' 프로그램의 가장 강력한 측면은 수용할 수 있는 최소한의 실천안에 역점을 두는 기준이라는 사실이다. 한 번 조직이 '인증을 받게 되면' 그 조직은 주요 공급자 선정의 장애물을 통과한 셈이 된다. '9000' 프로그램의 목적은 핵심 프로세스에 대한 최소한의 기능 수준을 제공하는 것이다. '9000' 프로그램은 인증 프로그램을 받기 전에 유사한 활동에 대한 관심이 희박하거나 결여되어 있었던 조직에 매우 큰 변화를 만들어준다. 미국의 자동차회사들처럼 어떤 산업에서 공급자 선정을 위하여 인증서를 사용하게 되면 그 기준은 기대값과 프로세스 구조를 위한 일반적인 프레임워크를 만들어낸다. 동시에 엄청난 낭비와 최악의 성과로 심각한 문제를 겪고 있는 대부분의 조직들 또한 ISO나 QS 인증을 이미 받은 경우도 있다(문제를 겪고 있지 않는 조직들의 경우처럼 인증서만으로는 높은 성과를 기대할 수 없다. 왜냐하면 '모든 기업'이 인증을 받은 상황이기 때문이다).

최선의 통합 접근법 – 인증을 올바르게 시행하기 위해서 조직은 차터팀을 구성하여 다양한 기준의 요소들을 개발해야 한다. 이를 통해 경영진은 매주 검토와 지도를 하게 된다. 각 팀은 자신의 추진 노력을 자율적 워크그룹의 수준까지 확대할 책임을 가지고 있다(이 점이 대부분의 ISO/QS 수행에서 발생하는 가장 큰 결점이다. 문서만 보았을 때는 훌륭하지만 대부분의 직원들은 그 문서를 본 적도 없고 문서에 적힌 내용을 따르지도 않기 때문이다).

실험 설계법(DOE) / 샤이닌(Shainin)

개요 – 1920년대 영국인 통계학자 로버트 피셔*Robert Fisher*를 비롯한 동료 학자들은 실험 설계법 기술을 개발했다. 그들은 다소 복잡한 방법론을 개발하여 (조작가능한) 몇 개의 변수들이 바람직한 결과에 미치는 영향을 확인했다. 실험 설계법(Design of Experiments, DOE)은 이들 기술을 단순화하여 엔지니어에게 사용하려는 겐이치 타구치*Genichi Taguchi*의 접근법에 가장 일반적으로 적용되었다. 타구치는 특정 유형의 매우 효율적인 디자인을 활용하여 '사용설명서'와 같은 방법론으로 축약하였다. 그리하여 엔지니어들이 1~2주의 교육을 받은 뒤에 바로 적용할 수 있도록 만들었다. 도리안 샤이닌*Dorian Shainin*도 '사용설명서' 접근법을 개발했다. 이는 방법론 통합의 일환으로서 사용자들에게 어느 정도 관리부문의 인과적 조사를 수행하도록 요구했다. 일반적 실험 설계법은 누구든지 자신에게 맞는 방식으로 배우고 적용할 수 있는 반면 샤이닌 방법론은 고(故) 도리안 샤이닌이 설립한 회사가 고도로 집약시켜서 관리하고 있다. 광범위한 훈련과 인증절차는 몇 단계의 (지속적인 교육을 포함한) 교육훈련을 통해서 초심자를 선별한다.

강점 – 이 기법은 매우 강력하며 자원을 아낄 수 있다. 올바른 질문이 적절한 방식으로 제기된다면 이 기법들은 새로운 기술이나 설비에 대한 지출을 최소화하면서 엄청난 프로세스의 개선을 만들어낼 수 있다

최선의 통합 접근법 – 일반적인 사무 환경에서 이 기법들을 적용할 수 있는 상황을 생각해내기는 힘들다 (다시 말해 이 기법들의 이점을 부각시킬 수 있는 상황을 만들어낼 수는 있지만 현실 세계에서는 무의미한 일이다). 만일 이 접근법의 적용을 제안하게 되면 임원추진위원회가 적용 여부에 대해서 신중하게 판단하는 것이 필수적이다.

통합된 제품 개발
(Integrated Product Development)

개요 – 통합된 제품 개발 (Integrated Product Development, IPD) 은 설계 기술, 생산개발인력, 프로세스를 위한 리엔지니어링이라고 말할 수 있다. 리엔지니어링에서처럼 IPD는 그것을 실행하는 모든 사람들에게 제각기 다른 것을 의미한다. IPD의 기법과 방법은 수많은 여러 가지 기술적 자원과 엔지니어링 계보에서 나왔다. 이들 기술적 접근법의 원조격으로 품질기능전개(Quality Function Deployment, QFD)를 들 수 있다. QFD는 수백 번의 회의를 통해서 '품질의 4개 하우스'라 불리는 것을 개발한다. 그리하여 개별 고객의 요구를 제조 프로세스의 설계로 연결시킨다. 각각의 하우스는 요구, 평가, 속성에 관한 대량의 교차 인덱스(massive cross-index)이다. 나는 지금까지 이 모델을 15퍼센트 이상 활용하는 기업을 보지 못했다. 주인의식 없는 다수의 사람들에게 부과된 엄청난 구조만 있을 뿐이다. 대부분의 IPD 접근법은 손쉬운 조립에 비하여 설계 특성을 평가하는 부스로이드(Boothroyd)와 듀허스트(Dewhurst)의 제품조립을 위한 설계(Design for Assembly, DFA) 방법론을 기반으로 하고 있다. 이 접근법은 설계팀에게 포커스와 구조를 제공하며 더 적은 수의 부품으로 더 빠르고 효과적인 제조 프로세스를 통한 조립을 가능하게 한다.

강점 – 위에서 설명한 IPD 방법론은 개인과 팀에게 수많은 설계 카테고리에 대한 포커스를 제공한다는 측면에서 매우 탁월한 기법이다. 이 방법론이 없다면 설계 카티고리를 충분히 분석해내지 못할 것이다. 실제로 이 접근법이 설계에 대한 BSC를 마련해주었다.

최선의 통합 접근법 – 대부분의 IPD 접근법에서 빠뜨리고 있는 요소로서 관리진의 참여, 포커스, 구조, 설계 인력의 주인의식 형성을 꼽을 수 있다. 설계 이니셔티브는 소규모 임원추진위원회와 변화관리팀의 작업으로 조직되어야 한다. 개별 설계팀은 교차기능적 관리팀이 승인할 수 있는 구체적인 차터를 가지고 있어야 한다. 소규모 현장이나 기업 조직에서 임원추진위원회가 관리팀 역할을 하며 설계팀도 오직 하나만 존재할 수 있다. 수많은 설계 이니셔티브를 가진 대규모 기업 조직에서 특정 설계팀을 위한 임원추진위원회가 특정 설계 작업을 감독하고 지도하기 위하여 조직된 교차기능적 관리팀이 될 수도 있다. 이 경우 관리팀에 보고를 담당하는 몇몇 변화관리팀은 각각 설계의 특정요소에 대한 책임을 지게 된다. 말할 필요도 없이 개별 설계팀에게는 전문성이 부여되어야 함과 동시에 작업의 전담 역할이 주어져야 한다. 또한 고유의 (IPD의 KCG 20 keys를 포함한) LDMS를 보유해야 한다.

기업 소프트웨어(Enterprise Software)

<u>개요</u> - 오늘날 컴퓨터에 대한 의존도와 활용도를 고려할 때 기술 기반의 방안들이 모든 사업상 문제점들에 대한 가능한 무기로서 많은 관심을 받게 되었다. 이는 그다지 놀라운 일이 아니다. 모든 사람들은 자판을 한 번 누르거나 마우스를 한 번 클릭하는 것만으로도 수많은 문제들을 해결할 수 있는 마법의 총알을 찾고 싶어한다. 흔히 기업 정보 소프트웨어(Enterprise Information Software, EIS)라 불리는 기업 소프트웨어(Enterprise Software)는 이러한 필요에 대한 가장 완전한 표현이라 할 수 있다. 유명한 EIS 시스템 벤더 중에서 세 업체를 꼽아보면 SAP, BAAN, PeopleSoft를 들 수 있다. 이들 소프트웨어 기업들은 사업상의 다양한 요소들을 위한 포괄적 형태의 소프트웨어 모듈을 판매하고 있다. 이들 모듈에는 제조, 고객 서비스, 재정, 엔지니어링, 구매, 인사관리 등이 포함되고 이 모듈들은 서로 '이야기'한다. 이 접근법의 의도는 조직 내의 모든 지식, 현상, 정보를 통합함으로써 관리자가 손쉽게 언제, 어디에서, 무엇을 해야 할지를 신속하게 결정할 수 있도록 하는 데 있다. 이론적으로 완벽한 EIS는 조직의 모든 구성 부문으로부터 실시간으로 (또는 실시간에 가깝게) 수집한 데이터에 기반하여 조직의 모든 수준에 매우 상세한 BSC를 제공할 수 있다. 그러나 불행히도 실제로 이를 실현하는 경우는 매우 드물다. 많은 조직들이 어떤 시스템이 인기 있다는 이유만으로 그 시스템을 구매한다. '남들이 좋다는 것을 따라하기'를 원하기 때문이기도 하며, EIS가 '해답'이라고 칭송되기 때문이기도 하다.

강점 – 결정적으로 중요한 정보를 수집하여 현명하게 처리하면서 수집에 드는 비용보다 더 큰 가치를 만들어낸다면 EIS는 매우 유용할 것이다.

최선의 통합 접근법 – 모든 소프트웨어 수행은 임원추진위원회에 보고를 담당하는 차터를 가진 변화관리팀에 의해 이루어져야 한다. 변화관리팀은 결정 사항에 단지 IT 부서만의 이해가 반영된 것이 되지 않도록 하기 위해서 교차기능적 역할을 수행해야 한다. 이 점이 매우 중요함에도 불구하고 교차기능적 팀이 가장 재앙이 되는 문제점을 막지 못할 수도 있다. 즉, 맞춤형 소프트웨어를 만드는 것이 얼마나 큰 비용이 들며 시간을 소비하는 것인지 정확히 평가하지 못하는 문제이다. 많은 조직들이 자사의 프로세스가 고유한 특성을 가진다고 생각한다. 프로세스를 변경하는 대신에 그들은 설치자들에게 '미리 준비된' EIS 모듈이 '기존의' 시스템과 커뮤니케이션할 수 있도록 소프트웨어를 만들어줄 것을 요구한다. 이 또한 신속하게 처리해내기 위해서는 엄청난 비용이 필요하다. 기존에 장착되어 있는 시스템을 대체하고 새로운 버전의 소프트웨어를 설치하려면 매시간마다 비용이 증가하기 마련이다. 리더십(임원추진위원회)은 기존 프로세스의 유지나 폐기에 관한 이슈를 제외한 모든 것에 대한 맞춤조정을 최소화하는 위임 차터를 구성할 책임을 가진다. 추가적 통합 이슈는 시스템이 설치된 이후 시스템 사용에 관한 것이다. 소프트웨어 프로그램은 머리 속에 이식되지 않으면 어떤 행동을 유발시킬 수 없다. 소프트웨어를 사용하고 유지하는 자율적 워크그룹은 정기적으로 소프트웨어 활용 방법을 습득하고 개발해야 한다. 이처럼 지속적인 교육훈련과 지도만이 소프트웨어 수행의 통합을 지속시킬 수 있다.

결론

　이 장에서 말하고자 하는 바는 '기법은 말 그대로 수단일 뿐이다'라는 사실이다. 또한 리더십은 모든 기법들이 잠재력을 최대한 발휘하며 작동할 수 있도록 해주는 기반이라는 사실 또한 지적하고 싶다. 리더십은 모든 기법의 적용이 각각의 조직 수준에서 필요한 포커스, 구조, 조직규율, 주인의식과 결합할 수 있도록 할 필요가 있다. 임원추진위원회와(챔피언, 차터, 변화관리팀과 함께) LDMS는 이러한 프레임워크를 제공하기 위한 가장 절제된 방법론이다.

Chapter 11

포커스를 위한 렌즈 : 메트릭스

조지의 팀은 오피스카이젠의 구성요소와 그들의 관심 수행사항들을 계속해서 검토했다. 그들은 책에서 '일반적 기법들'에 대해 노골적으로 논의한 내용을 보고 매우 기뻐했다. 그리고 모든 접근법들이 가치를 가지고 있지만 어느 것도 '완벽하다'고 할 수 없다는 말에 동의했다. 그들도 과거에는 '마법의 총알'을 항상 필요로 했었다. 동시에 그들은 오피스카이젠이 설치되고 있는 과정에서 중요한 비즈니스 프로세스가 달성되어야 한다는 것을 확실히 하고자 했었다. "결국, 우리는 여전히 해야 할 사업이 있고 만들어내야 할 수익이 있다는 이야기입니다." 조지가 말했다. "우리의 주주들은 우리가 앞으로 '더 나아지기' 위해서 노력한다고 해서 우리에게 여유를 주지 않아요. 따라서 우리는 오피스카이젠을 실행하고 있는 도중에도 모든 사람이 각자의 핵심 프로세스와 각자의 성과 목표에 포커스를 맞추고 있음을 명확하게 보여주어야 할 것입니다." 그들은 메트릭스(metrics)에 관한 장을 읽기 시작했다.

SLIM-IT의 개념 모델(그림 6.1)에서 네 번째 원이 메트릭스(metrics)이다. 이 용어는 '측정(measurement)'에 비해 더욱 기술적인 의미를 가진 것으로 들리기 때문에 선호된다. 지난 10여 년 동안 '메트릭스(metrics)'는 낮은 수준의 '측정'에 비해 어떤 절차나 상황에서도 더 정확하고 의미 있으며 명확한 특성을 가지는 것으로 발전해왔다. 실제로 메트릭스나 측정으로 불릴 수 있는 대부분은 기껏해야 조악하고 단조로울 뿐이다. 어떤 것들은 위험하기까지 하다. 많은 사업가들이 메트릭스가 측정보다 '더 나을' 것이라고 기대하기 때문에 오피스카이젠은 기존의 기대감을 이용하여 메트릭스를 매우 구체적으로 정의하고자 한다.

메트릭스는 한 가지 측정 방식으로 주요 이슈, 현존 작업 수행의 현황과 달성 정도에 대하여 핵심적 정보를 제공한다. 이때 정보의 제공은 직접적이고 실제적이며 마이크로프로세스 수행을 통해서 측정에 막대한 영향을 미칠 수 있는 개인이나 집단을 대상으로 한다.

여기에서 핵심 단어는 '영향(impact)'이다. 만일 측정에 참여한 사람이나 집단이 영향을 미칠 수 있는 중대한 어떤 일도 할 수 없다면, 이들 그 집단이나 개인에게 메트릭스가 되지 못한다. 그들에게 그리고 수집하고 감독하는 다른 사람에게도 그와 같은 측정지표는 단순한 정보에 불과하며 그것도 좋지 못한 측정 정보일 뿐이다. 당신이 그것에 대해서 아무것도 할 수 없다면 왜 당신이 그것을 주시하겠는가? 표 11.1에서 각각의 측정지표는 메트릭스다. 이에 참여한 개인이나 집단이 적당한 시간 안에 직접적인 영향력을 행사할 수 있기 때문이다. 표 11.2에서 볼 수 있는 요소들은 단순한 측정이다. 왜냐하면 정보를 제공받은 개인이나 집단이 일정한 시간 내에 자신의 노력을 통해서 그 측정에 상당한 영향력을 행사할 의지가 거의 없기 때문이다.

〈표11.1〉 메트릭스인 측정지표

메트릭스	개인 또는 집단
매일 처리되는 구매 주문의 수	개인 구매자
소프트웨어 수정을 완료하는 데 필요한 사이클 타임	해당 프로그래밍 자율적 워크그룹과 사이클 타임 절감 임무를 가진 변화관리팀
새로운 고용 사이클 타임의 감소 비율	고용가치흐름의 리엔지니어링을 담당하는 변화관리팀과 새로운 프로세스를 채택한 자율적 워크그룹
고객 문의 전화에 당일 해당 섹션에서 응답한 수	통화를 유발한 자율적 워크그룹
판매 주문의 정확성	주문을 완수하는 판매직원
집단에 의한 주문기재 오류의 수	주문기재 담당 직원이 편성된 자율적 워크그룹
판매량 1개 대비 노등 비용	모든 자율적 워크그룹

측정	개인 또는 집단
기업의 주가	모든 부서 또는 개인 (또는 대규모 기업조직의 모든 작업현장)
현장의 총비용 또는 현장의 노동비용	모든 개인 직원 또는 부서
노동조합에 가입하겠다고 투표한 직원의 비율	모든 개인 관리자
현장에서의 전체 서비스 또는 생산품에 대한 고객 만족도	모든 개인 직원 또는 부서
품질 손실 비용	품질 부서 또는 모든 개인 부서 또는 직원
현장 직원들의 사기 (설문조사에 의거)	모든 개인 관리자

SLIM – IT에서 메트릭스가 차지하는 위치

그림 6.2에서 중앙 부분은 '사업운영(running the business)'을 나타낸다. 그림의 중앙 부분과 LDMS를 연결하는 양방향 화살표를 생각해보자. LDMS는 메트릭스가 될 수 있는 측정지표의 수단을 제공한다. 말하자면 메트릭스는 활동이 이루어질 수 있는 수준에서 작동해야 한다. 이것은 조직의 대부분의 사람들에게 메트릭스가 LDMS를 통해 자율적 워크그룹 수준에서 작동해야 함을 의미한다. 예를 들어 다수의 현장을 보유한 조직에서 한 현장이 엄청난 규모의 노동쟁의를 경험하고 있다고 하자. 그 결과 조합을 결성하려는 노력이 그 불행한 현장에서 진행중에 있다.

조직의 본사 관리부는 얼마나 많은 직원들이 다양한 현장에서 친조합적인지에 대해 주기적으로 조사한다. 이러한 측정이 노동 문제를 겪고 있는 관리자들에게는 메트릭스가 되는가? 그리고 그러한 측정이 해당 현장의 감독자에게도 메트릭스가 되는가?

전통적인 환경에서 두 질문에 대한 대답은 '아니다' 일 것이다. 현장 관리자는 1~3개월의 단기간 동안 친노조 성향의 비율을 감소시킬 수 있는 적절한 수단을 마련하지 못하기 때문이다. LDMS가 없다면 감독자나 리더는 어떤 레버리지도 갖지 못할 것이다. 친노조적 투표의 비율이 오피스카이젠 환경 내에서 현장 관리자들에게 장기적인 메트릭스가 될 수 있다는 주장도 가능할 것이다. 지속적으로 친노조 비율이 증가하는 것은 2~3년의 기간 동안 현장 관리자가 오피스카이젠의 수행과 유지에서 어떠한 발전성과도 이루지 못했음을 반영한다. 이는 오피스카이젠이 노동즈합 회피적 전략이기 때문이다. 다시 말해 오피스카이젠은 근로자가 실제로 인식하고 있는지의 여부와는 상관 없이 그들이 투여한 노동력으로부터 얻고자 하는 것보다 많은 것을 제공해준다

오피스카이젠 환경에서 개별 워크그룹 내의 친노조적 투표의 비율 변화는 감독자나 리더가 LDMS를 과연 잘 수행하고 있는지의 여부에 관한 메트릭스가 될 수 있다. 그러나 두 경우 모두 투표의 비율은 제한된 효과의 메트릭스일 뿐이다. 왜냐하면 그것은 실제 활동과는 너무 '멀리' 떨어져 있기 때문이다. 즉, 현장 관리자와 개별 감독자가 LDMS의 구성요소들을 얼마나 성실하게 이행하고 있는지에 관해서 측정하는 것이 훨씬 더 바람직한 방법이다. 따라서 어떤 현장 관리자를 위한 노조회피의 사전 게트릭스는 'DWGM을 열고 있는 워크그룹의 비율'

과 'KCG 20 Keys 평점과 적절한 계획을 가지고 있는 워크그룹의 비율'이 될 수 있을 것이다. 만일 그 숫자가 높다면 친노조적 투표는 감소할 것이다.

이것이 SLIM-IT의 마술이다. 즉, 영향력(포커스와 주인의식)을 행사할 수 있는 워크그룹에게 메트릭스에 대한 적절한 책임감을 전달하고 관리진의 설명할 수 있는 방법(구조와 조직규율)을 제공한다. 오피스카이젠 환경에서 직원들은 각자 직무에 지나치게 개입되어 있어서 노조원들이 종종 제안하는 '마법의 해답'에 현혹될 일이 없다. 오피스카이젠을 도입한 기업은 직원들이 가장 원하는 것을 제공해준다. 관여, 의무, 가치, 성취에 대한 느낌과 의사결정 및 직접적 커뮤니케이션에 참여, 리더십에의 참여(변화관리팀, 전격추진팀) 등이다.

오피스카이젠의 최종 목표는 눈에 보이는 낭비가 극적으로 감소하고 장기간에 걸쳐 지속적으로 감소할 수 있는 환경을 만들어내는 것이다. 이를 달성하기 위해서는 조직의 모든 수준에서 포커스, 구조, 조직규율, 주인의식의 리더십 결여에 따른 낭비를 부단하게 줄여나가야 한다. SLIM-IT과 같은 적절한 메커니즘이 없다면 조직은 지속적인 리더십 결여에 따른 낭비 감소를 이루어내지 못할 것이다. 눈에 보이는 낭비도 지속될 것이다. 메트릭스는 중요하지만 올바르게 제공되어야 한다. 세계 최고의 항암백신도 헤어 컨디셔너로 사용한다면 별 효과가 없는 것과 같은 이치이다.

무엇이 올바른 메트릭스를 만들어내는가?

메트릭스는 홀로 존재하지 않는다. 메트릭스는 개인, 프로세스, 워크그룹, 공장 등의 업무성과의 한 가지 측면을 평가한다. 갈하자면 각 메트릭스는 복잡한 상황의 전체적 성과 중 한 부분만을 반영한다. 하나의 메트릭스가 전체적인 내용을 말해줄 수는 없다. 어떤 메트릭스도 그것이 사용되는 상황의 투입과 산출, 원인과 결과에 대해 총체적인 고민없이 그것이 효과적인지를 판단할 수 없다. 올바른 메트릭스는 결과의 한 부분을 다양하게 평가하고 예측하며 측정하고 분석한다. 다시 말해 어떤 특정한 메트릭스를 특정 부분에서는 유용하게 활용할 수 있지만 다른 부분에서는 그럴 수 없다는 의미이다. 메트릭스의 '우수성'은 여러 가지 직접적인 특성들에 근거하여 평가함으로써 판단할 수 있다. 그 특성들을 보면 다음과 같다.

활동성(actionality) - 활동성은 메트릭스에 영향을 미치는 투입이 메트릭스의 수행에 책임을 지는 사람들의 직접적 통제를 받을에 따라 증가한다.

인접성(proximality) - 인접성은 메트릭스가 평가하는 프로세스, 현장, 워크그룹의 성과에 메트릭스가 접근(물리적 인접성 및 시간)해감에 따라서 증가한다.

즉시성(immediacy) - 즉시성은 투입에서 성과까지의 변화와 메트릭스 사이의 시간이 감소함에 따라 증가한다.

인과성(causality) - 인과성은 대상이 되는 개인, 현장, 프로세스, 워크그룹의 전체적인 성과의 효과가 아닌 원인을 평가함에 따라 증가한다. 예를 들어 특정 판매 부서에서 달성한 총 판매 금액은 어떤 부서의 장기적 고품질 성과의 원인보다 더 많은 효과를 가진다. 기존 고객들에 대해서 사전 전화 통화를 시도한 수는 그 자체의 효과보다는 장기적인 고품질 성과의 더 큰 원인이 된다. 두 가지 모두 올바른 메트릭스이지만 원인이 더 큰 우수성을 가진다.

균형성(proportionality) – 균형성은 개인, 워크그룹, 현장, 프로세스의 성과에서 나타나는 변화가 메트릭스와 직접적인 통계적 연관을 가질 때(높은 인과관계, 정비례 또는 반비례) 증가한다. 만약 투입이 긍정적인 방향의 훌륭한 프로세스로 이동하도록 이뤄진다면 메트릭스의 변화는 그러한 노력의 상대적 강점을 정확하게 반영한다.

비기술성(atechnology) – 비기술성은 메트릭스의 개선에 책임이 있는 사람들에 의해 업데이트되고 이해되는 용이성이 증가하는 만큼 같이 증가한다.

팀의식(teamness) – 팀의식은 메트릭스가 개인의 참여보다는 워크그룹 (또는 변화관리팀)의 참여를 통해 의미 있고 집중된 개선 노력을 수행할 때 증가한다.

고객 포커스(customer focus) – 고객 포커스는 메트릭스가 반영하는 바가 수익과 같은 '사업적' 관심이나 관료적 보고의 관심(말하자면 주어진 연도에 회사 전체에서 제출되는 수많은 제안서들)이 아니라 내부와 외부 고객의 요구사항에 대비하여 성과를 반영할 때 증가한다. 이것은 결코 '수익'이 중요하지 않다는 의미가 아니다. 오히려 수익은 고객이 요구하는 비용 효율성을 달성함으로써 얻을 수 있다는 말이다.

이제 몇 가지 일반적인 측정들을 검토해보자. 그리고 어떻게 그들이 위에서 말한 8가지 메트릭스 특성에 필적할 수 있는지도 살펴보도록 하자. 우리는 지금 다수의 작업현장을 보유하고 공적인 거래를 행하는 기업의 한 작업현장에 대한 측정을 다루고 있다고 가정할 것이다. 우리는 3점짜리 척도를 사용하여 8개 특성을 각각 평가할 것이다.

2 = 특성과 매우 잘 부합함

1 = 특성과 어느 정도 부합함

0 = 특성과 부합하지 않음

〈표11.3〉 서로 다른 직원들의 시각으로 평가한 6개의 메트릭스

메트릭스 특성	대표적 메트릭스 / 측정											
	1		2		3		4		5		6	
	주가		1일 현장 오류		1개월 현장판매		일일 주문 정확성		KCG 20 Keys 점수		주문 처리 시간	
A=EX B=/IWG	A	B	A	B	A	B	A	B	A	B	A	B
활동성	0	0	0	1	0	1	0	2	0	2	0	2
인접성	0	0	0	1	0	1	0	2	0	2	0	2
즉시성	0	0	0	0	0	0	0	2	0	1	0	2
인과성	0	0	0	0	0	0	0	0	0	2	0	0
독립성	0	0	0	0	0	0	0	1	0	1	0	1
비기술성	0	0	0	0	0	0	0	2	2	2	1	2
팀의식	0	0	1	0	1	0	1	2	0	2	0	2
고객포커스	0	0	1	1	0	0	2	2	1	1	2	2
총계	0	0	2	3	1	2	3	13	3	13	3	13

표 11.3은 6개 메트릭스들의 평가를 나타낸다. 처음 3개(왼쪽에서 오른쪽으로)는 일반적으로 중요하다고 생각되는 측정들이다(전통적인 방식으로 운영되는 조직에서는 이들 측정들에 대한 지속적인 추적이 이루어지며 눈에 잘 띄도록 표시한다). 메트릭스 4에서부터 6까지는 오피스카이젠 환경에서는 일반적인 것들이다. 측정지표는 다음과 같이 정의하였다.

주가	➡ 해당 기업에 대한 주식의 일일 종가
1일 현장 오류	➡ 해당 현장의 모든 워크그룹에서 생긴 일일 총프로세스 오류
1개월 현장 판매	➡ 매달 현장의 총 판매 금액
일일 주문 정확성	➡ 내부 판매에서 하나의 자율적 워크그룹에서 얻은 정확한 라인 아이템의 백분율
KCG 20 Keys 평점	➡ 내부 판매에서 하나의 자율적 워크그룹에 대한 현재의 평점
주문처리 시간	➡ 내부 판매 직원이 속한 하나의 자율적 워크그룹에서 어떤 날 무작위로 추출한 샘플주문에 대한 평균 처리 시간

각각의 메트릭스에 대한 평가는 서로 다른 두 워크그룹의 시각에 따라 이루어진다.

A = 현장 관리팀의 한 직원 또는 모두 (EX)

B = 현장의 내부 판매 및 서비스 내의 자율적 워크그룹 (IWG)

　표 11.3에서 명확하게 볼 수 있는 것처럼, 전통적인 측정들 중 어떤 것도 적절한 메트릭스를 만들어내지 못한다. 간단하게 그것들은 경영진이나 자율적 워크그룹 멤버의 행동에 비해 너무 적게 나타나고 너무 늦으며, 너무 동떨어져 있다. 세 가지 오피스카이젠 메트릭스들은(4~6) 자율적 워크그룹에게는 훌륭한 메트릭스들이지만 관리진 메트릭스로서는 부적절하다. 여기에 핵심이 있다. 즉, 관리진이 직접적인 통제력을 행사하지 못하는 것들에 대해서 추적하는 것은 이치에 맞지 않다는 것이다.

　예를 들어 만약 주문처리시간(표 11.3의 메트릭스 6)의 측정이 어떤 자율적 워크그룹에서 나쁘게 나왔다는 사실을 발견했을 때(이것은 그들 자체의 성과를 측정한 것이 아니다) 전통적인 관리팀은 무엇을 하게 될까? 그들은 아마도 그 분야나 프로세스에 대한 철저한 지식과 검토도 없이 어떠한 조치를 취하게 될 것이다. 만일 관리진이 직접적인 조치를 취할 수 없다면 그들은 왜 측정하려고 하겠는가? 이때 올바른 접근법은 작업 영역 내에서 메트릭스를 수행함으로써 관리진이 문제점을 인식하지 않은 상황에서 자율적 워크그룹 스스로 적절한 조치를 취하는 것이다. 이와 같은 상황에서 올바른 관리의 메트릭스는 관리진이 그러한 시스템을 얼마나 올바르게 수행하고, 지도하고, 유지시켜나가고 있는지의 여부를 측정하는 것이다.

리더십과 관리 메트릭스

메트릭스에 대한 논의는 항상 성과의 추가적인 중요한 측면을 부각시킨다. 즉, '리더십과 관리 성과를 평가할 수 있는 최선의 방법은 무엇인가?'라는 문제이다. 실질적인 리더 없이는 오피스카이젠 환경이 운영될 수도 유지될 수도 없기 때문에 중요하다. 실질적인 리더십 성과는 관리자와 감독자에 대한 대부분의 조직 평가에서 찾아보기 힘들다. 대부분의 조직이 실시하고 있는 평가에서 관리자들의 성과에 대한 것은 포함되지 않는다. 행여 관리자 평가가 있다고 하더라도 어떤 관리자의 성과에 대한 낮은 평점을 찾기도 어려울 뿐더러 낮은 평점이 거듭 유지되는 모습은 더더욱 찾아보기 힘들다. 만일 이와 같은 현상이 무능력한 리더십을 나타내는 것이 아니라면 어떤 것도 불가능하다. 전적으로 부적절한 여러 가지 목표들을 달성하면서도 많은 경우에 탁월한 수행자로서 관리자를 평가하는 것이 가능한 이유는 대부분의 리더십과 관리 활동에 대한 측정이 형편없는 메트릭스이기 때문이다. BSC 접근법 이면에 숨은 많은 에너지를 고갈시켜버리는 것도 이러한 현실 때문이다.

오피스카이젠은 '무엇을 측정하는가'와 '무엇을 측정해야 하는가' 사이의 이러한 단절에 대한 해답을 제시한다. 관리자에 대한 진정한 측정지표는 그들이 조직의 모든 수준에서 포커스, 구조, 조직규율, 주인의식을 얼마나 잘 제공했는지에 대한 것이어야 한다. 물론 관리자가 통제할 수 있는 범위로 한정해야 한다. 즉, 관리자가 오피스카이젠을 얼마나 잘 유지하고 있는지에 대한 평가가 이루어져야 한다. 표 11.4는 표 11.3에서 소개되었던 8가지 메트릭스 특성들을 사용하여 6

개 메트릭스를 평가한 것이다. 표에 나타난 메트릭스는 다음과 같다.

임원추진위원회 회의에 참여 ➡ 임원추진위원회 회의에 참석하여 동참함

PVD와 DWGM을 '순시' ➡ PVD와 DWGM이 잘 수행되고 있는지의 여부와 현황을 감독하고 관찰하는 것. 필요한 경우 관리진과 감독자에 대한 지도역할도 함

챔피언/지도자 변화관리팀 ➡ 하나 또는 그 이상의 변화관리팀에서 챔피언 역할을 수행하고, 팀의 차터 개발, 현황 발표와 변화 수행에 대해 지도함

KCG 20 Keys 현장 평점 ➡ 현장의 평균 점수 총계 (각각의 Key에 대한 모든 자율적 워크그룹의 평균과 각 Key에 대한 모든 자율적 워크그룹의 가장 낮은 공통요소)

PVD와 DWGM의 유지와 지도 ➡ PVD와 일일 워크그룹 활동 및 개선에 대한 지도

KAS 시스템의 유지와 지도 ➡ 개별 자율적 워크그룹 내에서 카이젠 액션 시트 시스템의 지도

각 메트릭스에 대한 평가는 세 명의 서로 다른 유형의 직원들의 시각으로 이루어졌다.

a. 현장 관리자의 또는 현장 관리자에 대한 직접 보고
b. 몇 가지 직접적인 보고를 하는 중간급 관리자

c. 자율적 워크그룹의 감독자와 리더

우리는 표 11.3에서 사용했던 것과 동일한 3점짜리 척도로 8가지 특성을 각각 평가하는 데 적용할 것이다.

2 = 특성과 매우 잘 부합함

1 = 특성과 어느 정도 부합함

0 = 특성과 부합하지 않음

메트릭스 4~6의 실행 평점이 메트릭스 1~3의 평점보다 낮다는 사

〈표11.4〉 오피스카이젠 리더십 메트릭스의 평가

대표적 오피스카이젠 리더십 메트릭스																		
메트릭스 특성	1 ESC회의에 참여			2 PVD와 DWGM을 "순시"			3 챔피언/ 지도자 변화관리팀			4 KCG 20 Keys 현장 평점			5 PVD와 DWGM을 유지 및 지도			6 KAS 시스템의 유지 및 지도		
아래 범례 참조*	a	b	c	a	b	c	a	b	c	a	b	c	a	b	c	a	b	c
활동성	2	n	n	1	2	n	2	n	n	0	1	2	1	1	2	0	1	2
인접성	1	n	n	1	2	n	2	n	n	0	1	1	1	1	2	0	1	2
즉시성	1	n	n	1	2	n	1	n	n	0	1	1	1	1	2	0	1	1
인과성	2	n	n	1	1	n	2	n	n	1	1	1	1	1	1	1	1	1
독립성	2	n	n	1	1	n	1	n	n	0	0	1	1	1	2	0	0	2
비기술성	2	n	n	2	2	n	2	n	n	2	2	2	2	2	2	2	2	2
팀의식	2	n	n	1	1	n	2	n	n	2	2	2	2	2	2	2	2	2
고객포커스	1	n	n	1	1	n	1	n	n	1	1	1	1	1	1	0	1	1
총계	13	n	n	9	12	n	13	n	n	6	9	14	6	10	15	5	9	13

*a = 현장 관리자의 또는 현장 관리자에 대한 직접 보고

b = 몇 가지 직접적인 보고를 하는 중간급 관리자

c = 자율적 워크그룹의 감독자와 리더

DWGM = 일일 워크그룹 회의(daily work group meeting)

KAS = 카이젠 액션 시트 시스템(자율적 워크그룹 내에서 실행되는
개선 제안 프로그램)

n = 적용하지 않음

PVD = 주요 게시판(primary visual display)

실에 주목하자. 이것은 예측한 대로이다. 메트릭스 4~6은 자율적 워크그룹의 기능을 평가한다. 경영진은 지도역할을 할 수 있는 반면 감독자나 리더가 하는 동일한 활동만큼 그 워크그룹에 '인접해(인접성 즉시성, 독립성)' 있지 못하다. 감독자와 리더에게 좋은 점수를 받은 메트릭스가 경영진이 평가했을 때는 좋지 않은 메트릭으로 나온 것은 당연한 일이다(그러나 측정에 비해 메트릭스에서는 충분히 좋은 점수이다).

메트릭스 1~3은 리더십 기능의 절대적인 중요성을 보여준다. 이 세 개의 메트릭스를 통해서 SLIM-IT의 전반적인 구조(그림 6.1의 바깥쪽 밴드)를 경영진들이 얼마나 올바르게 양성해내고 있는지에 대한 직접적인 평가를 볼 수 있다. 중간급 관리자는 PVD와 DWGM을 감독하는데 약간의 도움을 제공할 수 있는 반면 오피스카이젠을 현장에 설치하고 구현하는 것은 경영 리더십에 달려 있다. 물론 경영진이 이러한 기능을 폐기한다면 메트릭스 4~6은 무의미하게 될 것이다. 왜냐하면 감독자나 리더가 지속하고 개선할 수 있는 구조가 없어지기 때문이다.

비용은 좋은 메트릭스가 아니다

대부분의 전통적인 관리자와 조직은 비용 관리를 통해서 간접적으로 낭비를 관리하고자 한다. 만일 비용이 지속적으로 감소되고 사업이 계속해서 제기능을 발휘한다면 프로세스에서 발생하는 비효율성을 모두 제거해낼 수 있다고 가정하는 것이다. 이것이 현실적으로 가능하다면 대부분의 조직은 오늘날 모두 세계적 수준에서 활동하고 있을 것이다. 어떤 조직이 비용절감 계획을 겪지 않고서 과거와 똑같은 문제로 인해 계속 고통을 받을 것인가? 이러한 문제는 수많은 눈에 보이는 낭비가 그 프로세스와 직접적으로 관련되어 있기 때문에 발생한다. 즉, 비용절감은 낭비뿐만 아니라 올바르고 필요한 작업까지 없애버리는 것이다.

비용은 측정하기가 용이하고 관리진들이 소유한 것이기에 측정지표로 많이 활용되었다(물론 유용한 수준에서는 측정하기가 쉽지 않다). 말하자면, 관리자들은 비용을 관리함으로써 그들이 사업을 운영하고 있다는 환상 속에서 일하고 있다는 것이다. 이것은 바보스럽고도 위험한 환상이다. 비용 관리는 너무 효과가 적고 뒤떨어졌으며 거리가 멀고 혼란스러우며 일반적이어서 눈속임밖에는 되지 않는다. 만일 앞에서 제시한 8가지 메트릭스 특성과 반대로 평가한다면 거의 모든 비용 측정은 악순환을 거듭하게 될 것이다. 관리자들은 비용 대신 '실무 현장 수준에서 비용의 원인'을 확인할 수 있는 인과적 다이어그램으로부터 메트릭스를 만들 수 있도록 해야 할 것이다.

내부와 외부고객

대부분의 관리자들은 눈에 보이는 낭비에 포커스를 맞추지도 않고 전략적 이슈로 인식하지 않는다. 하지만 그들이 사장만을 유일한 고객인양 신경쓸 때도 언제나 막연히 외부고객들은 모든 것이 더 좋아지기를 원한다고 생각한다. 불행히도 앞에서 살펴보았던 것처럼 전통적인 관리자들은 그들이 사용했던 측정들로는 외부고객을 만족시킬 수 있는 방법들 도출해낼 수 있는 레버리지를 거의 가질 수 없다. 그들은 마치 동력 비행기를 만들어내기 위해서 고군분투했던 19세기 기술자들과 다르지 않다. 즉, 그들은 자신이 무엇을 원하는지도 알고 있고 그것을 직접 보기도 했지만(새, 거미, 벌레), 그것을 실제로 구현할 수 있는 기술을 가지고 있지 못한 것이다. 오피스카이젠이 없다면 오늘날의 관리자들도 그들에게 가장 중요한 고객의 만족을 실현하기 위한 기술이 부족하게 될 것이다.

3장에서 말했던 것처럼 완벽하고 명석하며 모든 것을 알고 있는 그객이라면 다른 선택이 가능한 상황에서 낭비 요소에 대해 비용을 지불하는 것을 참지 못할 것이다. 이들 고객은 최선의 가격으로 자신들의 목적에 맞는 최적의 생산품이나 서비스를 원한다(이때 최적의 가격은 라이프사이클이나 길회 사용, 구매의 빈도 등에 의해 결정된다). 다행히도 대부분의 사업에서 서비스 센터의 업무를 마비시키는 그객은 없다. 모든 고객들은 그들이 좋아하든 좋아하지 않든, 알고 있든 모르고 있든 엄청난 낭비에 대해서 돈을 지불한다. 만일 고객들이 더 낮은 비용과 더 높은 서비스, 더 나은 품질을 제공하는 공급자를 찾을 수 있다면 시간이 지남에 따라 새로운 공급자에게로 옮겨가게 될 것이다(물론 마케팅이 이 과정을 어렵게 하고 다른 공급자에게로의 이동을 지체시킬 수는 있을 것이다).

고객이 조직의 내부에 있든 외부에 있든 모든 것은 고객의 요구에 따라 이루어져야 한다. 외부고객의 요구는 지난 몇 년 동안 수많은 립서비스(행동이 수반되지 않는 말뿐인 반응)를 받았다. 그리고 수많은 기업들은 외부고객의 요구에 대해 점점 더 많은 관심을 가지게 되었다. 그러나 크게 절약할 수 있는 것은 다른 곳에 감추어져 있다. 대부분의 조직에서 수행되고 있는 엄청나게 많은 사무와 관리지원 작업들이 고객과는 직접적으로 관련되어 있지 않다. 대부분의 사무실 업무는 내부고객을 지원하는 것이다. 그리고 내부고객은 또 다른 내부고객을 지원한다. 이러한 가치사슬은 궁극적으로 외부고객에게까지 도달한다. 그러나 비교적 고객과 직접적으로 접촉하는 사무와 관리지원 직원은 극히 드물다. 만일 외부 고객이 불평을 제기하지 않는다면 내부고객들의 프로세스에는 엄청나게 많은 낭비가 잔존하게 될 것이다.

내부고객들은 전통적인 환경에서 립서비스조차 받지 못하는 경우가 많다. 만일 내부고객이 내부 공급자의 마음을 읽을 수 있다면 대부분의 조직에서 그것은 최선의 경우 무관심이며 최악의 경우 경멸일 뿐이다. 그러나 이것은 엄청난 눈에 보이는 낭비를 만들어내고 그것이 다시 고객에게 전달되는 상황을 초래한다. 별로 주목을 받지 못하는 외부고객의 작은 불만사항들은 개인에게서 워크그룹으로 전달됨에 따라 확대된다. 그 마지막 결과는 서비스 도입의 누락, 잘못된 설계, 소프트웨어 업그레이드 지연, 배달 누락, 높은 가격, 품질 문제로 이어진다. 내부

고객 불만이라는 메마른 사막 아래 감추어진 엄청난 낭비의 저수지가 있는 것이다. 이처럼 낭비된 수익의 바다를 발견하기 위한 비밀의 탐침봉이 바로 상위 수준에서의 메트릭스이다. 올바른 메트릭스를 가질 수 있다면 SLIM-IT은 낭비의 지하 저수지를 파내어 지표로 분출시킬 수 있을 뿐만 아니라 이를 이용하여 불만의 사막을 고객 만족과 수익이 꽃피는 정원으로 만들 수 있다.

내부고객이 원하는 것은 무엇일까? 현장에서 일하는 모든 사람이 원하는 동일한 다섯 가지 필요 사항으로 생존, 소속감, 권한, 즐거움, 자유의 욕구 충족을 들 수 있다. 이들 필요 사항들은 SLIM-IT으로 알아낼 수 있는 메트릭스를 통해 충족할 수 있다. 어떤 것들은 경영진의 결정과 리더십에 좌우되기도 하고 또 다른 것들을 충족하기 위해서는 여러 가지 요소들이 필요하기도 하다. 그 중 몇몇을 포함하여 오피스카이젠 환경에서 제공할 수 있는 수단들이 표 11.5에 나타나 있다.

관리진은 자율적 워크그룹이 포커스를 맞추어 다음의 사항들을 해낼 수 있는 메트릭스를 적재적소에 배치할 수 있도록 도움을 주어야 한다.

1. 상위 공급자들이 필요한 것을 쉽게 제공할 수 있도록 만드는 일
2. 하위 고객들에게 그들이 원하는 것을 제공하는 일

만일 이러한 일들이 SLIM-IT 환경에서 달성된다면 눈에 보이는 낭비는 즉각적으로 감소하기 시작할 것이며 앞으로도 계속해서 감소할 것이다. SLIM-IT이 KCG 20 Keys를 통하여 포괄적 메트릭스에 관한 수많은 단서들을 제공하는 동안 개별 워크그룹의 감독은 출발지점으

〈표11.5〉 내부고객의 요구, 필요사항 및 충족의 방법

요구	선천적 필요사항	만족의 방법
요구에 대한 명확한 지시	생존, 소속감	ESC 회의, LDMS, 리더십, KCG 20 Keys
성공을 평가하는 방식에 대한 이해	생존, 소속감	차터, KCG 20 Keys, 메트릭스
명확하고 강력한 리더십	생존, 권한, 자유	ESC, ESC 챔피언, 멘토
중요한 것과 부적합한 것을 구별하는 능력	권한, 자유	ESC 챔피언, LDMS, 변화관리팀, KCG 20 Keys
그들의 운명에 대한 통제력	자유	ESC 챔피언, LDMS, 변화관리팀, KCG 20 Keys
그들에게 영향을 미치는 합리적 결정을 내릴 수 있는 권한	권한	LDMS, 변화관리팀, KCG 20 Keys
그들의 노력이 큰 그림에 어떻게 적합한지에 대한 이해	생존,권한, 자유	ESC, ESC 챔피언, LDMS, 멘토, 변화관리팀, KCG 20 Keys
요구하는 바를 할 수 있는 지식	생존, 권한, 자유	ESC 챔피언, 멘토, LDMS, 메트릭스
요구하는 바를 할 수 있는 재료와 수단	생존, 권한, 자유	ESC, ESC 챔피언, LDMS, 멘토, 변화관리팀, 교육훈련, 메트릭스
목표달성에 대한 인지	즐거움, 권한	ESC, ESC 챔피언, LDMS, 멘토, 메트릭스, KCG 20 Keys
창조적이고 지적인 인간으로서의 가치	소속감, 권한, 자유, 즐거움	ESC, ESC 챔피언, LDMS, 멘토, KCG 20 Keys

로서 목적에 부합하는 메트릭스를 수립할 수 있도록 지원해야 한다. 2개월의 시간이 지나면 워크그룹들은 더 많은 개선된 메트릭스를 접수하여 개발하게 될 것이다.

결론

올바른 메트릭스를 구축하는 것은 어렵지 않다. 다만 고든 자율적 워크그룹에 도달할 수 있도톡 구조를 요구하고 지탱하기 위해서는 꾸준히 작업해야 한다. 그와 같은 구조와 관리의 지원이 없다면 어떠한 측정도 메트릭스로서 기능할 수 없다. 메트릭스는 결과를 측정하기 때문이 아니라 이끌어갈 수 있는 수단을 제공하기 때문에 주요한 기능을 수행하는 것이다.

Chapter 12

수행의 현실

회사의 사무 현장을 위한 첫 번째 임원추진위원회 회의에서 작업흐름
(work stream)을 선정하면서 그들은 매우 흥분했다. 그때 회의에 참석한
사람들은 조지가 회의실을 빠져나왔다는 사실을 알지 못했다. "이제 우
리 팀이 이곳 본부에서 오피스카이젠을 수행할 수 있다는 확신이 생기는
군." 조지는 생각했다. "이제 우리는 전국의 다양한 모든 사무실과 서비
스 센터에 대해서 올바른 명령을 내릴 수 있을 거야. 그렇지만 어떻게 그

들을 지원해야 하는 것일까? 그들을 세부적으로 관리하는 것과 그들이 오피스카이젠을 올바른 방식으로 수행하고 있음을 확신시키는 것 사이의 어디에 선을 그어야 할까?"

완수해야 할 일이 무엇인지 아는 것과 그것을 어떻게 해낼 수 있는지를 아는 것은 다르다. 이 장에서는 오피스카이젠의 수행과 관련된 중요한 이슈, 함정, 전술에 대해서 논의할 것이다. 여기서 말하는 제안사항과 경고들은 기본적으로 모든 이니셔티브와 프로그램에 적용가능하다.

모든 현장은 홀로 서 있다

다수의 공장을 가진 대규모 조직은 수많은 전함으로 구성된 함대와도 같다. 각각의 전함은 분리된 단일체로서 전투를 수행하고 자력으로 생존해야 한다. 함대 전체를 통솔하는 해군제독이 함대를 지휘하지만 그가 모든 전함이 매순간 성공하도록 보장해주지는 못한다. 그것은 개별 전함의 선장과 승무원들의 몫이기 때문이다. 다만 함대는 전체를 통제하는 위협의 형태로 모든 개별 전함에게 이점을 제공한다. 즉, 지식을 공유하거나 어떤 전함이 가지지 못한 특정한 서비스를 제공하는 것이다. 최종적으로 분석해보면 각각의 전함들은 각자의 이니셔티브에 의해 생존하거나 파멸할 수밖에 없다.

조직도 이와 마찬가지이다. 최고경영자(CEO)는 성공적인 회계년도 성과를 달성하고 모든 사업 단위가 아무런 상처도 입지 않고 온전하게 항구에 정박하도록 집합시킬 수 있다면 무한한 기쁨을 누릴 것이다. 그러나 매년 사상자가 있기 마련이다. 어떤 사업 단위는 사고로 침몰하기도 하고 많은 부상자들이 생길 수도 있다. CEO의 목적은 손실을 최소화하면서 최대의 전리품(수익)을 획득하는 일이다. CEO는 작전을 계획하고 개별 사업 단위는 지시를 수행한다. 경쟁자들과의 전투는 생산물 대 생산물, 서비스 대 서비스, 사업 단위 대 사업 단위로 이루어진다.

많은 조직들이 뭔가 새로운 것을 수행할 때 이와 같은 현실을 망각한다. 그들은 종종 조직의 상위 수준에서부터 전체 조직을 아울러서 이니셔티브를 도입하는 동시에 운영하려고 한다. 필요한 새로운 아이디어를 찾아내고 과감하게 아이디어의 사용을 지시하는 것이 기업의 기획본부가 가진 가장 중요한 역할이다. 하지만 새로운 아이디어를 실행하는 일은 각 현장에서 전담하여 운영해야 한다. 기업은 어떤 일을 해야 하는지 지시할 수 있지만 그 일이 어떻게 되었는지에 대해 책임을 질 수는 없다. 그것은 개별 현장의 몫이다.

'현장(site)'이라는 용어는 앞에서도 수없이 사용되었다. 여기에서 '현장'이라는 말은 조직에서 가장 크고 단일한 부분으로서 하나의 임원추진위원회가 효과적으로 관리·감독할 수 있다. 일반적으로 현장은 전체 조직에서 서로 구분되는 하나의 단위를 가진 특정한 사무실 건물 사무실 공간, 즉 센터와 유사한 개념이다. 여러 도시에 공장을 가지고 있는 조직에서 각 도시의 운영 단위는 하나의 현장이 되는 것이다. 그러나 만약 하나의 단지에서 서로 다른 실무팀에 소속된 7,000명의 직원들이 세 가지 비즈니스 부문으로 나뉘어 종사하고 있다면 그 하나의 현장에는 서로 독립적인 3개의 오피스카이젠이 수행되어야 한다. 임원추진위원회는 개별 현장의 수행에 대해 모든 책임을 지는 집단이 되어

야 한다. 다시 말해 직원들은 임원추진위원회가 조직한 변화관리팀의
종사자들을 그들 조직의 리더로서 받아들여야 한다.

다양한 수준에서 리더십의 역할

개별 비즈니스 부문과 참모진들에 대해 CEO를 비롯한 경영진들은
몇 가지 중요한 의무를 가진다.

1. 본사의 기획본부 현장에서 오피스카이젠 이니셔티브를 개시
2. 조직 내 각 현장에서 오피스카이젠을 수행하도록 지시
3. 현장 리더에게 오피스카이젠이 무엇인지 그리고 어떻게 작동하는
   지 소개
4. 현장 리더에게 필요한 활동을 완수하기 위한 개략적인 타임테이
   블을 제공. 여기에는 다음과 같은 내용이 포함된다.
   a. (특정 시일까지)올바른 기능을 하는 현장 임원추진위원회를 수립
   b. (특정 시일까지) 모든 변화 이니셔티브를 확인하고 그 중 실행할
      이니셔티브에 대한 각각의 공식적인 팀, 챔피언, 리더, 차터를
      수립
   c. (특정 시일까지) 자율적 워크그룹 일정의 50퍼센트 내에서 PVD
      를 이행하고 DWGM을 실행(여기에는 카이젠 액션 시트 시스템이
      포함됨)
   d. (특정 시일까지) PVD와 DWGM 수행을 완료
   e. (특정 시일까지) 모든 자율적 워크그룹에서 오피스카이젠 접근

법의 KCG 20 Keys를 수행

5. 경영 참모들이 일상적으로 현장을 방문할 때와 경영진들이 본사를 방문했을 때 수행 진척도에 대해 업데이트를 요구

6. 현장에서 필요로 할 때 실무에 참여하는 코칭인력을 제공

7. 참여할 능력이나 의지가 없는 현장 관리자는 즉각 면직하고 교체

현장 리더와 다른 임원추진위원회 구성원들의 다음과 같은 사항들을 이행해야 한다(현장 리더에게만 적용되는 사항에는 '*'를 표시했다).

1. 현장 임원추진위원회의 리더와 멘토로서 활동해야 한다.*
2. 임원추진위원회의 다른 구성원들에게 멘토링을 제공하고 그들로부터 배워야 한다.
3. 참여할 능력이나 의지가 없는 참모진들은 즉각 면직하고 교체해야 한다.
4. 팀 리더와 챔피언이 그들의 직무를 수행하도록 보장해야 한다.
5. 가능하다면 모든 임원추진위원회 회의에 참여해야 한다. 만일 현장 리더가 참석하지 않는다면 그들은 회의를 이끌 수 있는 다른 멤버를 공식적으로 지명해야 한다.*
6. 모든 임원추진위원회 멤버들이 모든 회의에 참석하도록 보장해야 한다. 만일 그들이 출장 중이라면 의사결정 대리인을 보내야 한다.
7. 앞의 사항에서 네 가지(1~5번 중) 항목이 수행될 수 있도록 보장해야 한다.
8. 매일 적어도 하나의 DWGM에 감시자로서 참석해야 한다.

9. 매일 최소한 3개의 PVD를 방문해야 하며 그 현황에 빠진 사항이 하나라도 있다면 즉각 자율적 워크그룹의 리더에게 알려야 한다.

10. 모든 기회를 활용하여 어떤 팀이나 워크그룹이 이룬 진척 상황 (예를 들어 변화를 완료한다거나 KCG 20 Keys의 특정 지수를 달성함) 에 대해서 인식하고 칭찬할 수 있어야 한다.

11. 느리더라도 매일 지속적인 변화를 위하여 멈추지 않고 추진해야 한다.

피해야 할 오류

1. 나몰라라식 리더를 신속하게 제거하지 않는 것 – 세계적 수준에 도달한 기업을 이끄는 실무 경영진들의 가장 큰 잘못은 대부분 나몰라라식 리더(concrete heads)를 신속하게 제거하지 못한 것' 이었다고 말한다. 나몰라라식 리더는 청원과 코칭에도 불구하고 메시지를 받아들이지 않은 관리자들과 경영자들을 말한다. 이들의 행동이 흔하게 일어나지 않더라도 한번 발생하면 조직에 매우 해롭다. 좋은 의도에서 그렇게 하더라도 용서할 수 없다. 나몰라라식 리더가 잔존하도록 허용하는 것은 경영을 10배 더 어렵게 만든다. 그들 중 한둘은 어느 현장이 KCG 20 Key에서 60점을 달성하는 데 12~36개월이 더 걸리게 만들 수도 있다. 그것은 눈에 보이는 수많은 낭비와 수익의 상실을 초래한다. 나몰라라식 리더와 만나게 되었을 때는 그들이 무엇을 해야 할지에 대해서 넓은 마음으로 신중하게 그리고 직접적이고 솔직한 자세를 가져야 한다.

그리고 3개월이 지나면 그들이 제거될 수 있도록 해야 한다.

2. 오피스카이젠의 수행 진척도를 측정하기보다 프로세스의 결과를 측정하는 것 - 각 워크그룹이 카이젠 액션 시트를 얼마나 제출했는지 또는 지난달 KCG 20 Keys에서 어느 정도의 평점을 획득했는지에 대한 보고에 요구조건을 만들어선 안 된다. 대신 PVD를 가진 자율적 워크그룹이 몇 개인지, 일일 워크그룹 회의를 이행하는 워크그룹은 몇 개인지, 오피스카이젠의 KCG 20 Keys를 실행하는 워크그룹은 몇 개인지를 점검해야 한다. 이때에도 (상급 경영진을 위해) 현장에서 그리고 (현장 관리자를 위해) 부서 내에서 개인적으로 해야 한다.

3. 일을 시작하도록 교육훈련을 사용하는 것 - 전형적인 조직 내 교육훈련 과정을 통해서 많은 것들을 할 수 있다. 그러나 매일 관리자들에게 멘토링을 제공할 수는 없다. 특히 그들이 잘 알지 못하는 오피스카이젠 등에 대해서는 조직 내 교육훈련을 통해 해낼 수 있는 것이 없다. 또한 교육훈련 과정을 멘토링으로 대체할 수도 없다. 왜냐면 전자는 지식이고, 후자는 실시간 안내와 지도이기 때문이다.

4. 지식 자원들을 제공하지 않는 것 - 어떤 현장들(또는 어떤 현장의 관리자들)은 도움을 필요로 할 것이다. 만일 그들이 도움을 받지 못하면 허우적거리며 수행 노력에 손상을 입을 것이다. 그들의 실패에 대해서 다른 사람들은 조직의 잘못으로 생각할 수도 있다. 그러나 8장에서 설명했던 것처럼 멘토링의 형태로 지원이 제공되어야 한다. 단순히 독려하거나 교육훈련을 제공하는 것만으로는

안 된다. 사람들에게 일하는 방식의 기본적 구조를 변화시키도록 요구할 때에 자원을 투여하지 않고서는 전략적 경쟁 우위를 가질 수 없다.

5. 오피스카이젠 이니셔티브에 대해 이름을 부여하는 것 - 어떤 이니셔티브에 대해서 이름을 부여하면 과거에 나타났다 사라져버린 '프로그램'이라고 가정하게 된다. 어떤 종류의 가치 있는 노력도 그러한 부담을 짊어지도록 강요할 수는 없다. 한번 이름을 붙이게 되면 대부분의 직원들은 그것들이 또다시 6개월 이내에 사라져버릴 것이라고 생각하게 된다. 이는 직원들의 참여와 열의를 줄일 뿐이다. 그저 회사가 '뭔가 새로운 것을 시도' 할 것이라고만 말해야 한다. 커피 컵, 플라스틱으로 코팅한 지갑용 카드, 모자, 포스터, 티셔츠 등을 구매하지 않고 절약하는 것만으로도 최일선 작업장에 대해 올바른 방향으로 충분히 영향을 미칠 수 있다.

6. 관리자들이 오피스카이젠의 구조에서 근본적인 변화를 '협상'할 수 있도록 허용하는 것 - 강력한 힘을 가진 리더들은 자신이 사람과 프로세스의 관리에 관한 충분한 지식을 가지고 있다고 생각하기 마련이다. 단순히 더 나은 방법을 알고 있다는 이유만으로 강한 성품을 가진 개인에게 적절한 오피스카이젠 이니셔티브의 수행을 사전에 막을 수 있는 권한을 줘서는 안 된다. 똑똑하고 에너지 넘치는 관리자는 강력한 리더십과 눈앞에 벌어진 긴급 상황으로부터 많은 마일리지를 획득할 수 있다. 좋은 일이다. 그러나 이것이 장기적으로 전략적 경쟁 우위를 보장해주지는 못한다. 리더십은 리더 개인의 개인적 관리 철학보다 더 오래 살아남게 될 경

쟁 우위를 창출해내기 위해서 올바른 일을 해야만 한다.

7. 회사 전체를 상대로 성명을 발표하는 것 – 이것은 이니셔티브에 이름을 붙이는 것과 유사한 효과를 가지지만 그보다 더 해롭다고 할수 있다. 성명을 발표하게 되면 사람들은 이니셔티브가 곧 자신에게도 도달하게 될 것이라고 생각한다. 이것은 바람일 수도 있고 두려움일 수도 있다. 만일 그들이 두려움을 느낀다면 초기에 더욱 많은 문제점들이 나타나게 된다. 만일 그들이 개선에 대해 희망을 가지고 있고 바로 다음 날 변화가 발생하지 않으면 이내 절망감에 빠질 것이다. 각 현장이나 부서는 자기 현장과 부서에서 발생한 사건에 대해서 스스로 설명하도록 해야 한다. 즉 어떤 일이 진행되고 있는지 숨기려 해선 안 된다. 또한 아무런 목적 없이 미디어에 열광하게 만들어서도 안 된다.

종합

그림 12.1은 그림 2.3에서 보았던 오피스카이젠 큐브를 표현한 것이다. 이 책에서 모든 사항들을 다루기는 했지만 한 가지 풀지 못한 문제가 있다. 이 큐브는 단일하고 일관된 리더십으로 접근하여 이해하고 적용해야 한다.

오늘날의 경쟁적 시장에서는 장기적이고도 지속가능한 결과와 세계적 수준의 성과를 달성하기 위하여 체계적이고 반복가능한 방법들이 필요하다. 새로운 기술과 대담한 혁신들이 지속적으로 개선을 유도하고 성공을 위해 필수적이기는 하다. 그러나 모든 사람들이 똑같은 레론에서 똑같은 주스를 뽑아낼 수는 없는 법. 오피스카이젠은 소수만이 지혜를 가지고 적용할 수 있는 길을 제공한다.

만일 오피스카이젠이 약속한 것을 해낼 수 있는 더 쉬운 접근법에 대해서 당신이 알고 있다면 그것을 선택해도 된다. 하지만 오피스카이젠이 조언하는 것과 동일한 일들을 하고 있는 자신을 발견하게 될 것이다. 또한 포커스, 구조, 조직규율, 주인의식에서는 다소 멀어지고 있다는 사실도 깨닫게 될 것이다. 오피스카이젠의 'F1(최고의 스피드를 자랑하는 자동차경주용 차량)'이라는 경쟁력 있는 경주용 자동차가 당신이 운전 기술을 습득할 때까지 대기하고 있는데, 왜 시간과 노력을 낭비하려고 애쓰는가? 당신은 안전벨트를 착용하는 것과 경쟁자들을 지나쳐 갈 때에 정중하게 신호를 보내는 것만 잊지 않으면 된다.

〈그림12.1〉 오피스카이젠 큐브

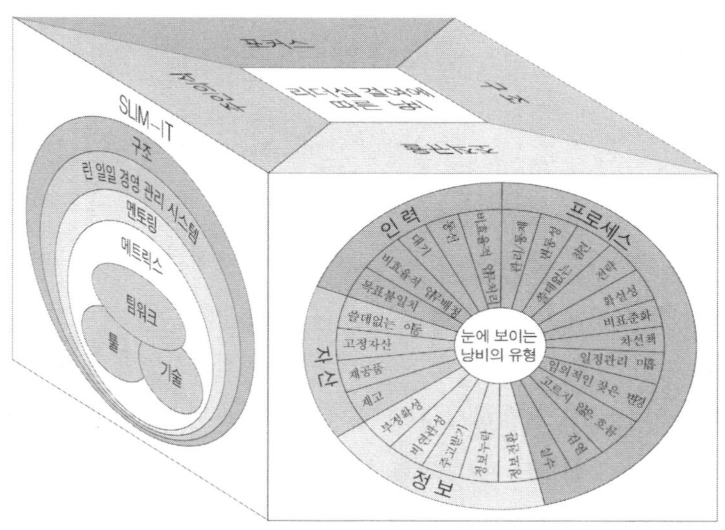

에필로그

2년 뒤…

회의 시간까지는 10분이 남아 있었다. 혼란 속에서 몇 가지 기적이 일어나기 전까지, 조지는 그저 다른 사람들이 마지막으로 세부적인 것에 대해 결정을 내리는 것을 홀로 기다리고 있었다. 생각해보니 이제는 회의나 어떤 이벤트 전 마지막 1분까지 촌각을 다투던 상황은 더 이상 벌어지지 않는다는 사실을 알게 되었다. 실제로 그는 지난 달에 CEO들로부터 "내 화물이 어디에 있나요?"라는 불만전화를 한 통도 받지 않았다. 모든 것이 순조롭고 신속하게 진행되고 있는 것처럼 보였다. 그는 이유를 알고 있었다. 오늘 아침 일찍 참석했던 재무부서의 일일 워크그룹 회의에서 그것에 대한 사례를 보았기 때문이다.

사람들은 분기와 연간의 끝이기도 했던 그 달의 유럽 장부를 마감하면서 맞닥뜨렸던 문제를 해결하는 그들의 발전된 모습을 검토하고 있었다. 만기가 다가온 여러 가지 채권과 환율에 관한 이슈가 있었는데 재무담당자들만이 이해할 수 있는 문제였다. 재무담당자들은 일일 회의 중 3주 정도 먼저 처음으로 이 문제에 대해서 들었다. 그들은 '문제해결팀(fix—it team)'을 구성하여 본사 임원추진위원회에 보고하도록 했다. 이 팀은 매주 임원추진위원회에 진척 상황을 보고했고 매일 아침 일일 워크그룹 회의가 개시되기 전에 재무 부문에 설치된 세 개의 PVD에 내용을 업데이트했다. 문제해결팀과 함께 문제를 해결하고자 했던 모든 사람들이 있었기에 순조롭게 해결되었다. 그리하여 그 해의 장부는 제시간에 마감되었고 곧 이어 제기될 채권을 추적하기 위한 새로운 메트릭스가 보드에 추가되었다. 그것은 마치 문제가 발생하더라도 자동화된 조종사가 모든 것을 매끄럽게 처리하는 모습과도 같았다.

조지는 '자동화'라는 단어를 사용하면서 큰 소리로 웃었다. 2년 전, 그러한 문제들은 하나의 재앙과도 같았다. 무엇보다 한 달이 지나서야 문제점이 있다는 사실을 알 수 있었다. 발견이 되고도 2주 내내 질책과 비난만 계속되었다. 장부는 3~4주 늦게 마감되었고 시장에 공개되었을 때에는 회사에 문제점이 있다고 알려졌다. 물론 이런 현상을 겪었던 것은 조지의 회사에서 문제가 나타나기 전에 그것을 알아차리는 사람이 거의 없었기 때문이다. 즉 수많은 낭비요소들을 가진 일반적인 기업이었다.

이제 더 이상 이런 일들은 발생하지 않는다. 물론 쉽게 이루어진 것은 아니다. 최근 2년 동안 혼란과 오류의 폭풍이 몰아치는 바다 한 가운데에서 저항의 소용돌이와 변화의 회오리바람과 계속 싸워야 했다. 그러나 현재의 오피스카·이젠 리더라는 시각에서 돌이켜볼 때 그 모든 수행에서의 문제점들을 변화 과정의 정상적인 한 부분으로 인식하게 되었다. 때때로 그는 조직의 변하지 않는 태도와 저항으로 인해 분노하기도 했었다. 그러나 또한 자신의 행로를 고수했다. 그는 대부분의 참·모진들과 함께 어떤 공격에 직면하더라도 오피스카이젠의 구조적 요소들을 지속시키기 위해 헌신하였다. 그런 모든 과정들이 단순히 몇 차려의 고통스러운 순간이 있었던 머나먼 기억처럼 여겨졌다. 그는 당시의 기억을 떠올리며 몇 가지 갈등적 상황을 생생하게 세부적으로 떠올릴 수 있었다.

조지가 오피스카이젠을 시작한 지 6개월 째 되던 때에 파리 근교 뮤(Mieux) 지사에서 벌어졌던 일이었다. 빅인슬로우사의 모든 공장들에게 7월 말까지 SLIM—IT을 수행하라는 지시가 내려졌다. 각 현장은 정규직 멘토를 고용하도록 되어 있었다. 당시 멘토에 대한 규정은 오피스카이젠 수행자로서 몇몇 현장에 대한 교육이 완료된 인물이어야 했다. 추가적인 지원을 요구했던 현장들은 컨설팅 회사의 도움을 받기로 했다. 프로그램과 구조에 대한 지시를 내린 것은 회사였지만 각각의 기록적인 성과를 달성할 책임은 각 현장에 있었다. 조지가 현장을 방문할 때마다 제일 먼저 질문하는 것은 오피스카이젠 수행 진척 상황이었다.

뮤에서는 '약간씩 낙관적인' 진척 상황 보고서를 제출하는 일 외에는 아무것도 진행되지 않았다는 것이 이내 드러났다. 여태까지 임원추진위원회도 없었고 차터팀도 없었으며 최초의 KCG 20 Keys 평가도 없었다. 또한 400명이 일하는 건물에 단 한 개의 PVD도 마련되어 있지 않았다. 단지 몇 개 집단만이 주간 워크그룹 회의를 하고 있었을 따름이었다. 그것도 오피스카이젠 이전에 해오던 것을 유지하는 수준이었다. 하지만 조지는 오해, 정직한 실수, 잘못 안내된 열정, 두려움으로 인한 방어적 대응이 빚어낸 모든 일들을 수용할 수 있었다. 그것은 일반적인 저항이었고 성공적인 오피스카이젠 수행을 위해 견고하고 약해지지 않는 단단한 구조가 왜 주요 요구사항이 되는지에 대한 근거이기도 했다.

그러나 감독자와 그의 참모들은 전체 오피스카이젠 노력을 의도적으로 피하고 방해하기만 했다. 기존의 게시판을 PVD의 개수에 포함시켰으며 일일 워크그룹 회의는 생산적 시간을 낭비하는 일로 폄하했을 뿐만 아니라, KCG 20 Keys는 이미 사용하고 있는 측정법과 마찬가지로 그저 '괜찮은' 측정법으로만 간주해버렸다. 조지는 당시 사람들이 취했던 반응 또한 기억하고 있다. 하지만 그는 배신당했다고는 생각하지 않았다. 그와 그의 참모진들도 거짓말을 했었기 때문이다. 그는 이것이 학습에 의한 행동이라는 것을 알고 있었다. 왜냐하면 회사가 주도하는 대부분의 노력들은 현황 파악을 위한 첫 번째 현장 방문이 이루어지기 전에 회사 내에서 이미 생명을 다해버렸기 때문이다. 그리고 '그 프로그램'에 대한 언급이 없으면 사람들은 매우 고마워했다. 그들은 상황이 이번에는 다르다는 사실을 알아채지 못했을 뿐이었다. 그는 그날 일과가 끝나갈 무렵 모든 간부급 직원들을 중앙 회의실로 소집했다. 그리고 그들을 호되게 질책했다. 자신의 실망감도 설명했다. 그리고 과거에 지속된 프로그램이 거의 없다는 사실을 본인도 알고 있으며 그들이 오피스카이젠도 마찬가지로 단명할 것이라 생각하고 있음을 이해한다고 말했다. 그러나 결코 이번에는 그런 일이 일어나지 않을 것이라고 그들에게 힘주어 말했다.

조지는 모두에게 복구를 위한 8주의 시간을 주겠다고 말했다. 그 기간 동안 ESC, 팀, 일일 워크그룹 회의, PVD 등을 지시한 대로 이행하라고 주문했다. 그리고 이를 모두 이행한 뒤에 추가로 8주의 시간을 더 줄 테니 KCG 20 Keys를 설치하고 모든 워크그룹에서 시행하도록 지시했다. 그는 회의, 보드 등에 대해서는 사진을 찍어서 매주 보고하라고 말했다. 만일 지시한 대로 일이 진척되지 않는다면 8주가 지나기 전에 다시 이곳으로 돌아와서 전체 관리팀의 교체를 비롯한 '필요한 조치'를 단행할 것이라고 그들에게 단단히 일러두었다.

그의 기억 속에 큐가 가장 많이 남아 있지만 같은 종류의 저항들은 더 작은 양상으로 모든 곳에서 발생하였다. 그는 몇몇 관리자들의 변화에 대한 고집스러운 저항을 믿을 수가 없었다. 그러나 충분한 구조가 마련되고 어디에도 숨을 곳이 없게 되자 회사 내의 관리자들과 감독자들이 대부분 동참하였다. 전체 관리자들의 2퍼센트 이하 정도만 그들이 하던 대로 그냥 방치되었다. 그들에게는 수용하도록 지도할 수 없었기 때문이다. 불행히도 조지의 참모진 중 한 명도 이에 속했다. 그 사람은 앞장서서 수행을 이끌어갈 수 없었다. 이 외에도 110명 중 5명의 현장 관리자에 대해서 강제 해고조치가 내려졌다. 오피스카이젠을 수행할 능력과 의지가 없었기 때문이다. 그러나 이는 평균적으로 매년 낮은 업무 성과로 인해 7명이 강제 해고조치 되는 것보다 낮은 수치였다. 조지는 이것이 보통의 통계적인 변동치일 것이라고 생각했다. 그러나 그의 참모진들의 생각은 달랐다. 즉, 좋은 의도와 에너지는 가지고 있지만 탁월한 구조를 제공할 수 있는 방법을 알지 못했던 것이다. 그래서 몇몇 현장 관리자들은 오피스카이젠으로 인 해 더 많은 수가 구제되었다고 믿었던 것이다.

물론 결과들은 일이 시작되는 지점에 있었다. 조지가 첫 해에 가장 분명하게 기억하고 있는 것은 카이젠 전격추진 보고서였다. 이것은 팀들이 현장을 방문할 때마다 그리고 브리핑을 위해 본사의 방문 요청을 받을 때마다 발표했던 보고서였다. 이 전격추진 보고서들은 모두에게 흥분과 함께 놀라움을 자아내게 했다.

또 직원들에게 구조와 주인의식이 주어지게 되면, 3~5명의 사람이 일주일에 해낼 수 있는 일을 보여주는 자리에서 그들의 눈빛은 열정으로 빛났다. 몇몇 팀들은 그들이 만들어낸 개선을 통해서 연간 50만 달러를 절감할 수 있는 방법을 발견해냈다. 빅인슬로우사에서는 이벤트당 절감할 수 있는 평균 비용이 10만 달러가 넘었다. 본사의 재무부서도 추산하기를 지난 2년 동안 회사 내에서 이루어진 전격추진 활동들이 일선 현장에 이르기까지 순익 2퍼센트를 추가적으로 달성하는 데 기여했다고 했다.

2년 차가 되자 규모가 조종된 수익은 8퍼센트나 증가하기에 이르렀다. 모든 형태의 이니셔티브에 대해서 극적이고 더 효과적인 관리가 이뤄졌고 동시에 모든 조직 내에서 발생하는 낭비를 지속적이고도 점증적으로 제거해나가고 있었다. 가장 놀랄 만한 일은 워크그룹의 평균 KCG 20 Keys 평점과 그들의 성과 사이의 관계였다. 불과 1년 6개월의 데이터와 보통의 변이성, 알려지지 않은 영향력만 있는 상황에서 그것은 여전히 흐릿한 그림일 뿐이었다. 그렇다고 기각해버릴 수도 없었다. 워크그룹 내 KCG 20 Keys에서 높은 평균 평점을 받은 현장들은 낮은 평점을 받은 현장들에 비해서 생산성, 수익, 고객 서비스 성과에서 더 높은 결과를 만들어낼 가능성이 3배는 더 높았다. 다시 한 해가 지나고 두 개의 데이터가 마련되자 그림은 더욱 선명해졌다. 그러나 조지에게 이를 증명해줄 증거는 필요하지 않았다. 그는 결과를 예측할 수 있었다. 그리고 직원들도 그것들을 느낄 수 있었으며 주주들도 이익을 얻게 된 것이다.

조지는 시계를 보았다. 이제 회의가 시작될 시간이었다. 그는 책상에서 일어나서 회의실 테이블을 향해 걸어갔다. 그는 20개의 상자가 담겨 있는 선물 가방에서 상자를 하나 꺼냈다. 그리고 그것을 열었다. 그것은 새로운 회사 로고가 새겨진 값비싼 만년필이었다. 그는 말했다. "우선 내 것부터 먼저 꽂아야겠군. 그러고 나서 위원회 멤버들과 직원들에게도 돌리도록 해야지." 그는 펜을 그의 셔츠 주머니에 꽂았다. 그리고 가방을 들고서 회의실의 문을 열었다. 그가 회의실에 들어설 때 창으로 들어온 햇살이 그의 펜에 반사되어 빛이 났다. '더 빠르게, 더 높은 수익을 위하여' 라는 로고가 반사된 모습이 환호하는 회의장 멤버들과 직원들의 얼굴에 나타났다. 즈지는 미스를 지었다.

부록 Ⅰ
오피스카이젠의 KCG 20 Keys

〈부록〉 워크그룹의 자기평가 및 연간목표를 위한 평가표

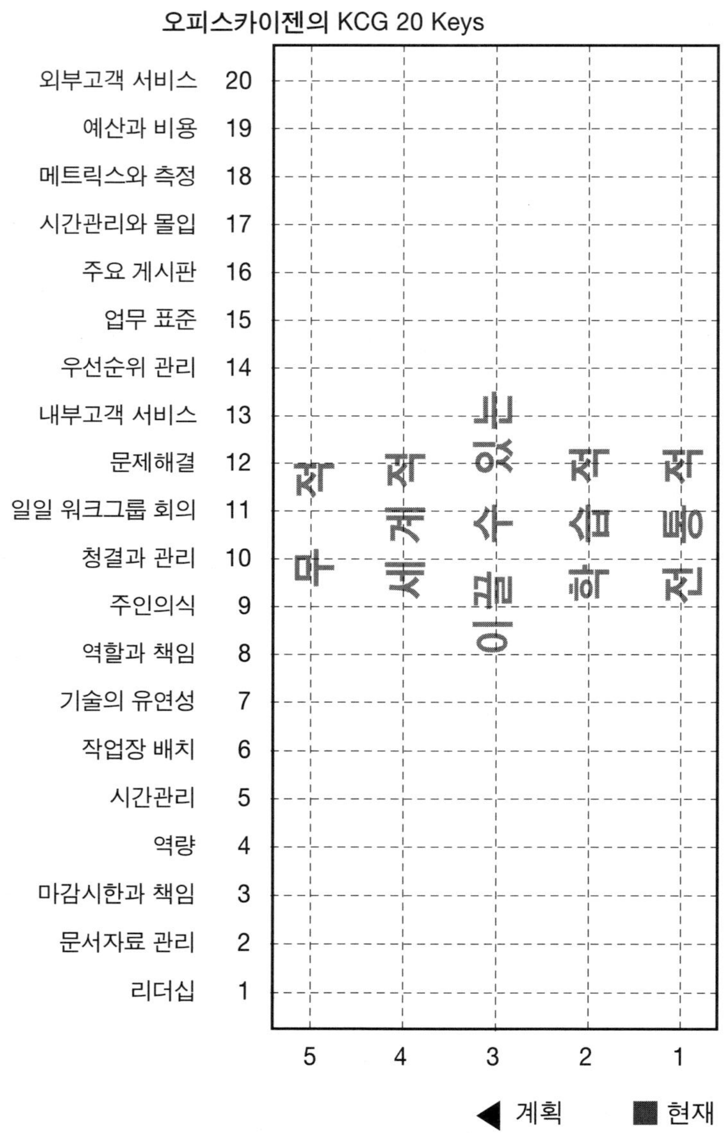
오피스카이젠의 KCG 20 Keys
외부고객 서비스 20
예산과 비용 19
메트릭스와 측정 18
시간관리와 몰입 17
주요 게시판 16
업무 표준 15
우선순위 관리 14
내부고객 서비스 13
문제해결 12
일일 워크그룹 회의 11
청결과 관리 10
주인의식 9
역할과 책임 8
기술의 유연성 7
작업장 배치 6
시간관리 5
역량 4
마감시한과 책임 3
문서자료 관리 2
리더십 1
무적
세계 적
이끌 수 있는
학습적
전통적
5 4 3 2 1
◀ 계획   ■ 현재

레벨	Key #1 – 리더십
1	리더십 구조가 정의되어 있지 않고 리더도 명확하게 정의되지 않은 상태이며 업무 영역의 비전이나 목표가 없다.
2	리더와 팀 비전이 정의되어 있다. 팀 구성원은 의사결정에 거의 참여하지 않는다
3	목표를 달성하기 위한 계획이 있고, 구성원들은 의사결정에 필요한 정보를 제공하지만 최종결정은 리더가 지시한다.
4	워크그룹 구성원들이 모두 목표를 달성하기 위한 계획을 이해하고 있다. 리더는 주로 코치역할을 수행하며 구성원의 합의/일치에 따른 의사결정이 이루어진다.
5	모든 사람이 목표를 달성하기 위한 비전, 계획, 로드맵을 이해하고 있다. 구성원들은 목표달성을 위한 의사결정권을 가진다. 리더/코치는 필요할 때 적절하게 안내를 한다.

레벨	Key #2 – 문서자료관리
1	워크그룹의 문서자료를 보관하는 중앙보관소가 없다. 문서는 중복·분실 되거나 유효기간이 지난다. 구성원들은 개인보관장소에서 문서를 관리한다. 문서관리를 위한 일관된 프로세스가 없다.
2	유효기간이 지난, 중복된, 불필요한 문서제거 작업이 시작된다. 공유문서 보관장소가 마련되어 있으나 활용은 잘 되지 않는다.
3	워크그룹의 자료를 개별적으로 보관하지 않는다. 때때로 문서가 제자리에 없거나 중복·분실된다.
4	구성원 모두가 중앙 문서보관소를 사용한다. 문서는 좀처럼 분실되지 않고, 기한이 오래된 것도 없고, 같은 문서가 여기저기서 발견되지도 않는다.
5	문서자료는 언제나 있어야 하는 곳에 위치하고 자료는 최신이며 정확하다. 필요할 때 누구나 쉽게 참고할 수 있다.

레벨	Key #3 – 마감시한과 책임
1	기한이 정해지지 않고, 문서화와 의사소통, 측정이 되지 않는다. 무책임한 가운데 반복적으로 책임이 결여된다.
2	워크그룹은 문서화하기 시작하고 마감시한과 책임을 측정한다. 책임의 필요성을 인지함에도 마감시한과 책임은 잘 이루어지지 않는다.
3	워크그룹은 일정관리를 위해 구조화된 시스템을 실행한다. 업무에 대한 책임과 마감시한은 보통 잘 충족되지만 여전히 중요한 때에 가끔 제대로 이루어지지 않는다
4	워크그룹은 기한을 관리하기 위해 구조화된 시스템을 사용하는 것에 능숙하다. 책임도 관리의 모든 면에 있어서 주인의식이 정의되어 있고, 적시에 일관된 납품을 하여 내/외부 고객만족을 실현하고 있다.
5	일정이 빈틈없이 항상 잘 세워져 있어서 놓치는 일이 없다. 내/외부 고객은 항상 납품이 적시에 될 것이라는 확신을 가진다.

레벨	Key #4-역량
1	업무에 필요한 기능적/기술적(F/T) 역량에 대한 일반적인 설명이 있을지도 모르나 공유되지 않는다. 역량 향상을 위한 특정 프로세스가 없다.
2	워크그룹은 자체적으로 필수 F/T를 정한다. 구성원은 훈련·교육을 통해서 현재의 기술을 향상시키기 시작한다.
3	워크그룹은 업계의 최상의 업무처리 사례를 기준으로 역량을 측정한다. 구성원들은 매년 최소 3번 기업 내·외부 관련 워크숍에 참석한다.
4	워크그룹의 F/T 역량은 업계 최상의 업무처리 사례와 동등하다. 워크그룹의 구성원은 F/T역량을 동 업계의 다른 사람에게 가르칠 수 있다.
5	워크그룹의 구성원 일부는 업계를 대상으로 워크숍을 개최하고, 적어도 한 명은 업계에서 F/T 혁신가로 알려진다.

레벨	Key #5-시간관리
1	시간관리가 중요한 툴로 인식되지 않고 연장근무가 일반화된다.
2	시간관리를 중요하게 다룬다. 효율적이고 일관되며 표준화된 시간관리시스템(ECSTM)이 워크그룹 내에 사용되기 시작한다.
3	모든 구성원이 ECSTM을 무리 없이 사용한다. 구성원들은 서로의 일정과 계획에 접근할 수 있고 연장근무는 매주 1번 이상 발생하지 않는다.
4	모든 구성원이 ECSTM을 전문적으로 사용한다. 연장근무와 낭비되는 시간은 거의 없다.
5	현업의 모든 직원이 서로의 일정과 업무계획을 조회할 수 있다. 모든 구성원들은 시간이 효과적으로 사용되고 있다고 느끼게 된다.

레벨	Key #6-작업장 배치
1	작업공간의 레이아웃을 업무흐름, 보관, 접촉유형, 대인 커뮤니케이션에 대한 계획이나 생각 없이 무작위로 배치한다.
2	구성원들은 물리적인 작업공간의 레이아웃에서 개선의 여지를 찾기 시작한다. 구성원들은 현재의 레이아웃 다이어그램을 그려놓고 대안을 고민한다.
3	업무흐름과 커뮤니케이션 개선을 위해 작업공간의 정렬을 조정한다. 해결할 이슈는 여전히 있지만 그것들에 대한 탐구가 지속적으로 이루어진다.
4	팀의 장비가 제자리에 있어서 주요 프로세스와 업무흐름을 지원한다. 작업공간은 유연하고, 이동성이 높으며 필요할 때 팀은 자신의 공간을 재조정할 수 있다.
5	모든 공간은 최대한의 효과를 위해 완전히 활용된다. 워크그룹 구성원들은 낭비 없이 생산적으로 거의 완벽에 가까운 배치를 했다고 믿는다.

레벨	Key #7-기술의 유연성
1	교차훈련은 탐지되지 않고 비공식적으로 또는 문제가 발생할 때에만 이뤄진다.
2	워크그룹은 업두를 정의하기 시작하고, 그 영역에서 기술 유연성 차트를 전시하기 시작한다.
3	워크그룹 내 모든 해당 업무에 대한 기술 유연성이 탐지되고 시각적으로 전시된다. 워크그룹 유연성에 대한 목표가 수립되고 워크그룹 구성원의 최소 50%는 3가지 주요 업무에 대한 기술을 보유한다.
4	워크그룹 구성원 각각의 기술개발을 위한 훈련계획이 있다. 모든 업무 단위는 최소 2명에 의해 처리될 수 있고 적어도 75%의 구성원은 워크그룹 내 모든 업무를 처리할 수 있다. 워크그룹은 프로세스 흐름 상의 업무를 학습하기 시작한다.
5	신입직원을 제되한 모든 구성원이 워크그룹 업무의 90%를 수행할 수 있다. 구성원들은 프로세스 흐름상에서 연관된 업무를 즉시적으로 추적하며, 그 업무의 50%를 수행할 수 있다.

레벨	Key #8-역할과 책임
1	역할과 책임(R&R)이 자체적으로 진화하도록 방치되어 있거나, 과거 업무 이력에 기반해서 가정된다.
2	관리자가 논의 없이 워크그룹 내 각 구성원의 R&R을 정의한다.
3	관리자나 리더가 워크그룹 구성원과 개별 면담을 하여 함께 R&R을 수립한다.
4	전체적인 워크그룹 브레인스토밍과 논의를 거쳐 각자의 구체적인 R&R이 협의되고, 상세히 정의한다.
5	4단계 내용과 더불어 모든 R&R을 지속적으로 모니터링하며, 필요할 때 구성원들 사이에 협의를 거쳐 조정한다.

레벨	Key #9-주인의식과 목표
1	워크그룹 내 목표에 대한 명확한 주인의식이 없거나 목표가 임의로 계속 변하면서 진행된다.
2	워크그룹은 단기(일별/주별) 목표를 결과물, 완료일, 책임 소재(MCDA)와 함께 시각적으로 공유한다. 중기(월별/분기별)목표를 추가하기 시작한다.
3	중/단기 목표가 공시되고 MCDA와 함께 추적된다. 워크그룹은 때때로 빠뜨린 목표를 재빨리 핸들링하고 계획의 변경은 문제를 일으키기도 한다.
4	장/중/단기(년 간/몇 년 후) 목표가 관리되고 MCDA와 함께 공시된다. 목표의 성취와 변화에 대한 조정은 워크그룹이 전적으로 책임을 진다. 거의 문제가 없는 상태이다.
5	워크그룹은 모든 목표에 대해 완전한 주인의식을 가지고 변화를 쉽게 다루며 잠재적 문제 상황에 대해 주도적으로 대응하고 목표는 언제나 달성된다.

레벨	Key #10-청결과 관리
1	여유 공간이 쓸데없는 장비, 사무용품 및 서류들로 지저분하다.
2	청결과 정리(C&O)를 개선하기 위한 공식화된 계획이 수립되기 시작한다. 쓰레기는 당일 처분되고 사용하지 않는 장비, 오래된 물품 등은 치워진다.
3	C&O 성과가 매주 2번씩 체크리스트로 평가, 전시, 검토된다. 근무장소와 보관장소에 있는 물품들에 라벨을 부착한다.
4	워크그룹 구성원들은 근무 중에 C&O 활동을 수행한다. 감사를 하면 거의 완벽한 C&O 성과를 보여준다.
5	99.99%의 C&O 성과가 달성된다. 사용하지 않는 장비, 오래된 물품 등은 라벨링하고 최적의 사용을 위해 잘 배치된다.

레벨	Key #11-일일 워크그룹 회의
1	DWGM은 전혀 하지 않거나 특별한 사건이 있을 때에만 열린다(예를 들어 합병, 조직 개편 등).
2	DWGM을 하고 있지만 모든 구성원들이 참석하지는 않는다. 가끔 회의를 빠뜨리기도 하고 회의를 하더라도 요점이 없어 보일 때가 있다.
3	DWGM을 거의 매일하고 대부분의 구성원들이 참석한다. 구성원 전체와 연관된 회의를 진행하기 위한 노력을 한다.
4	DWGM이 예외 없이 매일 열린다. 전원 참석을 하며 대부분의 구성원들이 적극적으로 참여한다.
5	모든 워크그룹 구성원들이 DWGM을 업무 수행에 있어 필수적이고 중대한 요소로 인지한다.

레벨	Key #12-문제 해결
1	워크그룹에는 자료를 처리하거나 문제를 발견하고 해결하는 공동의 "팀 툴(team tool)"이 거의 전무하다.
2	대다수의 워크그룹 구성원들은 몇 개의 툴을 알고 있지만 일관성 없이 활용한다. 필요한 툴을 분별하고 워크그룹 구성원들에게 알려주기 위한 계획이 수립된다.
3	워크그룹 전원이 기본적인 문제 해결 툴 몇 개 정도는 알고 있다. 중대한 사안의 해결을 위해 적절한 툴이 사용된다. 하지만 작은 문제들에 대해서는 여전히 주관적인 해석의 여지가 많다.
4	워크그룹 전원이 문제 해결에 필요한 적합한 툴을 모두 알고 있으며 활용한다. 툴의 활용 기술은 교차 훈련 과정(cross training displays)을 통해 추적된다.
5	(신참을 제외한) 워크그룹 구성원 모두가 워크그룹 내 사용되는 기본적인 툴에 대해 전문가다. 추가적인 기술 향상 계획이 항시 진행 중이다.

레벨	Key #13-내부고객 서비스
1	다른 영역에 대한 서비스의 질이 형편없고 평가 시스템과 개선 계획이 전혀 없다.
2	워크그룹은 다른 부서에게 자신들의 수행능력을 평가해달라고 요청한다. 문제가 발견되고 개선 계획을 위해 공유하지만 여전히 많은 문제가 존재한다.
3	제대로 갖춰진 메트릭스를 통해 공식적으로 고객 만족도를 모니터링한다. 가장 심각한 문제들의 근본적인 원인을 제거하기 위한 지속적 개선 활동 계획이 정의된다. 작은 문제들이 정기적으로 발생하지만 재빨리 다루어진다.
4	고객 불만족에 대한 모든 주요 원인과 많은 사소한 원인들이 제거되었다. 거의 모든 잠재적인 문제들도 주도적으로 제거된다.
5	고객 만족을 거의 완벽하게 달성한다. 만족도 메트릭스가 일관되게 최고 수준을 유지한다.

레벨	Key #14-우선순위 관리
1	위기 관리에 의해 워크그룹이 움직인다. 구성원들이 뒤늦게 불끄는 식의 대응만을 함에 따라 업무 패턴은 상당히 수동적이다.
2	워크그룹 차원의 업무 우선순위가 부과된다. 어떤 방법으로 그 우선순위를 맞출 것인지를 놓고 어느 정도의 워크그룹 내 토의가 이루어진다. 하지만 특정 직급의 관리자가 대부분의 의사결정을 한다.
3	어떤 방법으로 워크그룹에 부과된 업무 우선순위를 맞출까에 대한 의사 결정을 놓고 수준 있는 워크그룹 논의가 이루어진다. 워크그룹은 많은 업무의 우선순위를 자체적으로 수립하고 전개하면서, 그것을 실행하기 위한 계획을 제시한다.
4	워크그룹은 업무의 모든 우선순위에 대해 주인의식을 가지고, 실행계획을 수립하여 제시한다. 관리자는 큰 이의 없이 워크그룹의 계획을 검토하고 승인한다.
5	워크그룹은 좀더 넓은 차원인 조직의 우선순위가 주어지면, 자체의 모든 업무에 대한 우선순위를 직접 정립한다. 워크그룹이 정한 우선순위는 조직의 우선순위와 100% 정렬되며, 관리자의 승인을 전혀 필요로 하지 않는다.

레벨	Key #15-업무 표준
1	워크그룹이 공유하고 있는 표준화된 업무 절차가 거의 존재하지 않는다.(단계별 지시사항, 플로우 차트, 필요한 데이터/양식 목록, 대략적인 소요 시간)
2	잘 수립된 업무 표준은 어떠하다라는 것을 구성원 모두 알고 있다. 소수의 업무 활동에 대해서만 구성원이 공유한 업무 표준을 갖추고 있다.
3	워크그룹 내 주요 업무의 80%는 표준화된 절차를 갖추고 있으며, 교차 교육 훈련 시 활용된다.
4	모든 중대 업무와 일상 업무(워크그룹 업무의 95%)에 대해 표준 업무 절차를 갖추고 있으며, 모든 구성원이 표준을 수립하고 이해하고 사용하는 것을 도모한다.
5	워크그룹의 모든 업무에 대한 표준이 수립되어 있고, 구성원들은 그것을 개선하기 위해 끊임없이 분투한다.

레벨	Key #16-주요 게시판
1	워크그룹의 현황, 메트릭스, 당면 업무, 우선순위 등을 한 눈에 보여주는 큰 게시판(PVD)이 현장에 없거나, 있어도 규칙적인 업데이트가 이루어지지 않는다 .
2	워크그룹 내 주요 현황 게시판이 있어서 워크그룹에 중요한 정보를 알려준다. 게재된 정보의 80% 정도는 최신의 변경사항을 반영한다.
3	워크그룹의 주요 현황 게시판은 포괄적인 정보를 전달하며, 구성원들에 의해 광범위하게 개선되어 간다. 게재된 정보의 95% 정도는 거의 항상 최신을 유지한다.
4	주요 현황 게시판은 구성원들이 놓쳐서는 안 될 거의 모든 중대 사안을 보여준다. 워크그룹 구성원들은 이 게시판의 정보를 최신으로 유지해야 할 책임을 지고 있다. 정보의 99% 이상은 현재 시점을 반영한다.
5	워크그룹의 구성원들은 주요 현황 게시판의 포괄적인 정보와 성과 수치의 패턴을 자부심과 열정을 가지고 바라본다.

레벨	Key #17-시간 관리와 몰입
1	워크그룹 구성원들이 언제나 정시에 오는 것은 아니며, 결근율은 때때로 5~10%에 달한다. 워크그룹 내 이직률이 높다.
2	출근현황을 차트로 확인할 수 있다.
3	일반적으로 워크그룹 구성원들은 정시에 도착한다. 개인적인 스케줄이 압박을 가하지 않는다면 직원들은 필요시 늦게까지 일을 할 것이다.
4	워크그룹 구성원들은 항상 정시에 온다. 결근율은 2% 미만이다. 연간 이직률은(진급을 배제한) 5% 이하다.
5	직원들은 시간을 잘 준수하고 열정적이며, 필요하다면 기꺼이 늦게까지 일을 한다. 결근율은 1% 미만이며 이직률은 3% 미만이다.

레벨	Key #18-메트릭스와 측정/평가
1	워크그룹 내 중요한 프로세스에 대한 측정/평가 도구가 거의 없다.
2	워크그룹 내 중요한 프로세스에 대한 주요 성과 지표(KPI)를 정의하고자 하는 시도가 이루어지고 있다.
3	워크그룹은 모든 중요한 프로세스에 대해 KPI를 추적하고 표시한다. 또한 개선 계획을 수립하여 공유한다.
4	워크그룹은 개선 계획 대비 향상도뿐만 아니라, 모든 주요 프로세스 및 많은 사소한 프로세스에 대해서도 KPI를 추적하여 표시한다.
5	모든 프로세스가 그에 적합한 KPI에 의해 지속적으로 모니터링 하며, 끊임없는 개선 활동이 일상적인 업무 활동과 맞물려 진행된다 .

레벨	Key #19-예산과 비용
1	워크그룹의 예산과 비용을 추적하는 시스템이 없거나, 구성원들과 공유되지 않는다.
2	워크그룹의 비용이 워크그룹에게 공시된다. 예산 대비 워크그룹의 성과가 정기적으로(최소한 분기별로) 보고되고 공시된다.
3	워크그룹 예산이 연초에 수립되고 공시된다. 예산 대비 성과는 매월 공시되며, 워크그룹은 그 둘 간의 두드러진 차이를 해결하기 위해 논의를 한다.
4	워크그룹은 연간 예산 계획 수립에 참여한다. 성과를 관리하고 공시하며, 워크그룹은 경영진의 승인과 검토하에 예산 대비 성과에 대해 주요 책임을 진다.
5	비용과 예산 수립, 성과의 모든 면에 대해 워크그룹이 책임을 지며, 경영진은 최소한의 코칭만을 한다.

레벨	Key #20-외부고객 서비스
1	워크그룹은 누가 외부고객이며, 워크그룹의 노력이 외부고객에게 어떻게 영향을 미치는지에 대해 아는 바가 거의 없다.
2	워크그룹의 성과와 연관된 외부고객 데이터는 워크그룹 내 공시되고 검토, 논의된다. 워크그룹은 가장 중대한 문제를 다루기 위해 계획을 세우기 시작한다.
3	워크그룹은 완료 날짜, 외부고객 관련 모든 주요 사안에 대한 책임자(MCDA) 등이 표기되어 있는 계획을 공시한다. 많은 중요한 문제들이 해결되고 있다.
4	외부고객 관련 모든 중요한 문제가 해결되고 있으며, 워크그룹은 MCDA가 명시된 계획표에 따라 작은 문제들까지도 다룬다.
5	워크그룹은 외부고객 관련 모든 문제를 바로 잡았으며, 어떤 새로운 문제라도 24시간 내에 조치 및 해결한다. 외부고객은 그러한 워크그룹을 세계적 수준이라고 인정한다.

부록 II
용어정리

주요용어 정리

7가지 품질관리기법 : 7가지 '간단한' 통계와 통계에 선행되는 도구들 (파레토 차트, 운영 차트, 산포도, 도수분포, 통계적 공정관리 차트, 인과관계 다이어그램, 히스토그램)이다. '통계적 공정관리' 참고

BSC : 조직의 모든 성과나 어떤 부분의 성과를 평가하기 위해 개인이나 그룹이 사용하는 몇 가지 측정방법을 포괄하는 기법이다.

ISO 9000(QS9000) : 기본적인 비즈니스 관행들에 대해서 최소한의 요구 사항들을 약술하는 표준들의 모음. 고객으로부터의 압력의 결과로 많은 조직들에게 필요한 인증이 되었음. QS는 ISO 표준의 미국자동차업계 버전이다.

KCG 20 Keys : 20가지 가장 중요한 요소들이 세계 수준 표준에 비추어서 '어떻게' 운용되고 있는지를 자율적 워크그룹이 파악하는 데 초점을 맞추는 방법. 이 방법은 현행 상태 평가, 경영진이 결정한 미래 성과 수준, 그리고 월별 개선 계획을 제공한다.

SLIM-IT : SLMMTTTT(Structure, Lean daily management system, Mentoring, Metrics, Tools, Teamwork, Training, and Technology의 약어) 이 개념적 모델은 만약 TTTT를 모델의 다른 요소들과 함께 활용되도록 만들기만 한다면, 많은 조직들이 어떤 것을 대부분 성취할 수 있을 정도로 많은 TTTT를 이미 가지고 있다고 가정한다.

가치흐름지도 : 실제적인 작업 시간(사이클 타임)과 대기(리드) 시간의 순서와 소요 시간을 산정하는 구조화된 프로세스 지도 작성기법. 일반적으로, '현행' 가치흐름과 '향후' 의 바람직한 상태 설계, 그리고

'현행'에서 '향후'로 가기 위해 필요한 실행계획이 포함된다.

구조 결여에 따른 낭비 : 어떤 계층의 조직이 세계 수준의 성과에 집중하도록 일단의 규칙, 기대치, 강화, 보상, 리더십, 사회적 압력을 만들어내지 못했을 때 생겨나는 생산성의 손실이다.

기업 소프트웨어 : 종종 기업정보시스템이라고도 말함. 다양한 계층의 관리자들에게 적시에, 신속하고, 실시간의 자료를 효과적으로 제공하기 위해 조직의 모든 (혹은 약간의 선별된 부분들) 데이터 시스템과 보고 및 분석 시스템들을 하나의 통합된 실체로 묶어놓은 소프트웨어 시스템이다.

낭비 : '포커스 결여에 따른 낭비', '리더십 결여에 따른 낭비', '오피스 카이젠 낭비', '주인의식 결여에 따른 낭비', '구조 결여에 따른 낭비', '눈에 보이는 낭비' 참고

눈에 보이는 낭비 : '모든 것을 알고 있는' 고객의 눈에 제품이나 서비스에 아무런 가치를 부가하지 못하는 업무나 자산이다.

단기간 리더십 : 워크그룹 리더가 '일이 어떻게 되고 있는가'와 핵심적인 측정치 자료를 수집하고(하거나) 격려를 하기 위해 하루에 몇 차례 각각의 워크그룹 구성원을 방문하는 프로세스이다.

리더십 결여에 따른 낭비 : 조직의 모든 계층에서 포커스, 구조, 조직규율, 주인의식의 부족에 의해 만들어진 생산성의 손실이다.

리엔지니어링 : 급진적이고 도전적인 개선을 이루려는 의도를 가지고 프로세스를 재설계하는, 체계화가 다소 엉성한 일단의 도구들과 방법들에 붙여진 이름이다. 플로우차트, 가치흐름지도, 7가지 품질관리기법 등과 같은 도구들을 활용한다. 기껏해야 임원추진위원회와 변화관

리팀과 같이 기능함. '변화관리팀', '임원추진위원회', '7가지 품질관리기법', '가치흐름지도' 참고

린 일일 경영관리 시스템 : 자율적 워크그룹에 포커스, 구조, 조직규율, 주인의식을 제공하는 체계적인 접근방식으로 PVD, DWGM, 단기간 리더십, KAS, KCG 20 Keys 장기개선계획으로 구성되어 있다.

린 제조 : 눈에 보이는 낭비를 제거하기 위해 표준화된 방법들을 광범위하게 사용하는 전반적인 운영시스템에 붙여진 이름으로 도요타 생산방식을 묘사하는 용어로 널리 사용되고 있다. '풀 시스템' 참고

마이크로 프로세스 : '송장 업무 완결'과 같이 작업자들이 처리하는 투입물, 이벤트, 산출물을 말한다.

매크로 프로세스 : 마이크로 프로세스 그룹으로 '구매주문 프로세싱'에서 '연간 기획' 까지 포함된다.

메가 프로세스 : 대단히 거대한 더 작은 프로세스들의 집합으로 '엔지니어링', '구매', '뉴욕 프로세싱 센터' 등이 포함된다.

메트릭스 : 오피스카이젠에서, 직접적인 마이크로 프로세스 노력을 통해 성과목표에 지대한 영향을 줄 수 있는 사람이나 그룹에게, 중대한 이슈, 지속되는 노력의 상태, 그리고 진척상황에 관한 핵심적인 정보를 제공하는 측정규준(측정치)이다.

멘토 : 기량이 출중하고 광범위한 훈련을 받은 종업원으로 현장의 오피스카이젠 실행의 모든 측면을 코칭하고 퍼실리테이팅하는 역할을 수행한다.

변화관리팀 : 특정한 시기 동안 특정한 이슈를 해결하기 위해 (일반적으로는 전임이 아닌) 투입되는 (2명에서 9명의) 소규모 종업원 그룹. 이 팀들

은 오피스카이젠에서 광범위한 개선/변화의 수행에 이용하는 주요엔
진이다.

샤이닌 : 어떤 상황에서 어떤 투입물들이 산출물들에 가장 큰 영향을
주는지를 파악할 수 있도록 해주는 일단의 고급 통계 도구. 통계적 관
점에서 보면 실험 계획법과 동일. 도리안 샤이닌 접근방법은 가장 중요
한 요소들에 초점을 맞추기 위해 통계적 활동을 하기 이전에 광범위한
가정들에 대해 '검증' 해볼 것을 요구한다.

시각 시스템 : 핵심적으로 요구되는 활동들뿐만 아니라 작업 환경의 모
든 관련 요소의 조건과 상태를 공개적으로 보여주고 변경하는 방식으
로 모든 사람들이 무엇을 하고 언제 할 것인가에 대해 알 수 있다.

식스 시그마 : 아주 간단한 문제해결기법과 통계적 방법들(7가지 품질관
리기법)로부터 아주 복잡한 문제해결기법과 통계적 방법들(실험계획법)
까지 활용하는 프로세스 개선 방법론이다. 실행하는 사람들의 다양한
전문 수준을 묘사하기 위해 무술 용어(예를 들면 검은 띠)를 사용한다.

실험 계획법 : 어떤 상황에서 어떤 투입물이 산출물들에 가장 큰 영향
을 주는지를 파악하는 고급통계 도구들의 집합으로 일본의 엔지니어
인 겐이치 타쿠치가 최초로 순수통계를 보다 쉽게 사용할 수 있는 '사
용설명서' 절차로 변형시켰다.

오피스카이젠 : 모든 계층의 종업원들에게 조직이 탁월한 성과를 달성
하도록 지속적인 개선, 헌신, 자부심, 그리고 열정을 만들어내는 데 필
요한 포커스, 구조, 조직규율, 주인의식이 제공되는 환경을 만드는 지
식과 리더십 행위, 그리고 사회적/조직적 실체의 집합이다.

오피스카이젠 낭비 : 사무 혹은 관리 환경에서 발생할 수 있는 낭비의

26가지 유형을 말한다.

일일 워크그룹 회의 : 자율적 워크그룹의 구성원들이 그룹의 주요 게시판 앞에서 10분 이내에, 철저한 퍼실리테이션에 의해 진행되며, 사전에 각본을 치밀하게 준비하지는 않지만, 체계적으로 진행되며, 매일, 서서 진행하는 회의이다. '자율적 워크그룹' 과 '주요 게시판' 참고

임원추진위원회 : 차터를 가진 변화관리팀과 함께 변화노력을 이끄는 현장의 (또는 그 하부구조, 8~9명 이상의 사람이 문제해결 가능) 상급 관리팀이다. '변화관리팀'과 '차터' 참고

자율적 워크그룹 : 근무시간의 대부분을 유사한 업무를 수행하기 위해 매우 근접한 공간에서 함께 일하는 (10명 미만의) 소규모 그룹이다. 이 워크그룹들은 오피스카이젠의 작고 지속적인 개선요소를 바탕에 든 개선기본구조이다.

전격추진 관리팀 : 임원추진위원회에 보고하는 교차기능적 종업원으로 구성된 상설팀. 이 팀은 현장에서 이뤄지는 기획, 관리, 발표 그리고 모든 카이젠 (또는 지속적 개선) 전격추진에 수반된 활동들에 책임을 지며 전격추진을 직접 수행하지 않는다. '카이젠 전격추진' 참고

조직규율 결여에 따른 낭비 : 세계 수준의 성과를 달성할 수 있도록 조직의 모든 계층에 일단의 규칙, 기대치, 보상, 강화, 리더십, 그리고 사회적 압력을 제공하는 데 실패했을 때 발생하는 생산성의 손실을 말한다.

주요 게시판 : 하나의 자율적 워크그룹을 위해 일일 상황과 개선 기획을 보여주기 위해 활용되는 커다란 상설 게시판이다. '린 일일 경영관리 시스템' 참고

주인의식 결여에 따른 낭비 : 종업원들이 자신들의 활동들에 대해 적절

한 통제권을 발휘할 수 있도록 허용함으로써 긍정적인 변화를 만들어 냈을 경우 자부심을 느낄 수 있는 일단의 규칙, 기대치, 강화, 보상, 리더십, 사회적 압력을 조직이 만들지 못했을 때 발생하는 생산성의 손실을 말한다.

차터 : 임원추진위원회와 변화관리팀 간의 협상의 산출물로 목표, 핵심 성공요인, 활동, 최종 산출물, 책임 매트릭스, 일정 등이 포함된 문서들의 집합이다. '변화관리팀'과 '임원추진위원회' 참고

챔피언 : 특정한 이유들을 해결하기 위해 투입된 소규모의 종업원 팀에게 멘토, 조언자, 코치의 역할을 수행하는 현장의 중견 관리자이다.

카이젠 : '모든 사람들이 자신들이 맡은 업무에서 지속적으로 작은 개선을 이루는 것'을 뜻하는 용어. 단어 자체는 일본어로서 카이(改: 새로 고치다, 만들다, 바꾸다)와 젠(善: 좋은, 더, 더 나음을 위한 변화)를 뜻함. 일상적인 업무 프로세스의 통상적인 한 부분으로 만듦으로써 모든 종업원들이 낭비를 제거하는 작업환경을 조성하는 데 목적이 있다.

카이젠 액션 시트 시스템 : 자율적 워크그룹 내에서 작은 개선 아이디어를 포착하는 방법. 워크그룹 내에서 기술수준이 낮은 소규모의 개선을 포착하려는 목적이 있다.

카이젠 전격추진 : 소규모 팀이 어떤 프로세스나 업무 영역에서 발생하는 낭비를 4~5일 동안에 걸쳐 집중적으로 코치를 받으면서 체계적으로 공격하여 근원적으로 해결한다.

통계적 공정관리 : 중심적 경향에 대한 측정지표(평균, 최빈값 등)와 분산(범위와 표준편차)을 통해 공정 산출물을 분석하는 일단의 방법들. SPC차트라고 불리는 고도화된 양식의 그래프는 종종 결과를 보여주거

나 유형을 연구하기 위해서 사용된다.

통합된 제품 개발 : 제품설계/개발 프로세스에서부터 낭비를 제거하기 위한 도구들의 집합으로 체계화가 되어 있지는 않다. 잘하면 제품개발 노력을 위해 SLIM-IT처럼 기능할 수도 있다. 전형적으로는 상당 수의 무능한 팀들과 수반 걸핥기식 도구들도 포함한다.

포카요케 : ‘하자 교정’(일본어로서 포카는 ‘부주의한 하자’를, 요케는 ‘피하다’를 의미)이라는 의미. 결점이나 하자가 발생하는 확률을 낮추기 위해 고안된 기법들(체크리스트와 템플릿)을 포함하고 있다.

포커스 결여에 따른 낭비 : 조직 구성원이 현장에서 조직의 목표들을 달성하기 위해 자신이 일상사에서 무엇을 개선해야 할 것인지 정확하게 알지 못해서 발생하는 생산성의 손실을 말한다.

표준 업무 : 작업에 필요한 시간과 물자, 그리고 정보를 포함하는 활동에 대한 체계적이고 꼼꼼한 기록. 신입사원들을 위한 훈련지침으로 활용되며 수용할 만한 기본적인 성과수준도 제시한다.

풀시스템 : 다음 공정에서 요청을 할 때만 자재들을 그 공정으로 이동시키는 생산시스템이다. 도요타에서 최초로 개발했기 때문에 종종 도요타 생산시스템이라고도 부름. 동의어로 유연한 생산방식, 셀 방식, 동시 방식, 적기 생산 방식(JIT: Just-In-Time)이 있다.

프로젝트 관리 : 이니셔티브 관리에서 발생하는 낭비를 제거하기 위해 채택된, 체계화가 다소 엉성한 도구들과 기법들이다. 기껏해야, 차터를 가진 변화관리팀은 임원추진위원회에 보고해야만 한다는 정도이다. 전형적으로는 복잡한 일정관리 소프트웨어에 대부분 의존한다. ‘변화관리팀’, ‘차터’, ‘임원추진위원회’ 참고

부록Ⅲ
기 타

오피스카이젠 접근법

기존의 사무개선/혁신 방법들은 '현상부분'을 개선하여 비효율을 제거하려고 했음
사무생산성을 가로막는 현상
(26가지 눈에 보이는 낭비)
사무생산성을 저해하는 근본원인
(리더십 결여에 따른 낭비)
솔루션
SLIM-IT
오피스카이젠은 낭비의 근본원인을 해결해줌

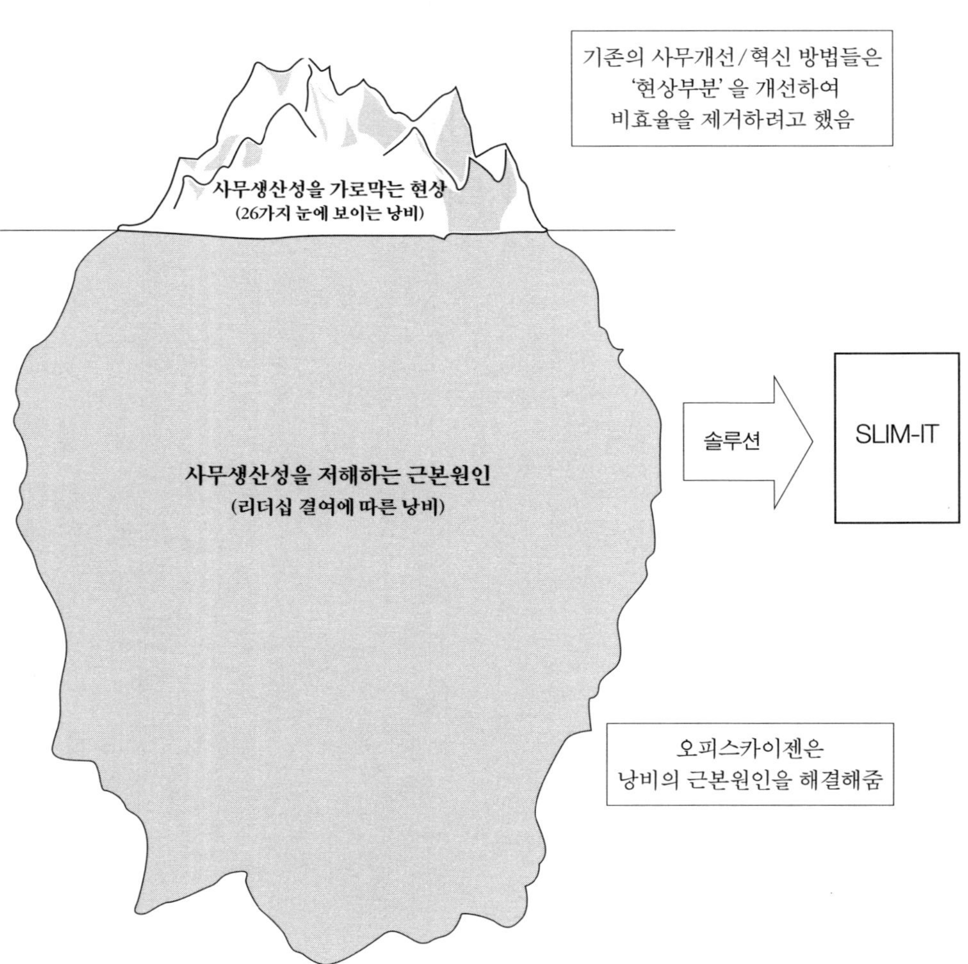

26가지 눈에 보이는 낭비

유형1. 인력	각 팀에 존재하는 잠재력을 제대로 활용하지 못해 발생하는 낭비				
	목표불일치	비효율적 업무배정	대기	동선	비효율적 업두처리

유형2. 프로세스	각 팀에 존재하는 잠재력을 제대로 활용하지 못해 발생하는 낭비					
	관리/통제	변동성	쓸데없는 참견	전략상	확실성	표준화된 얻무처리
	차선책	일정관리 미흡	잦은 임의적인 변경	검열	실수	고르지 않은 업무흐름

유형3. 정보	최적의 정보가 부족하여 발생하는 가치의 손실				
	정보전환	정보누락	주고받기	비연관성	부정확성

유형4. 자산	자원과 자산이 최적으로 활용되지 않아 가치를 더하지 못할 경우 발생하는 낭비			
	재고	재공품	놀고 있는 고정자산	쓸데없는 이동

사무 생산성을 가로막는 현상

조직 수준의 리더십 결여

주인의식 결여	열정, 자부심, 주도성
조직규율 결여	불합리한 조직규범(리더십과 관련된 검토, 균형, 보상 강지 및 직원들의 일상적 행동)
구조 결여	시스템과 업무체계의 오류
포커스 결여	목표집중 부족과 잘못된 우선순위

사무 생산성을 저해하는 근본원인

SLIM-IT 조직 구조도

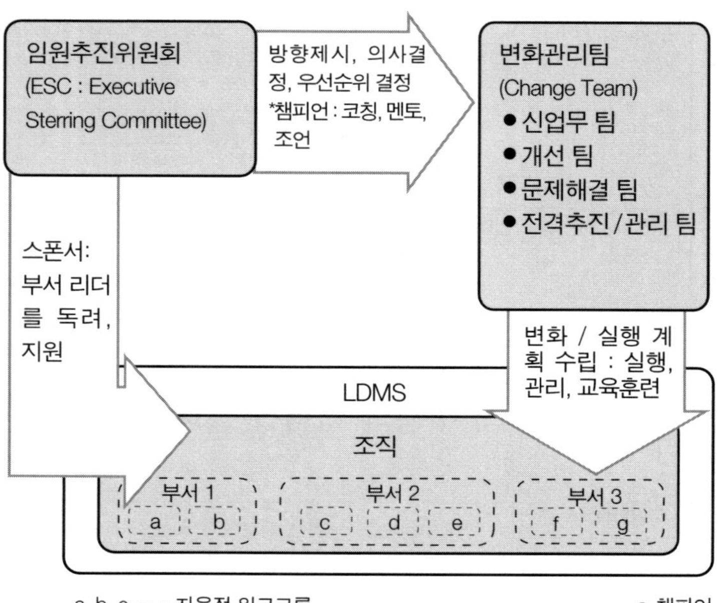

a, b, c … = 자율적 워크그룹

● 챔피언

LDMS 구조

LDMS란?

린 일일 경영관리 시스템(Lean Daily Management System):
- 자율적 워크그룹에서 운영되며 포커스, 구조, 조직규율, 주인의식을 제
  공하는 구조화된 접근법.
- 장기간의 개선 툴인 PVD, DWGM, 단기간 리더십, KAS, KCG 20 Keys
  를 포함.

1. 일일 워크그룹 회의

팀원들이 PVD 앞에서 매일 기립
하여 진행하는 회의 (10분 정도)

5. KCG 20 Keys

세계적 수준의 기준점, 기대성
과 수준을 수립하여 현재 위치
를 진단하고, 개선을 위한 로드
맵을 수립해줌

2. 주요 게시판

상설 공지게시판으로서,
일일 업무 및 개선 상황과
정보를 제공함

4. 단기간 리더십

리더/관리자가 팀원들을 정기적
으로 방문, 일일 진행상황을 확
인하고, 주요 평가요소가 될 만
한 정보를 수집하거나 또는 그
들을 격려하는 일
(매일2~3회, 15~30초 대면)

3. 카이젠 액션 시트

워크그룹의 작은 개선
아이디어를 포착하는 방법

주요 게시판(PVD) : 영업 지원팀의 사례

- 카이젠 액션 시트
  - 빈 양식
  - 제 출
  - 진행 중
  - 완 결

- 핵심성과지표(Metrics)

성과 지표	목표	현황	비고
수주의 정확성	99.5%	92%	8건 오류 / 100건
주문 처리시간(분)	8분 / 건당	15분 / 건당	주문행정처리
고객 만족도	5점	3.5점	

- 이번 달 개선 목표 Keys

성과 지표	목표	현재	달성 계획	개선진척도
메트릭스와 평가	레벨 3	레벨 1	3년간 2단계 UP	
주요 게시판 (PVD)	레벨 4	레벨 3	1년간 1단계 UP	
업무 표준화	레벨 4	레벨 1	4년간 3단계 UP	

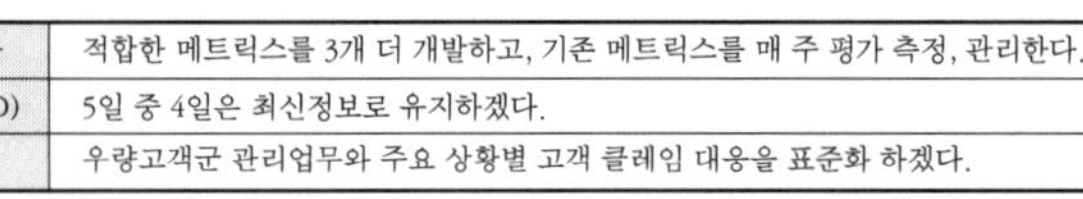

- 이번 달 Keys 실행계획

메트릭스와 평가	적합한 메트릭스를 3개 더 개발하고, 기존 메트릭스를 매 주 평가 측정, 관리한다.
주요게시판(PVD)	5일 중 4일은 최신정보로 유지하겠다.
업무표준화	우량고객군 관리업무와 주요 상황별 고객 클레임 대응을 표준화 하겠다.

- 카이젠 개선활동 현황(KAS)

아이템	진행상태	어떻게, 무엇을 했나?	담당자	비고
가격제안 템플릿의 표준화	40%	각 팀에서 사용 중인 템플릿을 수집, 품목별 3개 시안 디자인	김하나	
출장비 정산 프로세스	Hold	회계팀과 협의 필요, 다음 주로 연기됨.	최민식	
통합고객관리시스템 구축	Pass to ESC	시스템 구축의 필요성과 기대효과를 정리, ESC에 보고함	김을동	

- 20 Keys (4년 내 달성 목표) 20○○년 ○○월 ○○일

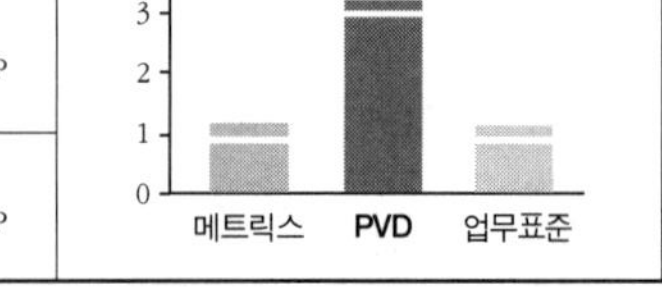

- 일일 워크그룹 회의

1. 신상품 샘플 입고 예정
2. 2시 고객방문, 담당자는 미팅 준비

다음 회의 때까지 할 일	담당자	Check	비고
VIP고객 미팅결과	김경은		
신상품 고객반응 테스트	최치현		

ESC / 팀장에게 건의사항	ESC / 팀장의 코멘트

카이젠 액션 시트 양식(KAS)

■ [As Is] 현재의 문제사항을 서술해주십시오.

> 예) 송장의 정확한 코드번호를 찾을 수 없다.

■ [Should be] 해야 할 일을 적어주십시오.

> 예) 일반적으로 많이 사용되는 코드번호의 리스트를 만들어 각자의 책상에 붙인다.

■ [Effect] 어떤 결과를 얻을 수 있는지 적어주십시오

> 예) 실수가 줄어든다.

■ 문제의 상황을 그림으로 그려주십시오.

➡ 펜으로 간략하게 그려주시기 바랍니다.

■ 문제가 해결된 상황을 그림으로 그려주십시오.

➡ 펜으로 간략하게 그려주시기 바랍니다.

차터 양식

팀명 : ________________________　　　　　　2000년 00월 00일

1. 변화/개선을 위한 팀의 미션을 작성해주십시오.

　____

2. 미션을 수행하기 위해 팀이 달성해야 할 구체적인 목표는 무엇입니까?
   - ____
   - ____
   - ____

3. 팀의 챔피언, 리더, 구성원의 이름을 적어주십시오.

　____

4. 수행 할 업무/활동을 시간 순으로 적어주십시오.
   1. ____
   2. ____
   3. ____

5. 역할 분담 차트를 작성해주십시오.

활동/역할	샐행의 책임	결과에 대한 최종 책임	활동 전반에 대한 자문	활동 후 최종 보고

6. 가시적인 수행 결과물은 무엇입니까?

　____

7. 활동별 수행결과물 일정 계획을 세워주십시오.
   1. ____
   2. ____
   3. ____

8. 팀 미션과 목표달성에 있어서 핵심 성공 요인은 무엇일까요.

　____

지은이

윌리엄 라로우

현재 경영컨설팅 회사인 임플리멘테이션 서비스, LLC의 공동대표이며 IMR컨설팅의 상품개발 부사장, ITT컴포넌트그룹의 린 운영 국장, 제너럴 다이나믹스 그룹의 린 운영 국장을 역임했다. 포드사의 내부프로세스개선과 SPC 컨설턴트로도 활동한 바 있다. 미국카톨릭대학교 응용심리학 박사학위와 로욜라대학 임상심리학 석사학위를 받았다.

옮긴이

홍소식(하이닉스글로벌인재개발원 부원장)
한철환(하이닉스글로벌인재개발원 인재개발팀 팀장)
안정원(하이닉스글로벌인재개발원 인재개발팀 연구원)

하이닉스글로벌인재개발원은 하이닉스반도체의 글로벌 핵심인재 육성의 허브 역할을 하고 있으며 '개인과 기업의 부가가치 향상에 공헌하는 HR전문조직'이 되기 위해 끊임없이 노력하고 있다. 2003년부터 하이닉스반도체뿐만 아니라 국내 주요 기업 및 기관에 HRD컨설팅과 인재육성 프로그램을 개발하여 공급하는 등, 국내 HRD분야의 발전에 이바지하고자 노력하고 있다.

감 수

송경근

하나컨설팅그룹 대표로 한국 기업에 맞는 경영전략 수립과 경영혁신, 정보시스템 구축 등 기업 컨설팅 프로젝트를 전문적으로 수행하고 있다. 대한지적공사, 한국수자원공사의 프로젝트를 수행했고, (주) 제일기획 경영자문위원, (주) 금강기획 경영혁신자문위원 역임, 현재 (주) 화천기계 고문으로 활동. 역서로 《성공 벤치마킹》, 《글로벌 학습조직》, 《팀 경영과 조직학습》, 《실전 팀빌딩》, 《새로운 전략가들》, 《사명선언문》, 《초심리전략》 등이 있다.

한언의 사명선언문

Since 3rd day of January, 1998

Our Mission ‐·우리는 새로운 지식을 창출, 전파하여 전 인류가 이를 공유케 함으로써 인류문화의 발전과 행복에 이바지한다.

‐·우리는 끊임없이 학습하는 조직으로서 자신과 조직의 발전을 위해 쉼없이 노력하며, 궁극적으로는 세계적 컨텐츠 그룹을 지향한다.

‐·우리는 정신적, 물질적으로 최고 수준의 복지를 실현하기 위해 노력하며, 명실공히 초일류 사원들의 집합체로서 부끄럼없이 행동한다

Our Vision 한언은 컨텐츠 기업의 선도적 성공모델이 된다.

저희 한언인들은 위와 같은 사명을 항상 가슴 속에 간직하고
좋은 책을 만들기 위해 최선을 다하고 있습니다.
독자 여러분의 아낌없는 충고와 격려를 부탁드립니다.
· 한언 가족 ·

HanEon's Mission statement

Our Mission ‐·We create and broadcast new knowledge for the advancement and happiness of the whole human race.

‐·We do our best to improve ourselves and the organization, with the ultimate goal of striving to be the best content group in the world.

‐·We try to realize the highest quality of welfare system in both mental and physical ways and we behave in a manner that reflects our mission as proud members of HanEon Community.

Our Vision HanEon will be the leading Success Model of the content group